I0765260

LOS ESTUDIOS DE LAS MUJERES DE ESPAÑA Y DE
ARGENTINA: PROPUESTAS PARA EL DEBATE

Nuria Romo
Eugenia Fernández
Nélida Bonaccorsi
Cecilia Lagunas
(editoras)

Los Estudios de las Mujeres de España y de Argentina: propuestas para el debate

©De esta edición, Prometeo Libros, 2009
Pringles 521 (C11183AEJ), Ciudad Autónoma
de Buenos Aires, Argentina
Tel.: (54-11) 4862-6794 / Fax: (54-11) 4864-3297
info@prometeolibros.com
www.prometeoeditorial.com

Diseño, diagramación y cuidado técnico de la edición:
Taller de Edición
www.tallerdeedicion.com.ar / taller@tallerdeedicion.com.ar
Espinosa (54 11) 15 3557 1492

Índice

Prólogo. *Beatriz Rojas y María Eugenia Fernández Fraile* 9

Consideraciones sobre el sexismo lingüistico. *María Eugenia Fernández Fraile* 15

Mainstreaming de género: un nuevo enfoque en las políticas de igualdad. *Eugenia Gil García* 37

Debates en torno a la metodología feminista y su aplicación en la investrigación de la salud. *Nuria Romo-Avilés* 57

La arqueología de las mujeres y las relaciones de género en España: una revisión bibliográfica. *Margarita Sánchez Romero* 79

Bibliotecas de mujeres en el siglo XXI: los catálogos de acceso público en línea. *Ana María Muñoz-Muñoz* 103

Los Estudios de las Mujeres en Argentina. Institucionalización, especialistas y las categorías. Historia y perspectiva. *Cecilia Lagunas* 127

Manifestaciones artísticas femeninas en la ciudad de Neuquén. Estudios de caso de la historia cultural reciente de las mujeres. *Nélida Bonaccorsi* 159

Las mujeres mayores en las representaciones sociales, a través del curso de la vida. Prejuicios y discriminaciones sobre sexualidad, el lugar asignado a la salud, y la difícil realidad enfrentando al VIH / SIDA. *Liliana Gastron* 185

Indígenas, esclavas y cautivas. Historias al margen en la Patagonia del siglo XIX. *Laura Marcela Méndez* 209

Notas de género sobre la experiencia insurgente femenina
en América Latina. *Brisa Varela* 229

Las mujeres y la literatura en Argentina en el siglo XX.
María Alejandra Minelli 255

Elecciones profesionales, profesiones y género.
Alicia Itatí Palermo 271

Prólogo

La historia de las mujeres va íntimamente ligada a la historia de los movimientos feministas por dos razones; en primer lugar porque éstos han servido de motor de cambio social en pos de la igualdad de derechos entre hombres y mujeres, y en segundo lugar porque han dotado a las mujeres de los recursos teóricos y epistemológicos necesarios para visibilizar su propia historia y sus necesidades. La lucha feminista ha permitido que las mujeres progresivamente formen parte del juego político, económico, académico, administrativo, cultural, etc., y además han despertado el interés por los estudios de género en todos los ámbitos. Hace ya tiempo, en los inicios del feminismo, muchas mujeres, nos sentimos atraídas por la potencia de un pensamiento y de un movimiento liberador. Lo más interesante del feminismo de la época es que generó en nosotras una doble necesidad: necesidad de conocimiento para saber cómo y por qué se generaba la falta de protagonismo de las mujeres, y necesidad de cambio colectivo al rebelarnos contra una sociedad que cercenaba nuestras posibilidades.

No es posible relatar aquí y ahora todo lo hecho, pero sí decir que se hizo lo más difícil: romper el silencio de las mujeres, romper el androcentrismo de la ciencia como punto de vista único y universal.

Con la denominación amplia de "Estudios de las Mujeres" se conoce un movimiento internacional, nacido a finales de los años sesenta y comienzos de los setenta del siglo XX, que se propone aplicar la perspectiva de género en todos los objetos de conocimiento, propiciando la construcción de una ciencia no androcéntrica, libre de sesgos.

En España, las universidades autónomas de Madrid y de Barcelona son las primeras en crear un seminario de Estudios de la Mujer. En

1980, con una beca de Antropología como germen, se crea el Seminario de Estudios de la Mujer en la Universidad del País Vasco.

Tras los colectivos pioneros van surgiendo aulas de género, grupos de investigación feminista y seminarios multidisciplinares, algunos de los cuales llegarán a ser institutos de investigación, por toda la geografía española. Con propiedad puede decirse que la década de los ochenta vio consolidarse lo que desde el principio mostró una significativa capacidad de desarrollo, consolidación debida muchas veces más al esfuerzo, constancia y buen hacer de las profesoras universitarias, unido a la adhesión por parte del alumnado a los nuevos modos de conocer y enseñar, que al respaldo institucional, donde todavía, incluso hoy, continúan existiendo resistencias.

Si en 1991 había quince centros o grupos especializados, en 1995 eran una treintena, actualmente se acercan al centenar según las últimas informaciones de las que se dispone.

En Granada, su núcleo originario se remonta al curso 1984-1985, cuando un grupo de profesoras y alumnas vieron la necesidad de incorporar a la investigación y a la docencia universitarias nuevas perspectivas de análisis que, desde el feminismo, buscaban promover una ciencia no androcéntrica que permitiera mayor desarrollo de la igualdad entre mujeres y hombres. El Seminario de Estudios de la Mujer pasó a convertirse en Instituto de Investigación en el curso 1995-1996. En el curso 1990-1991, la Universidad de Granada puso en marcha, a propuesta del entonces Seminario de Estudios de la Mujer, el primer programa de doctorado que se impartía en España, de carácter interdisciplinar, bajo el título de Estudios de la Mujer.

La interés social por desarrollar proyectos de investigación que incorporen perspectivas de investigación no androcéntricas, que consideren a las mujeres como sujetos y agentes, y que apliquen nuevas categorías de análisis y nuevas preguntas de investigación ha favorecido, desde hace varios años, la inclusión de los Estudios de las Mujeres y de Género como área prioritaria en el Plan Andaluz de Investigación (2001) y en programas de investigación y desarrollo de

España (Programa Sectorial de Conocimiento I+D del Instituto de la Mujer desde 1996) y de la Comunidad Europea.

En España, la formación en el nivel de licenciatura en temas de género y feministas es mínima y, en muchas titulaciones, nula. En la actualidad existe un vivo debate en instancias educativas y sociales, que está promoviendo la inclusión de asignaturas instrumentales en los títulos de grado y menciones específicas en distintas titulaciones. Sin embargo, la única docencia reglada que existe la constituyen los programas de doctorado y masters de nueva aprobación, que son la base para un futuro título oficial de postgrado mediante el cual se asegure la formación de personas capaces de desarrollar proyectos y líneas de actuación e investigación específicas.

La formación de posgrado (doctorados y masters) en Estudios de las Mujeres y de Género es un hecho, o está en proceso de implementación, en numerosas instituciones de enseñanza superior que cuentan con institutos o centros dedicados a los estudios de las Mujeres en Europa.

La historia de los Estudios de las Mujeres en Argentina la relata Cecilia Lagunas en el capítulo 6 titulado *Los Estudios de las Mujeres en Argentina. Institucionalización, especialistas y las categorías. Historia y perspectivas.*

En el año 2003 la universidad de Granada y la Universidad Nacional de Luján firmaron un convenio de colaboración académica, científica y cultural, con el fin de establecer la colaboración entre ambas instituciones en materia de docencia, investigación y difusión de la cultura. Se incluyó en este acuerdo la Universidad del Comahue. Estas instituciones han sido pioneras en el inicio y desarrollo de los Estudios de las Mujeres

Este libro es fruto de ese trabajo conjunto interdisciplinar e interuniversitario. La movilidad de estudiantes, docentes e investigadores entre instituciones universitarias forma parte inseparable de nuestra actividad académica.

En el intenso proceso de internacionalización que da una nueva fisonomía al mundo de hoy, no es posible hacer docencia superior e investigación científica y tecnológica sino en un marco de cooperación. Es la cooperación universitaria internacional un elemento estratégico para el fortalecimiento institucional y la internacionalización de los sistemas de educación superior.

En este contexto se inscribe la cooperación España-Argentina en los Estudios de las Mujeres y de Género, que encuentra su expresión institucional a partir del año 2004 con la creación de la Red Ibero-americana de Estudios de la Mujer: "Mujer, Cultura y Desarrollo", producto de un encuentro en el Instituto de la Mujer de la Universidad de Granada, España, el Centro Interdisciplinario de Estudios de Género de la Universidad Nacional del Comahue y el Área de Estudios de las Mujeres del Departamento de Ciencias Sociales de la Universidad Nacional de Luján, Argentina.

A fin de avanzar en los aspectos formales en el año 2004 se suscribe el Convenio Marco entre la Universidad de Granada, la Universidad Nacional del Comahue y la Universidad Nacional de Luján; así como un Acuerdo Operativo entre la universidad española, y las dos universidades nacionales argentinas, para encuadrar las actividades de investigación y postgrado que se venían realizando en el Área de Estudios de las Mujeres.

En este marco formal se obtuvo la ayuda durante dos años consecutivos, de la Agencia Española de Cooperación Internacional (AECI) para el desarrollo del Proyecto Conjunto de Docencia de Posgrado *"Estudios de Doctorado de Género: Mujeres, Culturas y Desarrollo"*, integrado por las tres Instituciones mencionadas y ejecutado en el período 2005-2006. Durante este período se realizaron numerosos actividades académicas, seminarios y cursos, a los cuales se incorporaron estudiantes avanzados de ambas instituciones que vieron enriquecer su formación con los aportes del profesorado y personas investigadoras especialistas en la temática.

Cabe destacar la realización del I Coloquio Internacional de Posgrado en Estudios de las Mujeres y de Género (diciembre 2005, Neuquén, Argentina) donde las especialistas y las alumnas debatieron ideas y propuestas, con el fin de impulsar estos estudios tan particulares.

Al finalizar el proyecto *"Estudios de Doctorado de Género: Mujeres, Culturas y Desarrollo"* se puso de manifiesto la importancia de la colaboración como un elemento fundamental para mejorar la calidad de las actividades académicas y se plantearon nuevos desafíos. Con estos fundamentos se logra la aprobación del proyecto conjunto de Docencia de Postgrado *"Estudios de las Mujeres y de Género"* en la Convocatoria 2006 de la Agencia Española de Cooperación Internacional.

Con el desarrollo de este proyecto, cuya etapa final de ejecución comprende aún los primeros meses del año 2009 cuando concluirá la movilidad de la fase Argentina-España, se ha podido constatar nuevamente, que la cooperación interuniversitaria contribuye significativamente al avance en el estudio de las disciplinas, al fortalecimiento institucional, a la nivelación de las asimetrías, y a mejorar la calidad de nuestras instituciones de educación superior en un contexto de creciente internacionalización.

Estamos convencidos que la cooperación iberoamericana logra su mejor expresión con la concreción de programas y proyectos como el que nos ha tocado acompañar, creando lazos de amistad y colaboración indispensables para impulsar los procesos de integración cultural y educativa entre España y América Latina.

Este volumen está conformado por las contribuciones de las profesoras de la Universidad de Granada y de las Universidades Nacionales de Comahue y Luján, que a lo largo de estos años hicieron importantes aportes al avance de los Estudios de las Mujeres y de Género en Iberoamérica.

Beatriz Rojas. Relaciones Internacionales.
Universidad Nacional de Luján
María Eugenia Fernández Fraile. Instituto de Estudios de la Mujer.
Universidad de Granada

Consideraciones sobre el sexismo lingüístico

*María Eugenia Fernández Fraile**

Introducción

El presente estudio se sitúa como continuación (y profundización) de una línea de investigación y de trabajo que apreciamos de modo particular, y que iniciamos en el año 2001 con la publicación de la obra *Género, lenguas y discursos* (ver bibliografía). Mucho ha llovido desde entonces: subsisten no obstante muchas incomprensiones, muchas falsedades, muchas afirmaciones apriorísticas, que configuran el universo mental de estudiantes y doctorandas que se acercan año tras año al Instituto de Estudios de la Mujer de la Universidad de Granada. Pretendemos así efectuar una síntesis del estado actual de la cuestión acerca de lo que se entiende por "sexismo lingüístico", deteniéndonos de modo especial en la diferenciación entre tres términos (expresiones): género gramatical –género social (*gender*: los estudios de "género")– sexo, diferenciación que constituye la piedra angular a nuestro entender sobre la que asentar una clarificación tanto más necesaria cuanto esencial, por cuanto a veces no se sabe bien de lo que se está hablando. Por ejemplo, partamos de la definición propuesta por García Meseguer sobre "sexismo lingüístico":

> Un hablante incurre en sexismo lingüístico cuando emite un mensaje que, **debido a su forma** (es decir, debido a las palabras escogidas

*Doctora en Filología Francesa. Instituto Universitario de Estudios de la Mujer, Universidad de Granada, España.

> o al modo de enhebrarlas) **y no a su fondo**, resulta discriminatorio por razón de sexo. Por el contrario, cuando la discriminación se debe al fondo del mensaje y no a su forma, se incurre en sexismo social. García Meseguer (2002: 145)

Tal definición posee el mérito de aunar criterios. Ahora bien, además de esta acepción (sexismo "discursivo" o en el uso de la lengua), se utiliza tal expresión en referencia no ya a un hablante, sino a la propia lengua como sistema ("el español es una lengua sexista"). El propio García Meseguer mantiene en el citado artículo que el español no es una lengua sexista, mientras que el inglés sí lo es: "el español, como sistema lingüístico, no es una lengua sexista, a diferencia de otras, como el inglés, cuyo sistema lingüístico sí presenta elementos sexistas" (ib.). ¿Puede una lengua ser sexista?

1. Contextualización

Todos los seres humanos tienen necesidad de comunicarse entre ellos: la comunicación es algo consustancial al género humano, y la facultad de lenguaje constituye nuestra principal característica como especie. Los humanos tenemos un medio por excelencia para comunicarnos que es la lengua: ahora bien ésta, además de adquirirse de modo natural en el seno de una familia, se aprende a lo largo de toda la vida y se enseña de modo explícito y consciente en la escuela. La lengua no sólo sirve como útil de comunicación: a través de la lengua se adquiere igualmente una concepción del mundo, se actúa socialmente, se marcan jerarquías entre las personas, se adquieren compromisos, se crean vínculos afectivos… Digamos, finalmente, en esta breve introducción, que la lengua es una herramienta poderosa: está en la base de nuestra capacidad para elaborar representaciones abstractas, para poner en comparación ideas, para desarrollar juicios. La lengua conforma nuestra capacidad de pensar (analizar, sintetizar) y de representar el mundo de un modo mucho más rico y complejo que otras formas de expresión (como el arte, por ejemplo).

La historia de los estudios sobre sexismo lingüístico es muy reciente. Podemos distinguir dos etapas en la historia de este campo de investigación.

1ª. A partir de los años sesenta y hasta los años 1980, con Simone de Beauvoir como figura prominente, y en unión con el auge de los movimientos feministas que difunden en la sociedad de modo masivo (y no aislado u ocasional, como era el caso a finales del siglo XIX y principios del siglo XX) una perspectiva diferente de las cosas (la historia, la sociedad, las relaciones humanas, la moral, la sexualidad, etc.), un "sujeto" femenino surge como conciencia, en contraposición o bien como complementación con el sujeto histórico único hasta entonces: el hombre (igual varón). Pronto comienza a generarse una conciencia general acerca de la no-neutralidad de la lengua en la transmisión de valores, ideas y actitudes predominantes, y en la necesidad de transformar el instrumento de comunicación que es la lengua si se quiere transformar la sociedad.

Se efectúan así análisis que toman como objeto de estudio el sistema de la lengua: de modo lógico, la categoría clave en estos análisis es la de "género gramatical". El no-paralelismo entre género gramatical con respecto al sexo ("biológico") de los seres animados (y entre éstos, de las personas) es considerado como no-arbitrario, y poseería una motivación (o valor) semántica, la de marcar un tipo de sociedad: patriarcal, androcéntrica. Es decir, la representación de la realidad (dos sexos, claramente definidos e iguales en su función biológica) no se efectuaba a través del sistema gramatical de la lengua, en este caso, la categoría del género, de un modo directo y transparente, sino de un modo sesgado por apriorismos socioculturales e ideológicos. Y se concluye rápidamente que la lengua es sexista, en su esencia misma. Todas las lenguas naturales manifestarían tal sexismo, en grados diversos. En el caso de la lengua española, esta consideración parte de dos hechos lingüísticos que se ponen en evidencia en la cuestión del género gramatical:

-el uso del género gramatical masculino como representación genérica de la especie humana (*homo sapiens sapiens*), por ej. "Todos los hombres son mortales", "la seguridad del peatón", "tengo tres hijos", "los colonos americanos…", "¿quién tienes como profesor este año?", etc. El individuo representativo de la especie es así habitualmente de género gramatical masculino. O, por decirlo de otro modo, el género gramatical masculino posee dos valores: marca de la especie (el hombre, el mono…) y marca de un individuo de sexo masculino (un hombre). La mujer es ocultada tras el genérico.

-la definición del género masculino cómo género de partida (no marcado) a partir del cual se forma el femenino (añadiendo una -a: profesor, profesora; o transponiendo la -o final en -a final: secretario, secretaria….). La mujer es definida a partir de un canon masculino, negada como esencia. A esta consideración se añadía la observación empírica de una presencia reducida de nombres de profesiones de género femenino (médico, juez, presidente, ministro…), por condicionamientos socio-culturales en el acceso al trabajo asalariado. La mujer es ocultada así de nuevo por la inexistencia de sustantivos femeninos que expresaran profesiones ejercidas por mujeres.

Según tales análisis, estaba claro que el sistema de la lengua había interiorizado y hecho suya una situación socio-cultural de androcentrismo; la lengua, como "reflejo" de la naturaleza y por tanto también de la sociedad que la adopta como convención, estaba estructurada de un modo sexista. Se establecen por tanto propuestas para combatir el sexismo en la lengua: se publican recomendaciones para evitar usos sexistas… La valoración de esta etapa es importante, aunque a veces haya resultado problemática: se han realizado avances en cuanto a la feminización (es decir la mención expresa a la mujer) en una serie de profesiones y usos, tomando cartas en el asunto las distintas administraciones han editado manuales de uso para combatir ese sexismo lingüístico, como por ejemplo: *Nombra* (Instituto de la Mujer); *El lenguaje, más que palabras* (Emakunde/ Instituto Vasco de la Mujer);

Cuida tu lenguaje (Instituto Asturiano de la Mujer); *Recomendaciones para un uso no sexista del lenguaje* (Unesco)...

> -por ejemplo, en los impresos oficiales (todos no); en los anuncios en prensa dirigidos a ambos géneros; en la utilización de nombres femeninos de profesiones (exclusivamente masculinos hasta entonces): "la ministra", "la abogada", "la fiscal", "X. es médica"...

> -o bien, en cuanto a la utilización de genéricos colectivos no marcados: la humanidad, el electorado, el profesorado...; o bien mediante la mención expresa del colectivo femenino: ciudadanos y ciudadanas, padres y madres, compañeros y compañeras, etc.

Ahora bien, y sin entrar a considerar sino como anecdótico el papel de ciertas propuestas ciertamente chocantes, o no suficientemente meditadas (por ejemplo: "una estudianta"; o "la jueza"), o bien saber si tales avances se han quedado cantonados en una serie de situaciones discursivas tipificadas, las recomendaciones a favor de un uso no sexista de la lengua anteriormente citadas han evidenciado una cuestión importante: no es suficiente eliminar los rastros externos del sexismo para eliminar un uso discriminatorio del lenguaje de tipo sexista. Muchas alocuciones de hombres políticos, dirigiéndose a un público femenino, presentan una forma lingüística cuidadosa, pero desvalorizadora de la mujer, al encerrársela en el estereotipo de "mujer" (por ejemplo la frase, en ocasión del 18º aniversario de la Constitución española: "la Constitución, si fuera un hombre iría a votar, si fuera una mujer, se vestiría de largo": además de una ocultación (cuestión subsanable, en un uso reflexivo, cuidadoso de la lengua), existe una actitud de menosprecio, anclado o arraigado en la conciencia profunda que es más difícil de subsanar/corregir.

Esta constatación constituye el punto de partida de una aprehensión del fenómeno de la lengua desde una perspectiva más compleja, intentando ir más allá de la forma (aspecto externo) para considerar el fondo (el contenido, el semantema), característica de la etapa actual.

2ª. La etapa actual (a partir digamos de los años 1980), matiza en consecuencia el análisis anterior, o mejor dicho, modifica el ámbito y el objeto de análisis: sigue siendo la lengua el objeto, pero no en cuanto al sistema de la lengua, sino en cuanto al uso que de ella hacen los hablantes, es decir toma como objeto de estudio el discurso, los discursos, y por tanto las representaciones ideológicas transmitidas en los mismos. Esta modificación es sin duda también una consecuencia de la transformación de la ciencia lingüística, que deja de lado el estructuralismo, lo inmanente, y pasa a analizar el funcionamiento de la lengua en situación (enunciación, sociolingüística, pragmática). La lingüística tradicional consideraba la lengua como algo único, no entendía de modos de habla, ni de regiones, ni de variaciones. Tal cambio de perspectiva implica:

-una apertura del enfoque: interesa descubrir (y desterrar) bajo qué entresijos lingüísticos se destila una ideología desvalorizadora de la mujer...

-a la vez, una relativización de la óptica anterior: la preocupación por el sistema de la lengua decrece, a la vez que se señala la separación, ahora evidente, entre el género gramatical y el género social.

De este modo, la lengua es enfocada de otro modo: no ya como reflejo mecánico de una realidad exterior, sino como un modo de representación de ésta, de reflexión sobre la realidad, de construcción, por un lado, común a la humanidad (como facultad humana), pero igualmente inherente a cada grupo social, que la connota de modo propio. Lo que interesa cambiar —a través del uso de la lengua como uno de sus instrumentos más potentes, sin despreciar por supuesto otras acciones— es ante todo la imagen cultural que la sociedad posee de la mujer, así como la búsqueda de una identidad femenina, que se propone como alternativa. Los estudios sobre género gramatical/ género social se resitúan —sitúan— de este modo en una perspectiva más amplia de análisis.

Los contenidos de la investigación lingüística por parte de colectivos feministas, o bien por parte de investigadores y/o investigadoras, o por personas preocupadas/especialistas en lingüística o con una formación filosófica, pero interesadas en esta cuestión, poseen una variedad y amplitud enorme. Baste citar los campos de estudio siguientes:

-género y sexo

-funciones semánticas del género gramatical masculino

-sustantivos de género común (o epicenos)

-la denominación disimétrica: la designación sexual

-la denominación adjunta: redundancia y diferente disposición textual

-el ámbito referencial y la restricción semántica

-la ausencia de específico masculino

-el pretendido discurso de la universalidad

-la referencia androcéntrica

-expresiones despreciativas o peyorativas

Por nuestra parte, creemos que debemos comenzar por aclarar la cuestión del género gramatical, para sentar unas bases sólidas de reflexión, desde la perspectiva de la diferenciación entre género gramatical y género social y sexo

2. Género gramatical –género social– sexo

Veamos sobre qué análisis se asienta la afirmación de la existencia de una separación entre sexo, género gramatical y género social. Esta percepción es inseparable de dos hechos: la comparación entre lenguas; la evolución de las lenguas.

2.1. La comparación entre lenguas

Analicemos varios ejemplos. En español (y en francés, en italiano, etc.), todos los sustantivos (y no sólo los animados) poseen un género gramatical (masculino, o femenino), lo cual es absolutamente ilógico desde el punto de vista de la lengua como reflejo de la realidad, puesto que los objetos no poseen "sexo"; en inglés no existen géneros en los sustantivos (ni siquiera en los sustantivos animados), y sólo se diferencia el género en los pronombres de 3ª persona del singular: él (*he*) para referentes (personas) de sexo masculino, ella (*she*) para referentes (personas) de sexo femenino, a los que se añade un género neutro (el conjunto de los objetos, que no están dotados de género social-sexual, evidentemente): ello (*it*)[1]; en el plural no existe posibilidad de diferenciación (they: ellos, ellas, ellos-neutro). Dentro del ámbito de lenguas occidentales (misma civilización, misma historia...), el caso del finés y del húngaro (lenguas no indoeuropeas), el caso es aún más extraño (para la afirmación de la existencia de un sexismo inscrito en el sistema mismo de la lengua): tampoco poseen géneros, ni siquiera en cuanto a la representación pronominal de 3ª persona.

Ello plantea una pregunta: siendo todas las sociedades históricas igualmente androcéntricas, y habiendo tenido una civilización reciente similar, ¿cómo algunas han interiorizado en sus sistemas lingüísticos una discriminación, una visión sexuada de la realidad, y otras no? Habría que admitir por el contrario que el sistema de clasificación de los sustantivos de los que se dota una lengua es arbitrario, entre otras razones porque es muy divergente. Es decir, si existiera una motivación natural o socio-cultural, debería encontrarse una cierta homogeneidad en los sistemas de clasificación.

---

[1] Este hecho (así como la presencia de los adjetivos posesivos: *his*, *her* o los pronombres *him*, *her*) es el que lleva a García Meseguer (2002) a afirmar que "el inglés presenta elementos sexistas", pues la diferenciación entre el pronombre "*he*" y "*she*" (o *him*, *her*; o los adjetivos *his*, *her*) se efectúa según el criterio del sexo del referente únicamente (*he* solo puede representar a una persona de sexo masculino...), mientras que en español la diferencia entre "él" y "ella" se efectúa no por el sexo sino según el género gramatical del referente (una silla: ella). Sin querer entrar en polémicas estériles, pensamos la expresión "el inglés presenta elementos sexistas" contiene unas connotaciones que van mucho más allá del significado estrictamente gramatical, lo cual la convierte en ambigua y por tanto no utilizable en un texto científico.

Desde una perspectiva lingüística general, Marina Yaguello (1979) distingue dentro de la etiqueta "género":

-unos sistemas lingüísticos relativamente simples (lenguas indo-europeas), que han reducido a dos o tres los géneros (o tipos) de substantivos;

-otros sistemas lingüísticos más complejos (numerosas lenguas africanas: las llamadas "langues à classes"), en los que la categoría de género de las palabras no se reduce a dos o tres (masculino, femenino, neutro), sino que existen siete, ocho o más tipos de sustantivos, según la oposición de categorías tales como animado/no animado; humano/no humano; grande/pequeño; plano/en relieve; líquido/sólido… La visión sexuada de la realidad puede existir o no, o bien puede yuxtaponerse a otras categorías de interpretación o de visión de la realidad. En el caso del finés y del húngaro, la evolución histórica de la lengua ha unificado todos los géneros de substantivos en uno solo; ni siquiera en la representación de una persona ausente (función del pronombre de 3ª persona del singular) se obliga al locutor a discriminar su sexo (a través de un forma lingüística relativa a un género diferenciado): se piensa en ella al contrario como en un ser asexuado. La ocultación del sexo (a través de un género único) no tiene por qué ser una discriminación; puede ser tan solo una convención, o bien una etapa en una evolución lingüística. Así, por economía del lenguaje, es una conquista lingüística y lógica, y por tanto tremendamente útil para la construcción de la representación mental de la realidad, la existencia de los nombres sustantivos genéricos, para representar un conjunto de seres dotados de unas características comunes, y no siempre en español estos nombres genéricos son de "género" masculino o poseen unas marcas formales propias del género masculino: decimos, efectivamente, el "hombre es un ser racional", pero también la gente, la multitud, la policía, la guardia, una persona, un automovilista… ¿Puede imaginarse una lengua sin nombres genéricos, en la que no exista el término "flor", sino tan sólo nombres de flores concretas: margarita, orquídea, rosa, tulipán…? Y no siempre el sustantivo colectivo (la humanidad, el alumnado, la ciudadanía…) puede utilizarse en lugar del sustantivo genérico, ni el uso del sustantivo masculino + nombre femenino: no es lo mismo decir "el hombre es fruto de la evolución" que la "humanidad es fruto de la evolución", o que "el hombre y la mujer son fruto de la evolución".

Señalemos igualmente que la descripción del funcionamiento gramatical de la lengua que hemos expuesto en el apartado primero (contextualización) —a saber la ocultación de la mujer por el uso de sustantivos genéricos de género gramatical masculino y la definición del género masculino como género de partida— proviene de una visión antropocéntrica, logicista y jerarquizada de la sociedad, cuyo punto de partida está en los gramáticos-filósofos de la antigüedad clásica, visión reformulada en el siglo XVII (Descartes, Arnauld y Lancelot, Bouhours, Vaugelas…). Está claro que bajo la afirmación "el género femenino se forma añadiendo/quitando una -o al masculino y poniendo una -a en su lugar" (por ejemplo) reproduce de modo no casual el mito de la creación de Eva a partir de una costilla de Adán. No es la gramática la que oculta a la mujer, sino los gramáticos/lingüistas de una determinada corriente filosófica quienes ocultan a la mujer.

La lingüística estructural eliminó tal visión de la lengua, e hizo ver que el género femenino no se forma a partir del masculino sino que, en realidad, la expresión del género gramatical se efectúa en cada lengua de una manera muy diferente y variada. En el caso del español, el género se expresa mediante oposiciones binarias; así, en los nombres sustantivos, el género se expresa:

-mediante la yuxtaposición de un determinante (el/la; un/una) a un sustantivo "invariable" (o epiceno): mártir, homicida, perdiz, águila, policía, etc.

-mediante la alternancia de morfemas o sufijos (-dor/-triz; actor-actriz; o/a: hablador-habladora; e/a: presidente/presidenta; siendo sin embargo el más frecuente -o/-a: alumno/alumna…)

-mediante dos sustantivos diferentes (yegua-caballo; nuera-yerno; mujer-hombre…).

Es decir, la sistematización formal de la expresión de las diferencias sexuales en los seres animados a través de la categoría gramatical del género no oculta a la mujer, ni toma el género masculino como punto de referencia obligado: son las descripciones o interpretaciones de algunos gramáticos-lingüistas las que inducen a ello. Y, para entender tal sistematización, muchas veces las explicaciones son de tipo diacrónico y no de tipo sociocultural. Indudablemente, como indica Badía Margarit, la tendencia estructural de la lengua va en dos direcciones: "onomasiológicamente, los sustantivos femeninos tienden a adquirir la marca morfológica -a; semasiológicamente, se tiende a interpretar como femenino los sustantivos terminados en -a" (citado en Lamíquiz, 1987: 129). Si admitimos como correcta esta afirmación (a saber la existencia de una tendencia estructural de la lengua española, manifestada a lo largo de varios siglos de evolución, a favor de una "visibilidad" del género femenino marcado —a), difícilmente podemos admitir la existencia de un sexismo lingüístico inscrito en el mecanismo mismo del funcionamiento (estructuración en categorías gramaticales) de la lengua española. Por otra parte, el reducir la variedad actual de los medios gramaticales utilizados para expresar el género, dejando un único procedimiento (alternancia -o/-a) reproduce una antigua aspiración logicista y creacionista, conocida en la actualidad bajo el término de "sexuisemblanza" (hablaremos detenidamente de este concepto más adelante): que la lengua (y por tanto la gramática de la lengua) refleje miméticamente la realidad. Y la lengua no es un espejo de la realidad, sino una construcción humana elaborada a partir de la experiencias que los humanos poseemos de la realidad (natural, social, humana). Y por ello no puede ser simple, diáfana, transparente, sino compleja y enrevesada, como la vida misma.

2.2. El análisis histórico

El análisis de la evolución de las lenguas occidentales (indoeuropeas todas, excepto el vasco, el finés y el húngaro) confirma tal conclusión de arbitrariedad. Antoine Meillet (1866-1936) fue un especialista de

Gramática Comparada de las lenguas indoeuropeas, disciplina que dominaba en la época en la que él vivió. En su libro *Linguistique historique et linguistique générale* analiza la cuestión del género en indoeuropeo: "le genre grammatical est l'une des catégories grammaticales les moins logiques et les plus inattendus" (Meillet, 1948 : 202). El indoeuropeo primitivo clasifica los substantivos en dos géneros: el que habla/el que no habla, englobando en los que hablan a todos los individuos que tenían la capacidad de nombrar las cosas (los hombres y mujeres por tanto en sus diferentes estados y parentescos: niños/as, padres/madres, personas adultas, jefe de tribu, etc.). Posteriormente, la categoría de lo que posee la capacidad de habla ("lo que habla") incluye la categoría de lo activo, lo que fabrica, lo que manipula (por ejemplo: herrero, carpintero, tallador de sílex, arquero, cazador…), y de modo paralelo se amplía la categoría de "lo que no habla" con lo que es fabricado, manipulado, sometido (el mundo de los objetos).

En un momento dado de la evolución histórica de las lenguas indoeuropeas, la categoría de "lo que habla" + "lo que es activo" se diversifica o subdivide a su vez desde una visión sexualizada de la realidad humana (categoría que se suma a las categorías anteriores): lo masculino y lo femenino. Existen así en principio tres géneros, en un sistema perfectamente motivado (no con relación a la naturaleza, como reflejo de la realidad exterior, claro, sino de modo interno, a partir de unos criterios arbitrarios: podrían haberse empleado otros), a partir de un triple principio que guarda una coherencia interna:

a) lo que habla, lo que es activo, lo que es de sexo femenino: género gramatical femenino

b) lo que habla, lo que es activo, lo que es de sexo masculino: género gramatical masculino

c) lo que no habla, lo que es inerte, lo que no tiene sexo: género gramatical neutro.

El criterio sexo es sólo parcialmente reflejo de la realidad (y por tanto parcialmente reflejo o transposición de la realidad a la lengua): no afecta por ejemplo nada más que a las palabras de la categoría a), que son los humanos; todo el mundo animal (animales y vegetales), que están igualmente dotados de caracteres sexuados es clasificado en el apartado c). Y en cualquier caso, las formas lingüísticas que sirven para referir algunos estados de humanos reflejan la dificultad en aplicar tal criterio: bebé puede ser masculino o femenino; *infans* (el que no habla) era masculino; niño/a en alemán (*das kind*) en neutro (puesto que no habla).

Tal sistema, internamente motivado (es decir todos los substantivos sin excepción se distribuyen en esas tres categorías a partir de esos tres criterios), y parcialmente no-arbitrario (la diferenciación tercera entre sexos entre "lo que habla"), se destruye en el paso del indoeuropeo a la lengua griega, latina o germánica. Así, el latín, atribuye el género gramatical femenino a una serie de objetos que no eran inertes, al considerarse (en su mitología o creencias culturales) que poseían un principio activo: es el caso de *acqua*, de *ignis* (fuego), de *terra*, que poseen poderes, profanos o sagrados (purificación, germinación de semillas y producción de alimentos; destrucción, etc.); es el caso de los árboles (frente a los frutos, que son productos pasivos: la higuera/el higo); posteriormente, son asignados al género femenino igualmente todos los nombres abstractos, puesto que no se identifican con objetos: rigor, muerte, vida, inteligencia, arte, verdad, etc., así como las enfermedades (cólera, fiebre, varicela, rubeola, etc.) y los "humores" o estados de ánimo (la tristeza, la alegría, la depresión...), puesto que son considerados principios activos.

Si el latín arruina el sistema de clasificación "lógico" o "natural", el paso del latín a las lenguas románicas lo termina de trastocar totalmente por la evolución fonética consecuente, dando lugar a situaciones diversas en las diferentes lenguas románicas, destruyendo de paso la idea de una motivación (o reflejo) "natural" o "socio-cultural" del sistema fonético de simbolización de los géneros:

> -en español, la -o final significa o simboliza mayoritariamente el género masculino de los substantivos, debido a la transformación

fonética de -u final en -o final de los sustantivos latinos (cuestión puramente arbitraria), agrupados en la 2ª declinación (en la que se encuadraban mayoritariamente los substantivos del tipo c) tipo amicus, amici). Ahora bien, una gran cantidad de substantivos, agrupados en las declinaciones 3ª y 4ª poseían una terminación diferente (por ejemplo, puer, pueris: niño), y muestran una forma no terminada en -o: calor, mar, baúl, día, mes, etc… En francés, tal vocal final desaparece, y no existen substantivos marcados en sí por una terminación masculina (comparar así "niño, adulto, alumno…", con: "enfant, adulte, élève…), frente a la impresión (parcial) que produce el español.

-en español, el mantenimiento de -a final unifica las palabras de la 1ª declinación (en los que se encuadraban mayoritariamente los substantivos del tipo a), tipo: filia, filiae) con el neutro plural (en los que se encuadraban los substantivos del tipo c), 2ª declinación, neutros, tipo donum, dona). Se mantienen en -a de este modo una serie de substantivos masculinos (pudiendo no obstante poseer un referente femenino si se da el caso): escriba, poeta, pirata…; a partir del neutro plural latín, igualmente, se da lugar a numerosos nombres de colectivos que poseen "extrañamente" una forma femenina: la armada, la tropa… Si a ello se le añaden las numerosas creaciones (neologismos) de substantivos a partir del sufijo -ista ("el que tiene determinada ocupación"; deportista, violinista, periodista, taxista, etc. Tal sufijo sirve igualmente para crear adjetivos, que se substantivan habitualmente: en el caso del adjetivo, significa "partidario de", "inclinado a" y se corresponde al sufijo -ismo: comunismo, comunista; europeísmo, europeísta…)

En francés, la evolución de -a final hacia -e (e muda) se produce igualmente en el caso de numerosas palabras masculinas que mantienen esa misma -e muda por razones de apoyo a una consonante anterior (por ejemplo: un élève, un homme (*hóminen*), un désastre, un fonctionnaire, y confluye con los substantivos procedentes de la 1ª declinación latina, tipo: une fille, une femme… Por ello, ¿es el francés menos sexista que el español al no marcarse los sustantivos masculinos y femeninos con morfemas diferentes?, ¿es el inglés más sexista que el español al ocultar el femenino dentro de un epiceno generalizado?, ¿es el árabe más o menos sexista que el español al existir marcas (morfemas) de femenino para la conjugación verbal?

Podemos ya explicitar el significado de los términos en disputa, y ser coherentes en el uso de unos y otros. Así,

-el **sexo** es una categoría biológica de clasificación de los seres vivos por la que se les considera machos o hembras;

-el **género social,** entendido éste, como, un elemento constitutivo de las relaciones sociales, es una construcción social que supone un conjunto de acuerdos implícitos o explícitos de una comunidad determinada en un momento histórico determinado y que incluye a los procesos de enseñanza-aprendizaje, es una variable sobre la que actúan otras dimensiones generadoras de diferencias (etnia, edad, nivel educativo, clase social, ingresos, condición rural o urbana, etc.) que actúan de freno o transformación en el ámbito de género e influyen en las otras y viceversa.

Es una categoría asignada socialmente y culturalmente en función del sexo, de tal manera que se asocia a lo masculino y a lo femenino ciertos comportamientos, valores o actitudes distintos. Culturalmente, un niño debe (o debía) controlar sus emociones, no puede llorar, debe ser activo, fuerte, decidido, etc. Y una niña debe (o debía) mostrarse afectiva, podía llorar, ocuparse con juegos sociales, mostrarse sumisa… Es en este sentido como utilizamos las expresiones "violencia de género" (comportamiento connotado socioculturalmente como propio) o "los estudios de género".

-el **género gramatical**, para tomar una definición corriente, es una "propiedad lingüística", es una característica arbitraria de los sistemas lingüísticos naturales, un sistema de clasificación nominal que poseen algunas lenguas en que los elementos nominales son clasificados dentro de un número finito de clases, para las cuales generalmente hay reglas de concordancia.

Los movimientos feministas, desde los años sesenta, han concebido el género como una categoría analítica indispensable para analizar o estudiar cualquiera de las ciencias humanas.

En el ámbito de la lingüística, el género, en tanto que categoría lingüística, expresa un sistema de clasificación estrictamente gramatical, de clasificación de las palabras, y en el plano sintáctico atiende el fenómeno de la concordancia, que no tiene, obligatoriamente, correspondencia con el sexo (de hecho en ciertas lenguas no se utiliza como criterio de clasificación).

Ahora bien, si esta clasificación en lingüística es bastante clara, no lo es en el uso que se hace del término "género" y se suele atribuir, equivocadamente, al género gramatical un significado por el cual se está marcando el sexo. Tal confusión es debida, en parte, a las definiciones que algunos gramáticos tradicionales han dado en los manuales. Nebrija, autor de la primera gramática castellana (1492), definía el género de los nombres como "aquello por lo que el macho se distingue de la hembra": "aquello" nos hace pensar en la idea de sexo. Del mismo modo, la Real Academia definía todavía en 1962 el género como "el accidente gramatical que sirve para indicar el sexo de las personas y de los animales y el que se atribuye a las cosas".

Podemos ver que tales definiciones mantienen la visión filosófica de la lengua como reflejo directo de la realidad. Tal aprehensión no obstaba para admitir sin ningún tipo de cuestionamiento que la atribución de un género a ciertos nombres sustantivos era puramente arbitraria, y que a veces existía un único género para ambos sexos (la jirafa, el cangrejo, el ratón, el cocodrilo, etc.)…

Esta confusión entre género y sexo se da también en las descripciones gramaticales de otros idiomas, como nos relata Álvaro García Meseguer:

> En dos escuelas diferentes de educación primaria se pidió a los alumnos (niños y niñas de unos siete u ocho años) que hiciesen un dibujo sobre el siguiente tema: *Cuchara y tenedor se casan. Hacer un dibujo de la boda*. El resultado fue el siguiente: en una de las escuelas,

la totalidad de los dibujos representaban al tenedor como novio y a la cuchara como novia; en la otra, tan sólo la mitad de los dibujos mostraban esa configuración, en tanto que la otra mitad mostraban al tenedor de novia y a la cuchara de novio. La explicación es bien sencilla. La primera era una escuela española y la segunda una escuela alemana. En alemán, al contrario que en español, la palabra *cuchara (Löffel)* es de género masculino y la palabra *tenedor (Gabel)* es de género femenino. Al repetir el mismo ejercicio en una escuela catalana (en catalán, los dos términos, *cullera* y *forquilla*, son de género femenino) se repitió el resultado 50-50 de la escuela alemana. (García Meseguer, 2002: 156-184).

Lo que este experimento demuestra es que la lengua proyecta en los hablantes una imagen de la realidad. Nada de extraño tiene por ello el que los hablantes identifiquen de forma rutinaria el género con el sexo, o bien con el género social (comportamientos, actitudes, valores asignados socio-culturalmente a los individuos de uno y otro sexo). Pero la lengua española, como sistema, no tiene ninguna culpa de eso, ni de que exista una actitud sexista en un determinado uso lingüístico, como consecuencia de una cultura patriarcal que hemos heredado, en la que todos los hablantes, generación tras generación, hemos estado inmersos.

En el mismo sentido, podemos citar el estudio de Susan Ervin (1962), quien realizó una encuesta sobre la connotación del género aplicada a un grupo de italo-parlantes en Boston (Estados Unidos) que tenía como propósito estudiar el efecto de los estereotipos masculinos y femeninos sobre los hechos lingüísticos. Un grupo hizo una clasificación de unas treinta palabras seudo-italianas de las que la mitad tenían desinencias masculinas y la otra femeninas. Otro segundo grupo lo resolvió a la inversa. Las personas, en cuestión, debían asociar a cada palabra cuatro valores dados entre las siguientes oposiciones: Malo/Bueno, Grande/Pequeño, Bello/Feo, Débil/Fuerte. Los resultados mostraron que las palabras fueron clasificadas de manera diferente según tuvieran terminación masculina o femenina. Lo cual vino a confirmar una cierta "intuición" lingüística con base cultural-androcéntrica que influye en los hablantes sobre la oposición entre sexo "débil", "pasivo" y "bello" y el sexo "fuerte", "activo" y menos "bello". Vemos así que, si la distinción entre género gramatical y sexo es relativamente fácil de entender, la expresión "género social" posee una significación y unas connotaciones algo más complejas: quienes han respondido a tal encuesta han confundido ambas categorías, y el género gramatical de una serie de términos les ha inducido en la asignación de estereotipos socio-culturales.

Conclusión

Podemos concluir así que las lenguas son sistemas convencionales de representación construidos por personas a partir de la experiencia de la realidad acumulada, y sometidos a procesos de evolución en los que determinadas leyes (o fuerzas) se manifiestan, como la economía del lenguaje, la máxima funcionalidad, la claridad del mensaje, la oposición binaria, etc.

No es posible mantener la idea de una motivación en cuanto a las formas fonéticas y morfemas gramaticales que discriminan el género en los sistema lingüísticos (español, francés, o de cualquier otra lengua). Los sonidos portan representaciones simbólicas estrictamente por convención arbitraria: afirmar otra cosa supone afirmar la no-arbitrariedad de la lengua, cuestión establecida por Saussure de modo categórico. Lo cual no significa que en determinados casos, en creaciones de palabras nuevas, al existir un porcentaje general de palabras de un determinado tipo, no exista un movimiento natural para asignar un género u otro a tales neologismos: frente al inglés que no posee géneros (es decir, todos los substantivos son neutros), al incorporar una palabra tal que "ordenador" se pone en español en masculino, de la misma manera que cuando se incorporó "dialecto" (en griego, es femenino; en francés "dialecte" fue femenino durante varios siglos); frente a palabras como "república" que son alineadas como femeninos por una tendencia interna de la lengua a la analogía y la regularidad.

Por tanto, si admitimos la conclusión anterior, habrá que admitir que en las lenguas románicas actuales, el género es una categoría gramatical, arbitraria, que sirve para dos cosas:

a) garantizar una concordancia (en el caso de los adjetivos en relación a los substantivos), es decir, una cohesión sintáctica interna de la lengua (arbitraria: podrían los adjetivos poseer una forma única, como en inglés; de hecho algunos la poseen: triste, verde, azul…). De este modo, en los adjetivos, no existe ninguna posibilidad de representación simbólica de un género sexual (puesto que aquí el género es exclusivamente una cuestión de concordancia): si decimos "Juan es un investigador pésimo, pero una bellísima persona", pésimo y bellísima hacen referencia a un mismo individuo (Juan) del sexo masculino, pero no se utiliza la forma "pésimo" sino por referencia a investigador, y "bellísima" por referencia a persona.

b) indicar la clase (el género) a la que pertenece un sustantivo: tal cuestión, importante para las lenguas latina o griega (determinaba en principio a qué declinación pertenecía tal sustantivo, y clasificaba los substantivos en categorías "lógicas" –a partir de unos criterios fijados– o al menos relacionadas con el modo de ver la realidad de la cultural civilización en cuestión), ha dejado de tener importancia alguna en la lengua actual: en los **substantivos inanimados** no existe ninguna confusión: "el paludismo, la gripe, la silla, el sillón, el coche, el camión, la mesa, la silla, el lápiz, la montaña…": el hecho de ser femeninos o masculinos no genera ninguna representación sexuada de la realidad, puesto que ésta no lo es (a no ser en un uso poético del lenguaje).

Algunas palabras poseen incluso una doble forma (masculina y femenina: tales como farol, farola; cesto, cesta; charco, charca; barco, barca…). Ahora bien, esta doble forma no nos lleva semánticamente al sexo, ni siquiera por procedimientos indirectos: es muy fácil –y se recurre a ello, por desgracia— efectuar una selección dirigida entre tales términos, motivándola semánticamente, y utilizarla como muestra de un pretendido sexismo en el lenguaje: "lo negativo es siempre femenino; lo positivo es masculino", o bien "lo pequeño es femenino, lo grande e importante es masculino". Afirmaciones (y listados) que no resisten un mínimo de rigor científico, pero que sirven para agradar a un público predispuesto y generar una actitud en la que los argumentos racionales tendrán difícil asiento.

En cuanto al **mundo de lo animado**, es frecuente/habitual la percepción de los hablantes según la cual están convencidos de que el género gramatical de las palabras está motivado con relación al sexo de las mismas, es decir, que las palabras de género femenino se aplican a personas o animales del sexo femenino, y las palabras de género masculino se aplican a personas o animales del sexo masculino. Tal motivación externa inicial de la lengua indoeuropea (reflejo a su vez de la realidad; pero parcial, puesto que asociada a otros dos criterios arbitrarios) ha sido trastocada, como hemos indicado, por la evolución histórica de las lenguas, y por las leyes fonéticas ("ciegas", como indicaban los filólogos del siglo XIX: es decir que se aplican siempre: excepto algunos pocos casos, por analogías, cacofonías, o eufonías…).

Así pues, las lenguas han establecido dos vías por donde han ido caminando, por un lado sus reglas internas de funcionamiento y, por otro, los hábitos de la vida cotidiana y la cultura de los hablantes que incide en ellas. Sin menospreciar las reglas internas de la lengua en relación con el género gramatical, tenemos que admitir que factores extralingüísticos han influido en este aspecto. Por herencia anterior, la gramática de la lengua española estableció el género masculino y femenino como sistema de clasificación de los sustantivos, pero la tradición cultural y el androcentrismo en la sociedad marcó la prioridad del masculino sobre el femenino: ello lleva a asociar y/o confundir a una serie de gramáticos-lingüistas del siglo XVII, y posteriormente al conjunto de los usuarios (con la ayuda de escritores y poetas que mantienen la idea del "poder evocador del lenguaje") el género gramatical con el género social, y siendo el sexo la razón última de tal categorización. Ahora bien, tal asociación no es intrínseca a la lengua, más bien está determinada por los usuarios, por el protagonismo del varón en la sociedad. Es indudable que la semantización de un término (la representación mental del significado) se establece por el contenido, por la forma del mismo, así como por las connotaciones y asociaciones que produce a partir de un cierto simbolismo. Es indudable que un término de género gramatical femenino traduce una representación propia del género sociocultural (según sociedades, culturas y épocas históricas), es decir, de unas ciertas propiedades físicas ligadas socioculturalmente al sexo, como son los estereotipos de todo tipo, morales, afectivos, psíquicos, físicos.... Es lo que se conoce como "sexuisemblanza", concepto esencial para clarificar el proceso mental de significación, pero igualmente para determinar que una cosa es el sexo, otra el género social, y la tercera el género gramatical:

> "Les traits fondamentaux du genre masculin sont la indifférenciation de sexuisemblance, la puissance et l'activité, l'indépendance et la liberté. A ces caractéristiques, sont associées la grandeur, la force, la violence, la conscience, la pensée, la volonté.
>
> Les traits fondamentaux du genre féminin sont la différenciation de sexuisemblance, la fécondité perpétuelle, la passivité, la dépendance et l'absence d'individualité" (Claire Michard, 2002 : 44).

Y digamos finalmente que las malas traducciones (frecuentes) del inglés, confundiendo el *gender* con el sexo (por escrúpulos terminológicos) no ayudan a la clarificación, sino que nos exigen una labor constante de vigilancia.

Bibliografía

ERVIN, Susan: (1962), "*The Connotation of Gender*", en Word, 18, pp. 241 -261.1962.

FERNÁNDEZ FRAILE, Mª Eugenia: (2001), El poder del lenguaje: lengua discurso e ideología en *Género, Lenguas y Discursos,* Granada, Comares. pp.111-152.

GARCÍA MESEGUER, Álvaro: (2002), El español, una lengua no sexista, en *Estudios de Lingüística Española,*Volumen 16, pp. 117-128.

INSTITUTO DE LA MUJER: (1989), *Propuestas para evitar el sexismo en el lenguaje,* Madrid, Ministerio de Asuntos Sociales.

EMAKUNDE/ INSTITUTO VASCO DE LA MUJER: (2000), *El lenguaje, más que palabras.*

INSTITUTO ASTURIANO DE LA MUJER: (2001), *Cuida tu lenguaje.*

LAMÍQUIZ, Vidal (1987): *Lengua española.* Madrid, Ariel.

MEILLET, Antoine (1948) : *Linguistique historique et linguistique générale.* París, Champion.

MICHARD, Claire (2002), *Le sexe en lingüistique,* París, L'Harmattan.

REAL ACADEMIA ESPAÑOLA: *Gramática de la lengua española,* Espasa-Calpe, Madrid, 1962 (nueva edición, reformada, de 1931, p. 10.).

SUSO LÓPEZ, Javier: (2001), ¿Qué significa la categoría gramatical de Género? En *Género, Lenguas y Discursos,* Granada, Comares. (pp.3- 86).

UNESCO (1990): *Recomendaciones para un uso no sexista del lenguaje,* Paris, BPS/D.

YAGUELLO, Marina: (1979), *Les mots et les femmes,* Paris, Payot.

Mainstreaming de género: un nuevo enfoque en las políticas de igualdad

Eugenia Gil García

El objetivo de este capítulo es reflexionar sobre el cambio acontecido en las políticas de igualdad en España y destacar la importancia que han tenido los Estudios de las Mujeres para que el cambio se produzca. Partimos de la definición de las políticas de igualdad como políticas públicas, instrumentos del estado de bienestar que surgen para dar respuestas a problemas y/o situaciones concretas que demandan atención y tienen como función orientar el comportamiento de un sector de la vida ciudadana, continuamos con una descripción del cambio acontecido en las políticas de igualdad en España y terminamos con una reflexión acerca de la importancia que han tenido los Estudios de las Mujeres en la incorporación en la agenda pública de las políticas de igualdad.

1. Introducción

En la actualidad, las políticas de igualdad en España forman parte de las políticas públicas. Existe un amplio debate acerca de lo que son o no las políticas públicas. Thomas Dye considera que política pública "es lo que el gobierno decide hacer/no hacer" (Dye 1992);

---

* Doctora por la Universidad de Granada. Grupo de Investigación Estudios de las Mujeres, Instituto de Estudios de la Mujer, Universidad de Granada, España.

por su parte Evangelina García las define como "productos del sistema político, principalmente del Estado quien le brinda la sanción de formalidad que legitima sus instrumentos de expresión" (2008). Pero sea cual sea la definición que adoptemos existe acuerdo entre las y los autores al considerar que las políticas públicas poseen una serie de características, entre ellas que son producto del Estado, se expresan formalmente en instrumentos legales y autorizados (leyes, reglamentos o normas), contienen un curso de acción y, una vez sancionadas, disponen de recursos administrativos y técnicos para llevarlas a cabo. Desde esta óptica las políticas públicas surgen para dar respuestas a problemas o situaciones que demandan atención de la ciudadanía. Su función es orientar el comportamiento de un sector de la vida ciudadana con el objetivo de lograr respuestas y soluciones satisfactorias para la sociedad.

El interés de un grupo de personas, más o menos numeroso, se convierte en política pública cuando entra a formar parte de la agenda pública, es decir, del listado de temas o problemas sobre los cuales se focaliza el interés de los actores públicos con poder de decisión (Pineda 2008). Y esto puede ocurrir como consecuencia de la decisión política de las personas que gobiernan, la denominada "razón de Estado" fruto de la decisión del Consejo de Gobierno o bien como consecuencia de acuerdos y compromisos internacionales. Pero existe otro mecanismo para que un tema entre a formar parte de la agenda pública, hablamos de la demanda ciudadana que se articula a través de los movimientos sociales y políticos. Demanda ciudadana que se ve fortalecida y apoyada en sus argumentos por los resultados de investigaciones científicas.

Pues bien, nuestra tesis es que las políticas de igualdad han entrado a formar parte de la agenda pública en España gracias a las demandas ciudadanas que si bien en principio fueron articuladas por el movimiento feminista, posteriormente se vieron impulsadas por la divulgación de los resultados de investigaciones llevadas a cabo por los estudios de las mujeres. Las aportaciones teóricas y conceptuales feministas, junto a los resultados de las investigaciones llevadas a cabo en el ámbito académico, han creado un corpus de conocimiento sobre la situación de las mujeres que ha favorecido la divulgación del conocimiento y su entrada en la agenda pública. Este doble componente del movimiento feminista, acción social-política y acción intelectual, ha favorecido un movimiento institucional que ha hecho suya las aportaciones de los estudios de las mujeres que ponen de manifiesto la desigualdad, que impregna la vida social-económica y política, y el androcentrismo que impregna los discursos y disciplinas científicas.

2. Las políticas de igualdad en el ámbito internacional

En 1945 se proclama la Declaración Universal de los Derechos Humanos y se constituye la Comisión de la Condición Jurídica y Social de la Mujer. A partir de entonces se ponen en marcha una serie de mecanismos internacionales que tratan de dar respuesta a las demandas de las mujeres y poner fin a la desigualdad. Los Estados comienzan a brindar respuestas a las demandas de igualdad jurídica.

Evangelina García Prince considera que las políticas de igualdad de las organizaciones internacionales han pasado por tres fases (2008). Una primera fase que denomina de *políticas de igualdad jurídica*, en una segunda fase se incorporan políticas de *apoyo a colectivos de mujeres* tratando de compensar con beneficios sociales y económicos las áreas de discriminación más alarmante y, una tercera fase que denomina *políticas de género* o de igualdad sustantiva que supone llevar a cabo la igualdad en todos los ámbitos de la vida social.

La primera fase, en la que se crean las primeras estructuras institucionales, comienza con la Declaración de Universal de los Derechos Humanos en 1945 y concluye en 1975 con la 1º Conferencia Mundial del Año Internacional de la Mujer con el lema Igualdad, Desarrollo y Paz que se celebra en la ciudad de México. Si bien en un principio existe un periodo prodrómico en el que el interés se centra en señalar las desigualdades y en determinar los obstáculos, en un segundo momento se inician estrategias y elaboran respuestas oficiales a las demandas de igualdad jurídica. Entre ellas cabe destacar la Aprobación de la Declaración sobre la Eliminación de la Discriminación contra la Mujer o el documento de "Estrategia de Desarrollo Internacional para la Segunda Década (1971-1980), en este último se reconoce la necesidad de "plena integración de las mujeres al esfuerzo total del desarrollo".

Posteriormente, la Primera Conferencia Mundial del Año Internacional de la Mujer reconoce el derecho de las mujeres a disfrutar de los beneficios del desarrollo y a ser integradas al proceso como una condición para el logro de las metas del desarrollo y paz duradera. De esta forma, se produce un cambio en las actitudes y compromisos internacionales en relación con las mujeres.

La segunda fase (1976-1985) se caracteriza por un cambio en la conciencia internacional acerca del impacto que tiene la situación de la mujer en el desarrollo. En esta época se firma la Convención para la Eliminación de toda forma de Discriminación contra la Mujer (1979). En la Segunda Conferencia de la Mujer, en Copenhague (1980), se recoge que la mujer es la "agente beneficiaria del proceso de desarrollo en todos los sectores y a todos los niveles", y se establecen Programas dirigidos a mujeres de sectores en desventaja para fortalecer sus capacidades económicas, productivas y elevar sus capacidades sociales básicas. Se produce un progresivo fortalecimiento institucional de los asuntos de las mujeres. Esta fase concluye con la Tercera Conferencia Mundial de la Mujer celebrada en Nairobi (1985) en la que se apoya el fortalecimiento institucional de los asuntos de las mujeres.

La tercera fase (1986- 1995) supone un impulso significativo de los asuntos de las mujeres en las políticas públicas. Hablamos del enfoque o perspectiva de género para entender, significar y proponer cambios que eliminen los factores estructurantes de exclusión y subordinación. Se llevan a cabo numerosas cumbres y conferencias mundiales que culminan con la IV Conferencia Mundial celebrada en Pekín en 1995. En ella se proclama el *mainstreaming de género* como una estrategia para lograr la igualdad sustantiva y se acepta la violencia de género como un tema de relevancia y aceptación internacional.

Observamos que, a partir de la Conferencia de Pekín, las políticas públicas de igualdad cambian de objetivo: producir un efecto transformador en las relaciones de género. Se trata de analizar y descubrir si las condiciones observadas tienen o no relación con pertenecer a un sexo u otro y, a la par, desvelar la existencia abierta, invisibilizada o naturalizada de la jerarquía y de las relaciones de poder entre hombres y mujeres. A partir de ahora las políticas de igualdad buscan transformar el orden de género, la supremacía masculina y lograr un horizonte de simetría y equivalencia de ambos sustentado en la igualdad de los derechos, instrumento destinado a romper la jerarquía de poder (García 2008).

El *mainstreaming* supone la inserción de la perspectiva de género en las políticas públicas en todas las fases tanto en el diseño como en la formulación de objetivo como en la adopción medidas y su ejecución. Se basa en el principio de que todas las políticas de igualdad deben ser políticas transversales de aplicación a todos lo órdenes y niveles de gestión institucional u organizacional. Afecta a las leyes y a todos los mandatos así como a los diseños de programas y proyectos en todas las áreas y niveles sociales políticos, culturales y económicos. Deben ser asumidas en todos los aspectos o fases operativas de la gestión o proceso de las políticas, estamos hablando del diseño, implementación, monitoreo y evaluación creando indicadores que pongan de manifiesto la brecha de género (Dávila 2008).

Los criterios fundamentales del *mainstreaming* de género son integrar las experiencias, intereses y necesidades de las mujeres y hombres en todas las iniciativas de cualquier tipo y evaluar las implicaciones que tenga cualquier acción realizada en mujeres y hombres así como garantizar el beneficio de la igualdad. Es una estrategia de cambio inducido que busca obtener resultados, formula objetivos y crea indicadores para evaluar el impacto a la vez que busca la presencia integrada e integral en todas las decisiones y acciones de las organizaciones.

En definitiva, el objetivo del *mainstreaming* es intervenir de manera sistemática y ordenada en todos los ámbitos de la vida social (laboral, educativo, sanitario, económico, en la organización y usos del tiempo e incluso en la actividad política). Es un instrumento para construir un espacio de justicia social a la vez que un estímulo para la participación cívica y un refuerzo de calidad democrática.

Para que esta estrategia de cambio inducido cristalice han sido necesarias aportaciones de muchas mujeres organizadas en instituciones, partidos políticos, asociaciones y, fundamentalmente, aquellas que se organizaron en el ámbito académico creando conceptos, categorías de análisis y teorías que les permitieron percibir, comprender y analizar las diferencias y los usos de género en el que se expresa, de forma visible o velada, la desigualdad.

3. Las políticas de igualdad en España: de la igualdad de derechos al *mainstreaming* de género

Con el inicio de la democracia en España, 1975, se inicia el periodo constituyente y con el período político que pone fin a la dictadura franquista. Comienzan así las políticas de igualdad impulsadas desde el movimiento feminista que, si bien en principio se nuclea en torno a la lucha por el divorcio y el aborto, fue penetrando poco a poco en las instituciones. Astelarra (2005) identifica tres estrategias de las políticas de igualdad desde el inicio de la democracia en España. Encuentra una primera estrategia basada en conseguir la igualdad de oportunidades entre mujeres y hombres, centrada básicamente en el marco legal; una segunda centrada en incluir la igualdad en la agenda pública y, por último, la estrategia de acción positiva para corregir las desventajas sufridas por las mujeres, que al revés que ocurre en otros países europeos, en España han sido muy escasas.

Podemos considerar que existe un periodo prodrómico en las políticas de igualdad con la Ley (Ley 30/1981, de 7 de julio) en la que se modifica, regula y determina los procedimientos del matrimonio en el Código Civil y las causas de nulidad, separación y divorcio. Cuatro años más tarde se modifica el art. 417 bis del Código Penal y se regulan los procedimientos para el aborto, estableciéndose las causas para el aborto legal (B.O.E. núm. 166. 12 julio de 1985). Medidas que responden en parte a las demandas del movimiento feminista pero que no abordan el problema en su totalidad. Ya que el poder de decisión no recae en las mujeres sino que seguirá en manos de profesionales ya sean jueces o personal médico.

Pero no es hasta 1983 con la creación del Instituto de la Mujer (IM) cuando se inician de forma efectiva las políticas de igualdad. La Ley 16/1983 de 24 de Octubre crea el Instituto de la Mujer cuyo objetivo es *"impulsar medidas que contribuyan a eliminar las discriminaciones existentes respecto a la mujer en la sociedad"*, organismo que se encuadra en la Administración General del Estado y será el responsable de velar y promover la igualdad efectiva entre las personas de ambos sexos. Cinco años después de su creación, se pone en marcha el I Plan de Igualdad de Oportunidades de las Mujeres (1988-1990) cuyo objetivo principal se centró en adecuar la legislación al principio de no discriminación que recoge la Constitución y desarrollar recursos y servicios a mujeres en situación de dificultad social. A partir del año 1989, se inició un proceso paralelo en la creación de organismos específicos y en la aprobación de planes de igualdad en las diferentes Comunidades Autónomas, amparados en preceptos similares a los referidos en la Constitución Española.

El primer Plan de Igualdad se continúa con el segundo Plan de Igualdad de Oportunidades para el periodo 1993-1995. En este caso la educación se constituye en un elemento central ya que articula y favorece la construcción de un modelo de sociedad. Este plan apuesta por trabajar para conseguir una sociedad en la que pertenecer a uno u otro sexo no suponga relaciones de jerarquía, a su vez profundiza en las causas por las cuales todavía muchas mujeres con carencias formativas básicas permanecen alejadas de la oferta educativa.

Así mismo, en el plan se recogen medidas para avanzar desde la igualdad formal hacia la igualdad real. Es decir, apostó por la promoción y desarrollo de medidas de acción positiva, principalmente, en los ámbitos de la educación, la formación y el empleo.

Por último, el III Plan para la Igualdad de Oportunidades (1997-2000), aprobado en marzo de 1997, supuso la introducción de la óptica de igualdad en todas las políticas del Gobierno y la promoción de la participación de las mujeres en todas las esferas de la vida social, con el fin de que las mujeres se tornaran en agentes copartícipes de la toma de decisiones. Constituye el inicio de lo que la IV Conferencia Mundial sobre las Mujeres (Pekín, 1995) y el IV Plan de Acción Comunitario, denominó "principio de mainstreaming", principio que a partir de entonces se desarrolla e implementa.

Paralelamente, en 1999, se aprueba la Ley 39/1999, de 5 de noviembre, de conciliación de la vida familiar y laboral de las personas trabajadoras. Hasta ese momento las políticas de igualdad se habían centrado, básicamente, en la cuestión del empleo, sin entrar en modificar los parámetros que organizaban la actividad laboral, hablamos de la organización del trabajo, los servicios al cuidado, la flexibilización de horarios, licencias, permisos, etc. Para actuar en este sentido en 1999 fue aprobada la Ley de Conciliación de la Vida Laboral y Familiar.

El IV Plan para la Igualdad de Oportunidades entre Mujeres y Hombres, con vigencia para el cuatrienio 2003-2006 se centra en la implementación de las directrices marcadas por la Estrategia Marco Comunitaria sobre la Igualdad entre hombres y mujeres (2001-2005), en los compromisos de la Plataforma para la Acción de la IV Conferencia Mundial de las Mujeres y en las recomendaciones emanadas de diversos Organismos Internacionales pero también toma como base la evaluación del III Plan.

El objetivo fundamental del IV Plan fue introducir la dimensión de la igualdad de oportunidades en todas las políticas y acciones realizadas en el ámbito comunitario y en los Estados miembros. Persigue potenciar el *mainstreaming* de género, mediante acciones positivas en aquellas áreas necesarias. Trata de poner fin a la situación de desigualdad que las estadísticas siguen manteniendo tanto por la ausencia de indicadores como por las categorías sexistas que incluyen. Considera que la incorporación de las mujeres en la vida laboral ha de llevar aparejado, necesariamente, un cambio en el sistema de valores tradicional que minimice la resistencia y la inercia de amplios sectores. Para ello desarrolla una serie de medidas específicas dirigidas a combatir las discriminaciones todavía existentes, y aumentar la presencia de las mujeres en aquellos ámbitos de la vida social en que, todavía, se demuestra insuficiente. Este plan se inspira en un principio fundamental: el *mainstreaming* de género.

El *mainstreaming*, que como hemos visto, consiste en promover la defensa y garantía del principio de igualdad entre hombres y mujeres en todas las actividades y políticas y a todos los niveles, a la vez que propone la evaluación de sus posibles efectos. Para conseguirlo propone un primer bloque de medidas destinado a introducir la perspectiva de género en las políticas públicas. Al mismo tiempo, este principio está presente en el diseño de medidas específicas de las diferentes áreas sectoriales que configuran la estructura del Plan. El principio de transversalidad que consiste en fomentar la colaboración de la forma más estrecha posible con todos los agentes implicados, hablamos de las administraciones públicas, agentes sociales, ONG y la sociedad, en general.

Las medidas específicas incluidas en el Plan se articulan en ocho áreas prioritarias: La introducción de la perspectiva de género en las políticas públicas; la igualdad entre mujeres y hombres en la vida económica; la participación en la toma de decisiones; la promoción de la calidad de vida de las mujeres; el fomento de la igualdad en la vida civil; la transmisión de valores y actitudes igualitarias; la conciliación de la vida familiar y laboral y la cooperación. Pero además de estos planes de igualdad específicos se siguen aprobando leyes y decretos que tratan de minimizar la desigualdad. Entre ellas la Ley 30/2003, de 14 de octubre, sobre medidas para incorporar la valoración del impacto de género en las disposiciones normativas que elabora el Gobierno. Este hecho resulta de enorme importancia ya que supone la constatación de que las decisiones políticas que, en principio, parecen no sexistas, pueden tener diferente impacto en las mujeres y en los hombres, a pesar de que dicha consecuencia ni estuviera prevista ni se deseara.

Un año más tarde, en 2004 se aprueba el Real Decreto 1600/2004, por el que se modifica la estructura orgánica básica de los Departamentos ministeriales y se crea, dentro del Ministerio de Trabajo y Seguridad social, la Secretaría General de Políticas de Igualdad. Entre sus competencias destacan las relativas a la formación y al sistema educativo. Suponen un impulso al introducir en el sistema educativo principios para desarrollar en el alumnado la capacidad de resolución pacífica de los conflictos y para la comprensión y el respeto por la igualdad entre mujeres y hombres.

En este mismo año se aprueba la Ley Orgánica 1/2004, de 28 de diciembre, de medidas de protección integral contra la violencia de género (BOE de 29 de diciembre de 2004) y un año más tarde, en 2005, se modifica el Código Civil y la Ley de Enjuiciamiento Civil en materia de separación y divorcio (Ley 15/2005, de 8 de julio) y en materia de derecho a contraer matrimonio (Ley 13/2005, de 1 de julio). Con enorme repercusión para la calidad de vida de las personas en situación de vulnerabilidad y dependencia al agilizar y posibilitar los trámites de las separaciones y dar cobertura y apoyo a las mujeres que sufren violencia machista.

No queremos terminar el epígrafe sin mencionar tres hitos importantes para la igualdad entre las personas, hablamos de la denominada ley del "divorcio express" (Ley 15/2005 de 8 de julio), la ley de "cambio de sexo" (Ley 3/2007, de 15 de marzo) que regula la rectificación en el registro del sexo de las personas y la ley de matrimonio homosexual (Ley 13/2005 de 1 de julio). Todas ellas siguen la senda marcada por los planes de igualdad y suponen un éxito sin precedentes del movimiento y de las teóricas feministas ya que consolidan y extienden la igualdad y la autonomía individual. Suponen un cambio democratizador en una de las instituciones básicas de la reproducción social, las familias.

Estas leyes constituyen un ejemplo de las externalidades positivas del pensamiento teórico feminista ya que el "matrimonio" entre personas de un mismo sexo abre la puerta a la democratización de la reproducción más alla del sexo de las personas. Rompe de esta forma la dicotomia entre los roles masculinos y femeninos y su papel en la reproducción sexual y social. Por su parte, la nueva ley de divorcio al admitir que la fuente del vínculo o contrato es la libre voluntad de las personas contrayentes es la fuente del contrato y de su ruptura establece el reconocimiento efectivo de la autonomía ética y jurídica de las personas.

Por su parte la ley de cambio de sexo, reivindicada por el movimiento de transexuales acentúa tanto la igualdad como la autonomía en la elección del sexo. Sin necesidad de cambios anatómicos u hormonales. Cada cual puede elegir el sexo registral aunque el sexo biológico no coincida. Este paquete legislativo es un producto de la lucha de los movimientos de gays y lesbianas y transexuales que ha sido posible gracias al pensamiento teórico feminista que hizo posible que las reivindicaciones estén en la agenda cultural, política e institucional y abrió las puertas para la igualdad y la autonomía de las personas más allá del sexo.

Un hito importante y reciente en las políticas de igualdad en España lo constituye la Ley Orgánica 3/2007, de 22 de marzo, para la igualdad efectiva de mujeres y hombres al incorporar al ordenamiento español las directrices que marcan la Unión Europea. Aplica el principio de igualdad al acceso al empleo, la formación, la promoción profesional y a las condiciones de trabajo.

4. El impulso de los Estudios de las Mujeres

El origen de los Estudios de las Mujeres en España se remonta a 1979. En este año el movimiento feminista logro concentrar en Granada a, aproximadamente, 4000 mujeres. Este periodo marca el declive del feminismo autónomo organizado como movimiento social y el comienzo de una nueva estrategia consistente en la organización de mujeres en el ámbito académico que tomó en principio el nombre de Estudios de la Mujer y actualmente como Estudios de las Mujeres (Ballarín et al. 1995).

En las jornadas que se celebraron en Granada se difundió la convocatoria de las I Jornadas del Patriarcado que se celebró en la Universidad Autónoma y sirvieron de germen para la creación del Seminari d´Éstudis de la Dona, algunas autoras la consideran la primera organización universitaria que se dedica al ámbito de la docencia e investigación. A partir de entonces se crean seminarios en diversas universidades (Ortíz 2004). Las Universidades pioneras fueron la Autónoma de Madrid y la Universidad del País Vasco. Comienza, de esta forma, un proceso de crítica y renovación de los conocimientos sobre todo en el ámbito de las Ciencias Sociales y Humanas que tenía como objetivo responder "a la exigencia social de las mujeres de comprender, explicar y transformar su situación históricamente subordinada" (Ballarín et al 1995: 8) a la par que cuestionaban unos contenidos científicos caracterizados, muchas veces, por su enfoque androcéntrico.

Poco a poco los denominados entonces Estudios de la Mujer, se hacen presentes en gran número de universidades y van logrando reconocimiento, prestigio y legitimidad. Entre sus logros está contribuir a la visibilización del papel de las mujeres, a la renovación del conocimiento científico y al cuestionamiento del androcentrismo que, aún todavía, impregna la ciencia (Durán 1981; Ortiz 1998).

La llegada del PSOE al poder en 1982 favorecio la creación y articulación de una red dispersa pero extensa de asociaciones de mujeres. Algunas de estas asociaciones se vinculan a instituciones locales otras, sin embargo, no poseen una vinculación aparente. La creación en 1983 del Instituto de la Mujer, con su apoyo patente a la investigación y la Ley de Reforma Universitaria, abrió la presencia del profesorado femenino universitario a traves de las Escuelas Universitarias, fueron instrumentos claves para la expansión de los Estudios de las Mujeres (Ballarín et al. 1995).

En 1985, la incorporación de España a la Unión Europea abre el camino a la participación normalizada de los equipos universitarios en redes europeas, camino que actualmente está dando muchos frutos. A finales de los ochenta el Primer Plan de Igualdad de Oportunidades (1988-1990) y la creación de organismos para la igualdad en las Comunidades Autónomas favorecieron las condiciones para la expansión y consolidación de los Estudios de las Mujeres (Astelarra 2005).

En los años noventa se inicia un periodo de consolidación, según Teresa Ortiz (2004) o de expansión, según Pilar Ballarin y colaboradoras (1995), en el que se institucionalizan los Estudios de las Mujeres y se crean nuevos grupos a la par que se refuerzan las redes estatales con la creacion de asociaciones científicas profesionales como AUDEM (Asociación Universitaria de Estudios de las Mujeres); AEIHM (Asociación Española de Investigación e Historia de las Mujeres, AMIT (Asociación de Mujeres Investigadoras y Tecnólogas), la Red de Mujeres Sanitarias o la Asociación Española de Filosofía María Zambrano. Paralelamente se potencian vinculos internacionales especialmente con Europa y América Latina y se crean colecciones específicas en editoriales universitarias, comerciales o dependientes de organismos de igualdad y revistas especializadas que han contribuido a la difusión y divulgación de los resultados de las investigaciones (Ortíz 2004).

El impulso a la investigación se ha visto favorecido por la puesta en marcha en 1996 del Programa Sectorial de Investigación + Desarrollo de Estudios de las Mujeres y de Género del Instituto de la Mujer y otras tipos de ayudas provenientes de instituciones autonómicas y locales (véase una exhaustiva revisión en Ortiz 2004) y con la creación premios específicos a la investigaciones feministas como el premio Victoria Kent organizado por el Seminario de Estudios Interdisciplinario sde la Mujer de la Universidad de Málaga, el premio de divulgación feminista Carmen de Burgos organizado por la Asociación de Estudios Históricos sobre la Mujer o el premio de investigación y estudios de género "Otra mirada" organizado por el Ayuntamiento de Palencia.

Los estudios de las mujeres, feministas o de género "han conseguido incorporar a la academia la experiencia social de las mujeres, han creado nuevos objetos de estudio, nuevas perspectivas de analisis, nuevas preguntas e hipótesis de trabajo, han desarrollado un pensamiento crítico y han construido un conocimiento de gran proyeccion e influencia social" (Ortiz, 2004 : 127). El desarrollo disciplinar de los Estudios de las Mujeres hace que en la década de los noventa se consoliden nuevas líneas de investigación como antropología del género, género y salud, género y psicología, género y ciencia y se constituyan grupos de investigación específicos, que si bien no son los únicos sí han liderado la investigación científica a la par que han construido un importante corpus de conocimiento feminista y han creado redes de expertas de considerable influencia política dentro y fuera de la universidad" (Ortíz 2004: 114). Movimiento que se ha visto favorecido por el impulso institucional y legislativo. La Ley Orgánica 1/2004 de Medidas de Protección Integral contra la Violencia de Género que incluye en el art. 4.7. el mandato que las universidades deben incluir y fomentar la igualdad y no discriminación en todos los ámbitos académicos. Y, en el año 2005, con la aprobación por parte del Consejo de Ministros (BOE 8 de marzo 2005) de diferentes medidas para favorecer la igualdad entre ellas la creación de una unidad específica de "Mujer y Ciencia" para abordar la situación de las mujeres en las insitutciones investigdoras y mejorar su presencia.

Posteriormente, en lo que afecta al ámbito universitario, se aprueba en 2007 la Ley Orgánica de Universidad. En la que se hace referencia a la igualdad en el ámbito de la educación superior con el objetivo es conocer el signficado y alcance de la igualdad. Para conseguirlo propone incluir en los planes de estudios le enseñanza de igualdad y crear posgrados específicos y potenciar la realización de estudios e investigaciones especializadas.

5. Conclusiones

En el ámbito internacional podemos decir que la situación de las mujeres ha sido tomada en cuenta desde el inicio de las políticas públicas y el tratamiento de sus necesidades e intereses han pasado por distintas fases: igualdad jurídica, apoyo a colectivos de mujeres e igualdad sustantiva.

En España las políticas de igualdad comienzan con la denominada transición democrática que pone fin al nacional-catolicismo franquista. Ideología que reforzaba la diferencia y antagonismo de roles masculinos y femeninos. En los primeros años de la transición democrática el movimiento feminista se articula como un movimiento social y político que lucha por la igualdad jurídica pero, poco a poco, muchas mujeres feministas militantes se incorporan al ámbito académico y comienza a crearse y difuminarse un movimiento de mujeres preocupadas por la igualdad. El ámbito universitario permite que lo que en principio era una preocupación militante se convierta en ocupación profesional (aunque no siempre reconocida): comienzan los Estudios de las Mujeres. Fruto de sus reflexiones y análisis son un cuerpo de conocimiento que engloba conceptos, teorías y resultados de investigaciones.

La invisibilidad de las mujeres, el androcentrismo de las disciplinas científicas y la desigualdad en los ámbitos sociales, políticos y económicos puesta de manifiesto por los Estudios de las Mujeres ha generado demanda ciudadana, ha impregnado el ámbito de la decisión política y, sobre todo, ha creado conceptos y teorías que permite visibilizar la realidad de "otra manera" y avanzar en el camino de la igualdad y el respeto a la diversidad.

Bibliografía

ASTELARRA, Judith (2005): *Veinte años de políticas de igualdad*. Madrid: Ediciones Cátedra. Colección Feminismos.

——————— (2003): *¿Libres e iguales? Sociedad y política desde el feminismo*. Santiago de Chile: CEMS ediciones.

BALLARÍN DOMINGO, Pilar; GALLEGO MÉNDEZ M. Teresa y MARTÍNEZ BENLLOCH Inmaculada (1995): *Los estudios de las mujeres en las universidades españolas 1975-1991. Libro Blanco*. Madrid: Colección Estudios 44, Ministerio de Asuntos Sociales, Instituto de la Mujer.

CENTRO DE ESTUDIOS POLÍTICOS Y CONSTITUCIONALES (2000): *Mujer y Constitución en España*, Madrid.

CONSEJO DE EUROPA (1999) Mainstreaming de género. Marco conceptual, metodología y presentación de "buenas prácticas". Informe final de las actividades del Grupo de especialistas en mainstreaming (EG-S-MS), (versión español). Madrid: Instituto de la Mujer-Ministerio de Trabajo y Asuntos Sociales. Serie documentos, n. 28. p: 26.

COUNCIL OF THE EUROPEAN UNION. Council conclusions on reinforcing human resources in science and technology in the European Research Area, Dec.8194/05, Bruselas 19 abril 2005.

IV PROGRAMA DE ACCION COMUNITARIO PARA LA IGUALDAD DE OPORTUNIDADES ENTRE MUJERES Y HOMBRES (1996-2000)

DAVILA, Mónica. Indicadores de género. http://www.sernam.cl/pmg/archivos_2007/pdf/Indicadores%20de%20Genero%20Main.pdf

DYE, Thomas (1992 v.o: 1972). Understanding Public Policy. Printece Hall: Englewood Cliffs.

DURÁN, M. Ángeles (1981): "Una ausencia de mil años: la mujer en la Universidad". En: *La mujer en el mundo contemporáneo. Seminario de Estudios de la Mujer*. Madrid: Universidad Autónoma. pp: 53-67.

Estrategia Marco Comunitaria sobre Igualdad entre Hombres y Mujeres (2001-2005)

GARCÍA, Evangelina (2008). Políticas de igualdad, equidad y gender mainstreaming ¿de qué estamos hablando?. Programa de Naciones Unidas para el desarrollo: San Salvador.http://webs.uvigo.es/pmayobre/descargar_libros/evangelina_garcia_price/politicas.pdf

GIL RUIZ, Juana María; RUBIO, Ana (1996): *Las políticas de igualdad en España: Avances y retroceso.* Granada: Universidad de Granada.

INSTITUTO ANDALUZ DE LA MUJER (2006): *Lo público y lo privado en el contexto de la globalización.* Instituto Andaluz de la Mujer: Sevilla.

INSTITUTO ANDALUZ DE LA MUJER (2006): Artículo 14. Una perspectiva de género. Boletín de información y análisis jurídico. N.23.

LOMBARDO, Emmanuela. *Aequalitas. Revista Jurídica de Igualdad de Oportunidades entre Mujeres y Hombres*, vol. 10-15, mayo-diciembre 2003, pp. 6-11.

ORDÓÑEZ SOLÍS, David (1999): *La igualdad entre hombres y mujeres en el Derecho Europeo.* Madrid: Instituto de la Mujer y Consejo General del Poder Judicial.

ORTIZ GÓMEZ, Teresa; BIRRIEL SALCEDO, Johanna; MARÍN PARRA, Vicenta (1998): *Universidad y Feminismo en España (I). Bibliografía de Estudios de las Mujeres (1992-1996).* Granada: Universidad de Granada.

ORTIZ GÓMEZ, Teresa; MARTÍNEZ, Cándida; SEGURA, Cristina; QUIÑONES, Olga; DUART, Pura y VENTUA, Asunción (1999): *Universidad y feminismo en España (II). Situación de los Estudios de las Mujeres en los años 90.* Granada: Universidad de Granada. Colección Feminae.

ORTIZ GÓMEZ, Teresa (2004): "Consolidación y visibilidad de los estudios de las mujeres en España: logros y retos". En: *Los Estudios de las Mujeres en las Universidades Andaluzas.* Sevilla: Universidad de Sevilla. pp. 111-148.

PERIS, Rosa. Ponencia en *CONGRESO INTERNACIONAL. Género, Constitución y Estatutos de Autonomía en 2005.* Madrid. http://www.inap.map.es/NR/rdonlyres/822C1F54-17FE-437F-817C 1292EA2713A9/0/pdirectora.pdf

PINEDA PABLOS, Nicolás (2008). El concepto de políticas públicas: alcances y limitaciones. Centro de Estudios de la Globalización y Desarrollo Regional. http://feiypp.uasnet.mx/sinaloa/articulos/pdf/Pineda_Conceptopoliticapublica.pdf

POLLACK, M. (1997). Reflexiones sobre Indicadores de Mercado de Trabajo para el Diseño de Políticas con un Enfoque Basado en el Género. Serie Mujer y Desarrollo n 19. Comisión Para América Latina y El Caribe (CEPAL). Santiago de Chile.
I Plan de Igualdad de Oportunidades de las Mujeres (1988-1990)
II Plan de Igualdad de Oportunidades de las Mujeres (1993-1995)
III Plan de Igualdad de Oportunidades de las Mujeres (1997-2000)
IV Plan de Igualdad de Oportunidades de las Mujeres (2003-2006)

RUBIO Ana. Las políticas de igualdad: De la igualdad formal al mainstreaming. http://webs.uvigo.es/pmayobre/06/arch/profesorado/celia_pereira/igualdade.pdf

SALAZAR BENÍTEZ, Octavio (2004): "Las mujeres y la Constitución Europea". En: *Foro Constitucional Iberoamericano (Revista Digital)*, núm. 8.

SALDAÑA DÍAZ, María Nieves (2006) "Aproximación al concepto de ciudadanía europea desde la perspectiva de género: el presupuesto política de la transversalidad". En: *Araucaria. Revista Iberoamericana de Filosofía, Política y Humanidades*, núm. 16. pp: 134-166.

SEVILLA MERINO, Julia y FREIXES SANJUAN, Teresa (2005): *Género, Constitución y Estatutos de Autonomía*. Madrid: Ministerio de Administraciones Públicas.

WOMEN AND SCIENCE: Excellence and Innovation-Gender Equality in Science, Commission of the European Communities, SEC (2005) 370, Bruselas 11.3.2005.

Anexo sobre legislación de igualdad de género en España

- En 1983 Ley de creación 16/83 del Instituto de la Mujer como organismo autónomo, actualmente adscrito al Ministerio de Trabajo y Asuntos sociales. Encuadrado en la Administración General del Estado, es el organismo responsable de velar y promover la efectiva igualdad entre las personas de ambos sexos.

- El Real Decreto 562/2004, de 13 de abril, por el que se aprueba la estructura orgánica básica de los Departamentos ministeriales crea, dentro del Mº de Trabajo y Seguridad social, la Secretaría General de Políticas de Igualdad.

- Ley 39/1999, de 5 de noviembre, de conciliación de la vida familiar y laboral de las personas trabajadoras (BOE de 6 de noviembre de 1999).
- Ley 30/2003 de 13 de octubre sobre medidas para incorporar la valoración del impacto de género en las disposiciones normativas que elabora el Gobierno (BOE de 14 de octubre de 2003).
- Ley Orgánica 1/2004, de 28 de diciembre, de medidas de protección integral contra la violencia de género (BOE de 29 de diciembre de 2004).
- IV Plan de Igualdad de Oportunidades entre mujeres y hombres 2003/2006. Ministerio de Trabajo y Asuntos Sociales. Instituto de la Mujer.
- Orden PRE/525/2005, de 7 de marzo, por la que se da publicidad al Acuerdo del Consejo de Ministros por el que se adoptan medidas para favorecer la igualdad entre mujeres y hombres (BOE 8 marzo 2005).
- Ley Orgánica 3/2007, de 22 de marzo, para la igualdad efectiva de mujeres y hombres (BOE núm. 71 de 23 marzo de 2007).
- Ley Orgánica 9 de 5 de julio 1985 que modifica el art. 417 bis del Código Penal. (B.O.E. núm. 166. 12 julio de 1985).
- Ley 30/1981, de 7 de julio, por la que se modifica la regulación del matrimonio en el Código Civil. Determina el procedimiento a seguir en las causas de nulidad, separación y divorcio.
- Ley 15/2005, de 8 de julio, por la que se modifican el Código Civil y la Ley de Enjuiciamiento Civil en materia de separación y divorcio.
- Ley 13/2005, de 1 de julio, por la que se modifica el Código Civil en materia de derecho a contraer matrimonio.
- Ley 3/2007, de 15 de marzo, reguladora de la rectificación registral de la mención relativa al sexo de las personas.

Debates en torno a la metodología feminista y su aplicación en la investigación de la salud

Nuria Romo-Avilés[*]

España

El género es una perspectiva crítica, teórica y metodológica que permite analizar y señalar la inequidad en las vidas de las mujeres. Entre sus campos de trabajo y de estudio, la vivencia de la enfermedad, el mantenimiento de la salud, o los procesos de medicalización diferencial de la vida cotidiana son ámbitos de debate en los estudios de las mujeres.

"Género" es un concepto de las ciencias humanas y sociales que, en ocasiones, se traslada a campos científicos, como el sanitario, en el que necesita de ciertas adaptaciones teóricas y genera debates metodológicos. La distancia entre la investigación aplicada a la salud y el género-las mujeres y las teóricas feministas es profunda, lo que hace que los cuestionamientos en torno a los problemas metodológicos del feminismo no sean frecuentes en los foros sanitarios. Los intereses y las

[*] Doctora en Antropología Social. Instituto Universitario de Estudios de la Mujer, Universidad de Granada, España.

prácticas son distintos en ambos campos del saber. De hecho, debates importantes dentro del feminismo, como el de la superación de la dicotomía sexo-género o la construcción del cuerpo, no son exitosos en el estudio de los procesos de salud y enfermedad.

Ahondando en los ejemplos, a pesar de que la dicotomía sexo-género haya sido superada o, al menos, debatida en ámbitos feministas, en las ciencias de la salud sigue siendo importante su distinción conceptual. De hecho, es común que las diferencias varón-mujer respecto a la salud personal o la sensibilidad a los medicamentos o las diferencias en las interacciones con el sistema de atención sanitaria se atribuyan a las diferencias entre ambos sexos y a las diferencias propiciadas por el género (Kingle y Bosch, 2005).

Frecuentemente, estos debates conceptuales corren en paralelo a la espúrea dicotomía entre la metodología cualitativa y la cuantitativa. Una de las posibles consecuencias estaría en la falta de libertad metodológica de los estudios sobre género y salud. La justificación de la necesidad de trabajar sobre las mujeres en distintos ámbitos de la salud pública nos ha llevado con frecuencia a evitar la reflexión sobre la metodología necesaria y las implicaciones de nuestras decisiones. Difícilmente se aborda lo teórico, el cuestionamiento de las teorías y conceptos muchas veces asumidos, pero poco reflexionados, como el de la salud y la enfermedad.

En este capítulo analizaremos algunos de los debates sobre la metodología feminista y su traslación al campo de la salud. Nos servirán de ejemplo investigaciones desarrolladas en el ámbito de la medicalización diferencial de las mujeres. En concreto, nos centraremos en la investigación sobre el consumo de psicofármacos, medicamentos que han sufrido transformaciones en sus formas de consumo desde los años cincuenta del siglo XX llegándose a un uso extensivo, no restringido a sujetos diagnosticados de patología mental que se ha incrementado progresivamente en las últimas décadas entre distintos sectores de la población de Argentina y España, y que afecta fundamentalmente a las mujeres (Romo et al., 2004; Gil et al, 2005; Arrizaga, 2007). Como bien mantiene Cecilia Arrizaga (2007), el consumo de estos fármacos ha puesto en discusión conceptos acerca de la salud y la enfermedad, sobre la concepción del sujeto contemporáneo y el tratamiento de los síntomas más amenazantes para el logro de una *performance* social adecuada. Su consumo se enmarca dentro de los procesos de medicalización de las sociedades actuales en los que las "Lifestyle medicines" han servido para medicalizar situaciones de la vida cotidiana, convertir riesgos sanitarios en enfermedades.

Estos procesos de medicalización tienen un componente diferencial del género que hace de las mujeres sus principales consumidoras en todos los grupos de edad. Creemos que es un campo privilegiado para la reflexión metodológica ya que permite abrir un debate sobre los sesgos de género, los procedimientos epidemiológicos y la búsqueda de nuevos discursos en torno a la salud y la enfermedad.

1. El debate en torno a la metodología feminista

El debate sobre las posibilidades metodológicas del feminismo ha sido intenso. La pregunta que nos hacemos suelen girar en torno a estos interrrogantes: ¿existen técnicas de investigación feministas?, ¿son estas técnicas distintas a las de los demás investigadores o investigadoras de nuestros campos de trabajo? Al fin de cuentas, con frecuencia pensamos, ¿cómo miramos desde el género?

La investigación feminista, en cuanto que actividad científica, es una actividad social en la cual individuos y grupos producen conocimiento en un contexto histórico determinado. Este conocimiento es situado y parcial (Haraway, 1988). La crítica e investigación sobre las asunciones preestablecidas en un campo científico producirán lo que Sandra Harding llamó "objetividad fuerte" en contraste con la "objetividad débil" que ignora el impacto de los deseos políticos, valores e intereses de las personas que investigan

(Harding, 1991). Deseos, valores e intereses son elementos clave para trabajar en la inequidad de género.

La crítica metodológica feminista se ha llevado a cabo desde distintos niveles reflexivos: desde la filosofía, la moral y la práctica investigadora. Serry Gorelick (1991) ha señalado como estos niveles se interrelacionan y mezclan en los debates. El **nivel filosófico** ha conllevado la crítica al positivismo, partiendo de la reflexión sobre la ciencia libre de valores y la objetividad concebida como un fin más que como un proceso.

Partimos de que la metodología es el conjunto de técnicas que se aplican en un proceso de investigación, y que las técnicas se han dividido entre cualitativas y cuantitativas. La investigación que aplica la perspectiva de género suele ser ecléctica en su diseño metodológico. Las técnicas de investigación empleadas se relacionan con las hipótesis de trabajo que suelen ser cualitativas desde el punto de partida feminista, ya que implican una interrogación crítica sobre la construcción de la desigualdad de género. Serán después cuantitativas o cualitativas dependiendo del objeto de estudio.

En las Ciencias Sociales, lo cuantitativo tradicionalmente fue asociado con palabras tales como: positivismo, científico, objetividad, estadísticas y masculinidad. Por el contrario, lo cualitativo fue asociado con: interpretacionismo, no científico, subjetividad y *feminidad* (Oakley 1981). Estas asociaciones llevaron a algunos investigadores/as feministas a criticar (Reinharz, 1983) y hasta rechazar los acercamientos cuantitativos (Graham & Rawlings, 1980) argumentando que se encuentra en conflicto directo con las metas de la investigación feminista.

Se ha argumentado que los métodos cualitativos son más apropiados para la investigación feminista ya que aluden al conocimiento subjetivo (Fox Kéller, 1980; Duelli Klein, 1983), y a una relación más ecuánime entre la persona que investiga y la investigada (Oakley, 1981).

Si el objetivo fundamental de la teoría feminista es facilitar la igualdad social, las técnicas que se aplican en una investigación feminista deberían favorecer la relación ecuánime entre la persona que investiga y su objeto de estudio. En este sentido, autoras como Cacian (1992) han achacado cierta rigidez a la metodología feminista. En campos como el de la salud, son escasas las investigaciones eclécticas en su metodología. Por ejemplo, es común encontrar estudios con metodologías cualitativas, pero no que incluyan el componente participativo dando a las participantes control sobre la investigación y generando una crítica a la academia.

Pero las metodologías más participativas no sólo son difíciles de gestionar. Otros motivos señalados por las investigadoras feministas para justificar la escasez del uso de estos métodos han sido: temor sobre los estándares científicos de objetividad y a ser rechazadas en la Academia por falta de poder y prestigio. Metodologías que alteran la inequidad, han sido propuestas en espacios de pensamiento feministas, pero las propuestas han sido frecuentemente ignoradas, especialmente porque usar metodologías feministas parece incompatible con una carrera académica exitosa en un medio en el que se premia la investigación positivista y cuantitativa.

Todo este debate se articula con el de la validez que en la "ciencia tradicional" se ha relacionado con la evidencia, representación estadística y replicabilidad, mientras que el criterio de validez de la "ciencia feminista" sería el de éxito, convicción, compresión y respuesta a las personas a las que va dirigida la investigación y a las que son objeto de estudio. Quizás necesitamos abrir nuevas reflexiones en torno a los procedimientos, resultados o difusión de nuestras investigaciones que siguen otros criterios de validez y fiabilidad a los de la "ciencia tradicional" pero no por ello dejan de ser "científicas".

Un segundo nivel de crítica metodológica feminista sería el que se produce desde la crítica basada *en la **práctica investigadora***. En la práctica, cada acto de una investigación puede ser construido y negociado desde la perspectiva de género. Género, como construcción cultural de la masculinidad y feminidad no puede evitarse en las actividades de investigación. Está presente en todas las acciones humanas y sus productos, incluyéndose personas investigadoras y sus investigaciones. Para evitar desigualdades, el género debe ser tenido en cuenta en cualquier tipo de investigación y en todas sus fases, desde las elecciones prácticas a los problemas metodológicos.

Así, la metodología feminista debe incluir la visión de los distintos grupos de mujeres ya que la visión de cada subgrupo fortalece la de la totalidad (Gorelick, 1991).

En el ámbito sanitario, un paso importante ha sido el trabajo sobre los sesgos de género en las investigaciones con o sin un objetivo específicamente feminista. Los sesgos de género pueden producirse en las diferentes etapas de una investigación y en su difusión. Ruiz Cantero (2004) señala cómo pueden generarse en el planteamiento de los objetivos, elaboración de instrumentos de obtención de información, en la propia recogida de información e, incluso, en el análisis y presentación de los resultados y en la inferencia de los mismos. Esta autora mantiene que en el proceso de producción y publicación de conocimientos sobre salud, se pueden producir diversos sesgos de género. Básicamente, la producción de nuevo conocimiento desde el prejuicio oscurece los procesos que explican las desigualdades de género. Se expresa no preguntando por temas relevantes desde la perspectiva de género, o bien no presentando los datos desagregados por sexo.

A los sesgos de género y desde el mismo nivel de práctica investigadora, podríamos añadir la falta de especificidad en la búsqueda de motivos socioculturales que explican las diferencias de géneros en algunos procesos que tienen que ver con la salud y enfermedad de las mujeres y que sólo se contemplan desde el punto de vista más "biologicista".

En relación a los elementos que debemos tener en cuenta en nuestros procesos de investigación, el análisis feminista ha planteado hasta qué punto el sexo de la persona que investiga, junto a otras características adscritas y propias como la clase o etnia influyen en la recogida e interpretación de los datos obtenidos. La influencia del sexo de la persona que investiga está presente en las visiones y relaciones con las y los informantes, en la selección de los mismos, en el tipo de información que se recoge, en la experiencia de la persona que investiga, en la interpretación de los datos, la transmisión de los resultados y en el acceso de la información. Es decir, las características y bagaje de las investigadoras e investigadores están presentes en todo el proceso de investigación, siendo el género un elemento más que incide en el proceso de construcción del conocimiento (Romo, 2001).

Con todos estos elementos, el feminismo provoca una práctica investigadora crítica y diferenciada que genera una revisión de conceptos claves en el ámbito sanitario. No podemos analizar aspectos de la salud de las mujeres si no cuestionamos definiciones claves en el ámbito biomédico: el concepto de salud, de enfermedad y el concepto de cuerpo son alterados desde la práctica investigadora feminista.

Por último, a **nivel moral**, desde el feminismo se ha criticado la objetivación del sujeto y su explotación por las y los investigadores que usan metodologías tradicionales. La crítica feminista, fundamentalmente desde la sociología interpretativa, enfatiza la acción humana y el componente subjetivo de las personas que se estudian. Desde esta perspectiva, la producción científica es una relación y no una operación. Desde el feminismo se ha criticado la estructura de inequidad que se genera a la hora de poner en marcha investigaciones, especialmente en los grandes proyectos. Esta crítica se relaciona directamente con la de las metodologías dominantes.

En este sentido, las posturas se han debatido ante la posibilidad de la inclusión del objeto de estudio, las mujeres, en los procesos de investigación como sujetos activos en los procesos y resultados. En los años setenta, Smith (1974) mantuvo que la sociología partía de una distorsión por ser su punto de partida (*stand-point*) el de los varones de la clase media, manteniendo que la investigación debería partir del "stand-point" de las mujeres tomando la vida cotidiana como problemática y partiendo de la experiencia cotidiana y ordinaria de las mujeres (Smith, 1974, 1979). De este modo se abría el debate acerca de la inductividad en las ciencias sociales por contraposición a la deductividad, el foco en los procesos y la necesidad de generar conceptos en vivo y no utilizar predeterminados.

La traslación de este debate metodológico a las Ciencias de la Salud permite comprender las implicaciones revulsivas en la investigación aplicada que provoca el feminismo. Quizás el debate en torno a la utilización de técnicas cualitativas o cuantitativas, la inclusión de los discursos de las mujeres o su participación en las investigaciones ha dejado poco espacio para reflexiones más productivas en los distintos ámbitos de conocimiento en los que se aplican las metodologías feministas. Como ya hemos señalado, en el campo de la salud pública la búsqueda de categorías y conceptos nuevos puede ser útil para mejorar aspectos de la salud de las mujeres.

En España, hasta el momento, gran parte de los esfuerzos feministas parecen haberse concentrado en "buscar un lugar" más que en "buscar la calidad" o "buscar la reflexión". La existencia de foros profesionales especializados en género y salud, la publicación de monografías sobre esta temática y la consolidación de líneas y grupos de investigación es reciente y no ha frecuentado los debates metodológicos. Sin embargo, las reflexiones en torno a la metodología feminista muestran que necesitamos desarrollar medidas de las buenas prácticas en investigación feminista y abrir el debate para contribuir a los distintos campos de conocimiento y mejorar el impacto y la calidad de nuestras investigaciones. La crítica al positivismo no debe ocultar la necesidad de un debate abierto sobre los criterios de cientificidad que se aplicarían a la investigación feminista. El feminismo debería usar una metodología distintiva que altere la inequidad y empodere a las mujeres y otros grupos marginales escasamente visibilizados, especialmente cuando se abordan los procesos de salud y enfermedad.

2. La perspectiva feminista en la investigación sobre los procesos de salud y enfermedad

Las ciencias de la salud se han preocupado por el problema de la falta de equidad en el ámbito de la salud desde principios del siglo XIX, cuando se reconoció que las diferencias entre el estado de salud de los ricos y los pobres estaban generalizadas (OPS, 2005). Se considera que estas distinciones interactúan con otros factores como la etnia o casta. Sin embargo, ha sido difícil que estas inequidades se relacionen con la inequidad de género en materia de salud.

Las primeras reflexiones de la participación feminista en la investigación biomédica surgieron en los años setenta fomentadas por el tratamiento recibido por las mujeres en la profesión médica. Se exponían actitudes patriarcales de manera convincente, desatendiendo las preocupaciones de las mujeres y estableciendo la "norma masculina" tanto en la investigación como en el tratamiento. De manera más sistemática, la crítica principal se expresó en términos de la medicalización, la psicologización y la trivialización de los síntomas de las mujeres (Klinger y Bosch, 2005)

En una guía llevada a cabo por la OPS para la inclusión de la perspectiva de género en el campo de la salud se señala cómo la salud, a diferencia de la educación, tiene una base biológica o, al menos, referentes biológicos. En el campo de la salud, la biología no puede descartarse como sesgo. Nos vemos obligados a analizar las formas complejas en que interactúan los factores biológicos y sociales cuando se intenta comprender las diferencias relacionadas con la salud de las mujeres y los varones. Por ejemplo, es el caso de las diferencias de género en el VIH, en el que la menor autonomía social de las mujeres y su desventaja estructural agravan su sensibilidad biológica al virus de la inmunodeficiencia humana. Podemos decir que rara vez la biología actúa sola en la determinación de desigualdades en materia de salud (OPS, 2005).

Dentro de las ciencias de la salud, las diferencias entre las mujeres y los varones se observan más influenciadas por la biología que las diferencias entre ricos y pobres o entre grupos de la misma casta. Kulhmann y Babitsch (2002) abordaron esta disociación ciencias sociales - ciencias médicas discutiendo los conceptos de cuerpo en las teorías feministas así como en la investigación sobre la salud de la mujer. Comparando a teóricas feministas como Butler, Haraway y Grosz con el trabajo de investigadores de la salud y el género, llegan a la conclusión de que los teóricos seleccionados hacen afirmaciones sobre la salud y el cuerpo y no pueden establecer ningún tipo de conexión entre sus afirmaciones y los problemas o los aspectos relacionados con la salud de las mujeres. La razón es su enfoque sobre la de-construcción del cuerpo como algo natural.

En España, no existe gran producción científica sobre desigualdades de género en salud y en la asistencia sanitaria (acceso, uso y la calidad): ni respecto de las mejoras científico-técnicas, ni de los derechos de quienes padecen. Sí, acaso, existen estudios que involucran principalmente al ámbito hospitalario, y apenas a la atención primaria. (Ruiz-Cantero, 2004)

A continuación exponemos un ejemplo que nos permitirá reflexionar sobre algunos de los debates en torno a las metodologías feministas y su traslación al estudio de la salud y la enfermedad: la medicalización del malestar en las mujeres. En este campo hemos desarrollado investigaciones con diferentes técnicas de investigación (Gil et al, 2005; Romo et al., 2006) y hemos dado la voz a las mujeres. Nuestro fin ha sido mostrar la desigualdad y buscar la equidad en salud. Hemos cuestionado la información cuantitativa existente y utilizado técnicas cualitativas de investigación social. Con ello hemos obtenido una visión del fenómeno que nos ha permitido reflexionar sobre las necesidades de investigación para la inclusión de la perspectiva de género en el consumo de fármacos.

3. El caso de la manifestación de la inequidad o la medicalización del malestar

La inequidad de género provoca "malestares" y favorece procesos de medicalización entre algunos colectivos de mujeres que viven en entornos culturales diferenciados, como es el caso de las que viven en España y en Argentina.

En el ámbito de la medicalización, contamos con investigaciones en Argentina y en España. En el caso argentino, Mabel Burín fue pionera en analizar lo que ella llamó "Medicalización del malestar" estableciendo la base de los trabajos posteriores sobre medicalización de las mujeres y consumo diferencial de psicofármacos. Hace unos años se publicó la investigación de Cecilia Arrizada (2007). No es un trabajo dedicado a la inclusión de la perspectiva de género, pero se incluye en su análisis la medicalización diferencial y los discursos de las mujeres comparándolos con varones consumidores de psicofármacos.

En España se habían llevado a cabo estudios específicos desde la atención primaria o el ámbito hospitalario, pero no se había trabajado directamente con mujeres consumidoras. Nuestro equipo llevó a cabo una investigación financiada por el Instituto de la Mujer, y desarrollada en el Instituto de Estudios de la Mujer de la Universidad de Granada, en la que pretendimos estudiar las razones que rodeaban este consumo diferencial en las mujeres y las explicaciones que se ofrecían desde la atención médica.

Los estudios sobre la medicalización la presentan como un proceso por el que ciertos fenómenos que formaban parte de otros campos, como la educación, la ley, la religión, etc., han sido definidos como fenómenos médicos (Márquez y Meneu, 2003). En el caso que nos ocupa, la percepción de profesionales y legos sobre los signos y síntomas asociados al malestar social de las mujeres se ha caracterizado como "enfermedad" y se ha incorporado a la mirada médica como entidad patológica susceptible de intervención.

La medicalización se produce a través de las ya conocidas como "Lifestylesmedicines". Hacemos referencia al uso de "Lifestyles medicines" o "Likfestyles drugs" para señalar el uso frecuente de medicinas para mejorar o hacer frente a situaciones de la vida cotidiana y entre las que se señalan las utilizadas para tratar la disfunción eréctil, la obesidad o el cese del hábito tabáquico. (Gilbert, D. y Walley, T., 2000; Moldrup, C. 2004). El uso de estas sustancias tiene en parte que ver con la elección personal y no sólo con el proceso de enfermedad. La percepción de la sustancia depende de las normas sociales y culturales y condiciona como estas sustancias son usadas. En nuestras sociedades la construcción de género facilita un mayor autoconsumo y también una prescripción diferencial de estas sustancias por parte de las mujeres.

Márquez y Meneu (2003) señalan como los factores que contribuyen al creciente fenómeno de la medicalización de la vida son diversos y complejos. Una panorámica no exhaustiva exigiría empezar por mirar hacia los proveedores sanitarios, tanto los profesionales como las empresas médico farmacéuticas, sin dejar de lado el papel desempeñado por la industria de la comunicación. Aún así, todo análisis será incompleto si no contempla las tendencias apreciadas en la propia población y las repuestas de los responsables de la política y gestión sanitaria.

El límite entre el uso médico y el asociado al estilo de vida es difícil de establecer. Como mantienen Gilbert y Walley (2000) cuando la disponibilidad del tratamiento puede convertir el deseo de un determinado "estilo de vida" en una necesidad sanitaria, la industria farmacéutica se convierte en un elemento clave del proceso de medicalización. Y las compañías farmacéuticas están relacionadas con publicitar la definición e "enfermedad" y promoverla entre los y las prescriptoras y consumidores o consumidoras. La construcción social y cultural de la enfermedad (illness) se reemplaza así por la construcción corporativa de la enfermedad (disease) (Moynihan, Heath and Henry, 2002).

En el ámbito que nos ocupa, sabemos que el género es una de las variables que influencia la distribución de la patología psiquiátrica. Estudios realizados en Estados Unidos muestran que la etnia y el género interactúan influenciando la prevalencia de la enfermedad psiquiátrica, con los varones afro-americanos y las mujeres blancas presentando mayores incidencias de estos desórdenes. Los hallazgos de estudios como los de Husaini sugieren que la etnia y el género interactúan para influenciar la utilización de los servicios sanitarios y el costo de los cuidados y que el diagnóstico psiquiátrico influencia dramáticamente la utilización de los servicios sanitarios y los costes (Husaini et al, 2002).

Un concepto amplio de psicofármacos incluyen tranquilizantes, antidepresivos, analgésicos, opiáceos, hipnóticos, estimulantes centrales (Gervás, 1988). Su característica principal es que actúan sobre el Sistema Nervioso Central. El nacimiento de lo que se ha dado en denominar la "revolución psicofarmacológica" aconteció en la década de los años cincuenta, con la introducción de los tres grandes grupos farmacológicos, aún hoy vigentes, en el campo de la psiquiatría: los neurolépticos, los antidepresivos y los ansiolíticos, que modificaron drásticamente la situación de la atención psiquiátrica, y las consecuencias de su introducción han sido múltiples, afectando a distintas áreas de la realidad socio-sanitaria (Álamo, López-Muñoz y Cuenca, 1996).

Son ya clásicos algunos trabajos realizados tanto en Europa como en EE.UU., que muestran la mayor prescripción de psicofármacos en mujeres que en varones en atención primaria. Desde la Ciencias Sociales se han aplicado diferentes perspectivas al estudio de las razones por las que las mujeres en distintos países son prescritas el doble de veces con psicofármacos cuando las comparamos con los varones. En general, las investigaciones que hemos analizado sugieren las diferencias de género en el manejo y expresión de la ansiedad y el stress, la búsqueda de cuidados médicos, percepción de la enfermedad y las vías en la prescripción de los médicos contribuyen al mayor uso de psicofármacos por parte de las mujeres.

Para Heather Ashton (2005) las enfermedades psiquiátricas como la depresión y la ansiedad parecen ser más comunes en las mujeres que en los varones, y las mujeres con más frecuencia se quejan de síntomas psicológicos. Se argumenta que las mujeres tienen mayor probabilidad de desarrollar complicaciones psiquiátricas junto a enfermedades físicas, pero parece no existir la correspondiente proporción de prescripción de psicofármacos para problemas puramente masculinos como los de próstata o la impotencia.

Para esta autora deben de existir ciertos sesgos de género en el diagnóstico médico y en la elección de la medicación, pero otros factores de índole más "sociológica" podrían ser contemplados, entre ellos el hecho de que es menos probable que las mujeres puedan controlar sus "malestares" con actividades fuera de casa (por ejemplo, a través del uso social de alcohol). Las mujeres además tienen problemas especiales como el embarazo, lactancia, cuidado de los niños-as y síndrome premenstrual. Esta autora destaca dos factores que cree de importancia para comprender esta situación:

1. La actitud de los médicos y las médicas hacia los pacientes. En estos temas es difícil obtener información concluyente y gran parte de la información es especulativa y anecdótica.

   Existen numerosos ejemplos de mujeres que son diagnosticadas por varones con problemas psicológicos, que más tarde han desarrollado enfermedades somáticas. Numerosas de estas mujeres han sido prescritas con psicofármacos. No sólo los médicos varones prescriben más a las mujeres sino también estas situaciones parten de las médicas.

   Brozovic (1989) ha mantenido que los profesionales de la medicina en general tienen la necesidad de asumir un rol paternalista que caracteriza a las mujeres como débiles, vulnerables y emocionales. Parece cierto que médicos y médicas perciben la enfermedad en la mujer con una base psicológica más que física y esta percepción los lleva a prescribir más psicofármacos. En este sentido puede que exista cierta influencia de los anuncios farmacéuticos.

2. Otro factor que influye en la prescripción puede ser la actitud de las mujeres. Cooperstock & Lennard (1986) mantienen que las mujeres usan más psicofármacos que los varones porque la sociedad les permite:

- Expresar sentimientos como la ansiedad.
- Percibir problemas emocionales en ellas mismas.
- Usar la atención médica para los problemas emocionales.

Debe añadirse que la sociedad permite a los varones (que son menos introspectivos y están menos en casa) otros escapes. Se ha sugerido que los varones tienden a salir y usar el alcohol para enfrentarse al stress mientras que las mujeres tienden a estar en casa y usar tranquilizantes.

Elizabeth Ettorre y Elianne Riska proponen establecer las bases para el desarrollo de una perspectiva sensible a la cuestión del género en el uso de psicofármacos. Estas autoras señalan que la investigación existente en el uso de psicofármacos tiene **"sesgos de género"** de tres formas:

1. La revisión de los primeros trabajos sobre diferencias de género y uso de tranquilizantes proporciona razones unidimensionales, presentadas "sin-objecciones"; "cauto-sin respuesta"; "roles de las mujeres" o determinados políticamente.

2. Tras realizar una revisión crítica de los dos discursos predominantes, el médico y el sociológico, estas autoras argumentan que ambos mantienen la misma aproximación, pues el uso de drogas por las mujeres permanece invisible.

3. La aproximación predominante en la investigación actual es individualista y ciega hacia el género, necesitándose un análisis conjunto que problematice el género.

El desarrollo de un análisis feminista en el campo de los tranquilizantes no ha existido por dos razones: Cualquier área del comportamiento humano dominada por las ciencias naturales tiende a dividir lo científico de lo social y lo cultural y la enfermedad ha sido por largo tiempo sólo objeto de análisis por las ciencias naturales. Cuando los científicos sociales empiezan a examinar los ámbitos de la salud y la enfermedad, estaban inseguros del status de su tarea. La investigación sobre salud y enfermedad, de la cual el uso de drogas es parte, ha estado muy influenciada por la perspectiva funcionalista proporcionada por el análisis de Parsons sobre el rol del enfermo y el papel del médico en la legitimación de este rol. En el análisis original de Parson, ambos, el enfermo y el paciente fueron descritos como masculinos a pesar de que trataba de hacer una teoría de la acción humana neutral en el género.

Una perspectiva sensible al género es aquella que permite ver las mujeres y explicar el mundo desde la perspectiva de las mujeres (Stanley 1990:3-15, Harding 1991). Esto significa específicamente que poderosas dinámicas de género, estructuran culturalmente, políticamente y económicamente los significados de la "masculinidad" y la "feminidad" y que las divisiones entre lo privado y lo público de la vida social no se toman como dadas sino que son problematizadas y situadas en el frente del análisis. Si lo que se quiere es realizar un análisis feminista del uso de psicofármacos por las mujeres es necesario revisar críticamente el trabajo previo en el campo y hacer visible el "paradigma invisible" del trabajo hecho desde lo masculino (Ettorre ans Riska, 1993).

Nuestro proceso metodológico se basó en cuestionar la sobre-representación de las mujeres en los trastornos psicológicos menores a través del análisis de la literatura científica. A partir de esta revisión utilizamos una metodología cualitativa para recoger el discurso de las mujeres consumidoras de psicofármacos utilizando los grupos de discusión como la técnica principal. Los otros agentes implicados en la prescripción, los médicos y médicas, fueron entrevistados a través de entrevistas semi-estructuradas.

El acercamiento a los distintos discursos nos permitió comprender las razones y motivos de los agentes implicados en la prescripción: médicos y médicas de atención primaria y mujeres consumidoras de psicofármacos. Ambos llevaron a cabo propuestas de mejora de la prescripción en el ámbito de la Atención Primaria. No es una participación directa en la gestión del proyecto pero sí que permite la inclusión de los agentes en la propuesta de acciones de mejora de la Salud Pública.

La sobre-representación de las mujeres en el consumo de este tipo de fármacos justifica el que los discursos se hayan centrado en ellas y no incluyéramos varones consumidores. La técnica de los grupos nos permitió establecer relaciones de igualdad con las mujeres participantes en la investigación con las cuales compartimos opiniones y discursos acerca de la prescripción, pero también de las formas de autoconsumo o de los procesos de adicción a este tipo de fármacos. Las principales conclusiones de la investigación aportan datos para la comprensión de este consumo diferencial pero fundamentalmente nos ha llevado a una reflexión sobre lo que en nuestra sociedad se considera droga o no, la invalidez de la legalidad o ilegalidad asociadas a las drogodependencias y al consumo de fármacos y la necesidad de buscar nuevas categorías para poder visivilizar a las mujeres y los nuevos procesos de medicalización. Así mismo, cuestionarnos el propio concepto de salud-enfermedad para poder incluir aspectos de la salud de las mujeres no incluidos en aquel del que partíamos.

Los discursos de los actores y actrices en los procesos de medialización han abierto nuevos ámbitos de debate: el autoconsumo, la prescripción, el malestar son el *stand-point* feminista que genera nuevas preguntas de investigación y que no sería posible desde la inductividad positivista.

4. De las ciencias sociales a la medicina. Hacia un concepto más comprensivo de salud y enfermedad

El género es una perspectiva crítica. La desigualdad de las mujeres es compleja y con múltiples contradicciones. Está necesitada de una nueva metodología con un punto de partida diferente creado por personas que investiguen y participen en las investigaciones con distinto origen étnico, de clases y grupos sociales, revisando con un nuevo enfoque conocimiento, teoría, acción y experiencia.

El énfasis que el feminismo ha puesto en los métodos cualitativos constituye una potencial contradicción con respecto al alcance de esta teoría. Si la teoría feminista es una teoría totalizadora "porque las mujeres y el género están en todas partes" (Harding, 1987: 287), la variedad de los métodos disponibles para esta teoría debería ser también muy amplia. Tal como lo ha sugerido Harding, si la teoría social feminista se limita al uso de métodos cualitativos, una enorme cantidad de fenómenos sociales (como cambios macrosociales, tendencias demográficas y económicas, etc.) pasarán inadvertidos por este abordaje (Harding, 1989: 19).

Unas técnicas de investigación, las cualitativas, permiten mostrar el discurso de las mujeres y señalar la desigualdad. Ofrecen un "standpoint" de las mujeres que no es incompatible con otras técnicas de investigación. Una colección de datos descriptivos o clínicos no es investigación feminista. La investigación feminista debe provocar el cambio social, partir de un proceso por el que no sólo se describa la opresión de las mujeres, sino que además intente cambiarse.

La perspectiva de género está desarrollando aproximaciones metodológicas que coinciden con el objetivo feminista de lucha contra la desigualdad y empoderamiento de las mujeres, dándole validez a sus experiencias y mejorando sus vidas cotidianas. La inclusión de la perspectiva de género añade calidad y rigor a las investigaciones. Las reflexiones feministas se deberían trasladar a los debates metodológicos de diferentes campos científicos. Nuestra experiencia en abrir nuevos ámbitos de debate en espacios masculinos, como el de la academia, nos ha permitido desarrollar perspectivas críticas en nuestros campos de trabajo. El actual debate por la inclusión de la diversidad étnica y de clase nos refuerza como investigadoras feministas.

Incorporar la perspectiva de género supone incluir aspectos sociales y culturales de la salud y generar un concepto más comprensivo de lo que entendemos por salud y enfermedad. Los procesos de medicalización, unidos a la falta de reconocimiento de algunos de los problemas de salud de las mujeres, se ven influenciados por contextos sociales de desigualdad sobre los que se puede intervenir. Es en estos contextos sociales donde encontramos algunos de los riesgos para la salud de las mujeres.

El conocimiento del cuerpo, la salud y la enfermedad en diversas sociedades y períodos históricos se construye culturalmente y depende del contexto (Sheper-Hughes, 1990)

La comprensión de cómo la biología interacciona con la cultura es fundamental para entender distintos aspectos de la salud de las mujeres y de los varones. El admitir la importancia de lo social permite diseñar políticas y planes preventivos de la salud eficientes desde el punto de vista del género.

En el ámbito de género y salud la búsqueda de perspectivas feministas necesita de la participación de las mujeres que, como buenas pacientes, actúen en las investigaciones como agentes activos capaces de intervenir en su situación y controlar procesos, como el que nos ha servido de ejemplo en torno a la medicalización.

5. Bibliografía

ALAMO, C., LÓPEZ MUÑOZ, F., y CUENCA, E. (1996). Algunos aspectos éticos en la prescripción de psicofármacos. *Archivos De Neurobiología*, pp. 59-62.

ARCHER, L. (2004). *Re/theorizing "difference"*, en *Feminist Research*. Vol. 27, pp. 459-473.

ARRIZAGA, C. (2007). *La medicalización de la vida cotidiana. El consumo indebido de psicotrópicos en adultos*. Buenos Aires: Observatorio Argentino de Drogas, SEDRONAR.

ASHTON, H. (2005) *History of Benzodiazepines:What the Textbooks May Not Tell You*. 3rd Annual Benzodiazepine Conference .

BURÍN, M. (2008). Género femenino y consumo abusivo de psicofármacos. www. Psicomundo.Com/Foros/Género.

BURÍN, M., MONCARZ, E., y VELÁZQUEZ, S. (1990). *El malestar de las mujeres. La tranquilidad recetada*. Buenos Aires: Paidós.

CANCIAN, F. M. (1992). Feminist Science: Methodologies that Challenge Inequality. *Gender & Society*, Vol. 6(4), 623-642.

COOPERSTOCK, R., y LENNARD, H. (1986). Some social meanings of tranquilliser use. J. Gabe, & P. Williams (eds), *Tranquillisers:social, psychological and clinical perspectives*. Londres: Taylor & Francis.

DUELLI KLEIN, R. (1983). *How to do what we want to do: thughts about feminist methodology*. G. Bowles, & R. Duelli Klein (eds), Theories of Women's Studies. Londres: Routledge.

FOX KELLER, E. (1985). *Reflections on Gender and Science*. New Heaven & Londres: Yale University Press.

GERVÁS, J. J. (1988). Psicofármacos en Atención Primaria. *Comunidad y Drogas*, pp. 61-69.

GIL GARCÍA, E., ROMO AVILÉS, N., POO RUIZ, M., MENESES FALCÓN, C., MARKEZ ALONSO, I., y VEGA ALONSO, A. (2005). Género y psicofármacos: la opinión de los prescriptores a través de una investigación cualitativa. *Atención Primaria*, 5(8), 402-408.

GILBERT, D., y WALLEY, T. (2000). Lifestyle medicines. Vol. 25(321(7272)), pp. 1341-1344.

GORELICK, S. (1991). Contradictions of feminist methodology. *Gender & Society*, 5(4), 459-477.

HARAWAY, D. (1988). Situated Knowledge: The science question in feminism and the privilege of partial perspective. *Feminist Studies*, 14, pp. 575-599.

HARDING, S. (1991). *Whose science? Whose knowledge?* Nueva York: Cornell University Press.

HUSAINI, B. A., DARREN E., SHERKAT, R. S., LEVINE, R. B., y CHARLES HOLZER, K. A. (2002). Race, Gender, and Health Care

Service Utilization and Costs among Medicare Elderly with Psychiatric Diagnoses. *Journal of Aging & Health*, 14, pp. 79-95.

KINGLE, I., & BOSCH, M. (2005). Transformación de las metodologías de investigación en las ciencias de la vida y la biomedicina dentro de la UE. *European Journal of Women's Studies*, 12, pp. 377-395.

KUHLMANN, E., y BABITSCH, B. (2002). Bodies, health, gender-Bridging feminist theories and women's health. *Women's Studies International Forum*, 25, pp. 433-402.

MÁRQUEZ, S., y MENEU, R. (2003). La medicalización de la vida y sus protagonistas. *Laneet*, Vol. 5, pp. 47-53.

MOLDRUP, C. (2004). The use of the terms "lifestyle medicines" or "lifestyle drugs". Vol. 26, 193-196.

MOYNIHAN, R., Heath, I., & Henry, D. (2002). Selling sickness: the pharmaceutical industry and disease mongering. Vol. 324, pp. 886-891.

NICHOLSON, L. (1994). Interpreting Gender. *Signs*, Vol. 20, pp. 79-105.

OAKLEY, A. (1981). Interviewing women: A contradiction in terms. H. Roberts (ed), *Doing feminist research*. Londres: Routledge & Kegan Paul.

REINHARZ, S. (1983). Experimental analysis: A contribution to feminist research. G. Bowles, & R. Duelli Klein (eds), *Theories of women's studies*. Londres: Routledge & Kegan Paul.

ROMO AVILÉS, N. (2001). Género y etnografía entre personas usuarias de drogas: el caso del "éxtasis" en la "cultura del baile. *Trabajo Social y Salud*, 29, pp. 321-332.

ROMO AVILÉS, N., y GIL GARCÍA, E. (2006). Género y usos de drogas. De la ilegalidad a la legalidad para enfrentar los malestares. *Trastornos Adictivos*, 8, pp. 243-250.

ROMO AVILÉS, N., VEGA, A., MENESES, C., GIL GARCÍA, E., MARKEZ, I., y POO, M. (2004). Sobre el malestar y la prescripción: un estudio sobre los usos de psicofármacos por las mujeres. *Revista Española de Drogodependencia*, 38, pp. 372-379.

RUIZ-CANTERO, M. T., y VERDÚ DELGADO, M. (2004). Sesgos de género en el esfuerzo terapéutico. *Gaceta Sanitaria*, 18, pp. 118-125.

SEN, G., GEORGE, A., y OSLTIN, P. (2005). Incorporar la perspectiva de género en equidad en salud. *Organización Panamericana de la Salud*.

SMITH, D. (1974). Women's perspective as a radical critique of sociology. *Sociological Inquiry*, 44, pp. 7-13.
SMITH, D. (1979). A sociology for women. J. A. Sherman, & E. Torton. *The prism of sex: Essays in the sociology of knowledge*. Madison: University of Wisconsin Press.

La arqueología de las mujeres y las relaciones de género en España: una revisión bibliográfica

Margarita Sánchez Romero[*]

Introducción

En los últimos años se ha desarrollado en España una amplia, diversa y rica literatura sobre la arqueología de las mujeres y las relaciones de género prueba de la relevancia y solidez de esta perspectiva en la disciplina. En este capítulo queremos hacer un repaso a las principales temáticas tratadas y sus publicaciones más relevantes, poniendo un especial énfasis en el tratamiento bibliográfico de una de las categorías de análisis que más trascendencia ha tenido en esta investigación: el concepto de actividades de mantenimiento.

Arqueología de las mujeres y las relaciones de género: una aproximación a su definición

La arqueología de género comprende la relación entre mujeres y hombres como una dinámica social fundamental, y se preocupa de analizar cómo esas relaciones se expresan y se negocian a través de

[*] Doctora en Historia. Instituto Universitario de Estudios de la Mujer, Universidad de Granada, España.

los objetos materiales que encontramos en el registro arqueológico. Las relaciones de género no tienen una forma específica o inalterable sino que están expuestas a cambios no sólo entre culturas sino también en una misma cultura a través del tiempo, por tanto la manera en la que se articulan las relaciones de género en cualquier época debe ser analizada y no asumida. Este elemento es de vital importancia ya que la negociación de las relaciones de género, es un mecanismo central en la reproducción social y el estudio del cambio social (Sánchez Romero 2008a).

Dentro de un grupo social, la identidad de género se define, se negocia y se transmite a través de la práctica y por tanto nos deja su huella en el registro arqueológico. Podemos documentarla a partir del estudio de los contextos funerarios mediante los datos proporcionados por los ajuares y la antropología física, a través del vestido, los objetos de adorno o partir del estudio de las representaciones femeninas sobre distintos soportes (Sánchez Romero 2008a).

El estudio de las mujeres y las relaciones de género y edad en las sociedades del pasado a través del registro arqueológico se basa en la premisa de que estas identidades: género y edad, son vertebradoras de las sociedades actuales y que así fueron también en las sociedades más antiguas. El incorporar a la mujer y a los miembros infantiles de la comunidad al análisis histórico representa tener una visión más cercana al conocimiento de la realidad histórica, ya que si no, se esta sesgando deliberadamente una parte importante de nuestro pasado. El interés no se centra tanto en demostrar que las mujeres y los niños y niñas estaban presentes en las sociedades prehistóricas, porque obviamente lo estaban, ni en intentar atribuirles ciertas prácticas de forma exclusiva, sino en explorar y comprender como hombres, mujeres e individuos infantiles interactúan y como las estructuras sociales han sido siempre influyentes en y a su vez influidas por las identidades de género y de edad (Sánchez Romero 2008a).

Los vínculos que han mantenido a lo largo de la Historia mujeres y hombres han sido definidos por la desigualdad y por el desigual ejercicio del poder. Las mujeres han sido minusvaloradas en su aportación económica y productiva, negadas en sus conocimientos y experiencias y relegadas a posiciones secundarias en la organización social; todo ello dentro de una estructura que ha naturalizado estos comportamientos convirtiéndolos en legítimos e irremediables, justificando conductas que han mantenido y reproducido estas desigualdades. Por tanto, nuestro interés se centra en el estudio tanto de las mujeres, sus experiencias, sus trabajos, sus actitudes o su identidad como en las relaciones de género que se han establecido desde la estructura patriarcal y que han provocado su invisibilidad y su escasa consideración a lo largo de la Historia. Se trata por tanto de establecer nuevas formas de construir la convivencia de mujeres y hombres en igualdad.

Encarna Sanahuja, además, insiste en la idea compartida por muchas compañeras por la que no nos convence la tendencia dominante en un buen número de trabajos que insiste en la posición de víctimas que siempre y en todo lugar nos hemos visto obligadas a ocupar, ni por supuesto, estamos de acuerdo en que la investigación basada en las mujeres favorezca la guetización del saber que producimos. Por otro lado, tampoco compartimos la idea de dar un protagonismo exclusivo a unas pocas mujeres que quebraron "la norma masculina", lo que se pretende es una transformación de los mecanismos de validación del conocimiento. A través de elementos que se consideran pertinentes del materialismo histórico, de las teorías arqueológicas de rango medio (Arqueología de la Muerte y Arqueología Espacial) y de todas aquellas analíticas que, de alguna manera, nos ayudan a precisar el sexo de los individuos (análisis osteológicos) y la función de los útiles para determinar los diferentes trabajos desarrollados, poniendo en tela de juicio aquellas categorías en la que las mujeres no estamos incluidas y los paradigmas androcéntricos dominantes (Sanahuja 2002, 2007b).

Sin embargo, y a pesar de tener las herramientas tanto teóricas como metodológicas para realizarla, y de que en otras disciplinas históricas y en antropología estaba mucho más desarrollada, las primeras aproximaciones a los estudios de género en arqueología sólo comenzaron en los países escandinavos a finales de los años 70; las particularidades idiomáticas y la escasez de publicaciones en inglés durante los primeros años de este grupo de mujeres (Bertelsen *et al.* 1987) hicieron que, para la historiografía, fuese la publicación en 1984 del artículo *(Archaeology and the study of gender)* de Meg Conkey y Joan Gero la que supuso el inicio de esta perspectiva. A partir de ese momento en Estados Unidos, Inglaterra y Australia se desarrollaron numerosos simposios, conferencias y monográficos dedicados a este tema, como el del *Archaeological Review from Cambridge* en 1988 o la conferencia organizada en 1987 por Gero y Conkey que resultó en la publicación de *Engendering Archaeology* en 1991.

En España, la primera sesión sobre mujeres y arqueología fue celebrada en el marco de la Reunión de Arqueología Teórica de 1992 en la Universidad de Santiago de Compostela en la que participaron investigadoras preocupadas por esta temática. Sin embargo, no ha sido hasta finales de los 90 esta perspectiva ha empezado a tener una cierta relevancia sobre todo debido a las diversas reuniones y publicaciones monográficas que se han realizado sobre el tema que serán objeto de análisis de este texto.

El debate académico: compartiendo experiencias de investigación

Un elemento importante de cualquier tipo de investigación es el referente a programación de seminarios, cursos, ciclos de conferencias o exposiciones mediante los cuales se debate con otras colegas las últimas tendencias teóricas o metodológicas, se transmite al alumnado universitario el estado de la cuestión, o se hacen llegar a la sociedad las nuevas propuestas que se formulan. Vamos a hacer aquí una valoración de los distintos encuentros con múltiples fórmulas que se han organizado en España hasta finales de 2008 cuya temática principal ha sido la arqueología de las mujeres y las relaciones de género. La primera sesión sobre mujeres y arqueología fue mencionada anteriormente celebrada en Santiago de Compostela, en esta reunión se trataron fundamentalmente dos temas, que son los pilares de la construcción de una arqueología de mujeres: la situación profesional de las arqueólogas y la historiografía y el desarrollo de un acercamiento metodológico específico.

En 2002 se celebró en Almería el I Encuentro de Mujeres y Arqueología que pretendía constituir un foro de conocimiento y debate y un acercamiento entre mujeres que partían de presupuestos teóricos y políticos distintos y que contaban con una experiencia de trabajo dilatada a lo largo de los años. En 2006, se celebró una segunda edición de este encuentro en el que se reunió a mujeres que compartían, en un amplio margen, un enfoque materialista de la historia para acceder al conocimiento del pasado y de las relaciones que acontecieron entre los sexos y que se sintieran cercanas a alguna de las diversas aproximaciones feministas realizadas (Escoriza *et al.* 2006).

En Marzo de 2003 se organizó el curso "Arqueología y género", celebrado en la Universidad de Granada; cuyo principal interés era responder a las nuevas inquietudes en la investigación histórica y arqueológica relacionadas con la arqueología de género a través de conferencias impartidas por diversas investigadoras que constituían las principales referentes de cada uno de los temas que se van a debatir. Su objetivo era dar al alumnado universitario la posibilidad de acercarse a una nueva perspectiva de investigación histórica y plantear y debatir otras posibilidades de interpretación del registro arqueológico que incluyeran a las mujeres como miembros activos de las sociedades (Sanchez Romero, 2003, 2005a).

Este curso tuvo una segunda edición en marzo de 2005 titulada "Arqueología y género: Vida cotidiana, relaciones e identidad" por una razón obvia, los estudios sobre las mujeres en las sociedades del pasado pasan por una importante revisión paralela a la que ha sucedido en el propio movimiento feminista, por la que se pretende un replanteamiento de los modelos seguidos por las mujeres de manera que ya no son válidos para nosotras los modelos masculinos (o lo que se ha querido estereotipar como modelo masculino) sino que entendemos que nuestras propias experiencias, saberes y trabajos tienen entidad histórica y social por si mismas. De esa manera el estudio y la revisión de conceptos tales como trabajo, espacio y tiempo doméstico, vida cotidiana y actividades de mantenimiento es uno de los ámbitos que pueden proporcionarnos más resultados. Unida de manera incuestionable a las mencionadas actividades de mantenimiento están las relaciones que se establecen entre los distintos miembros del grupo humano, siendo en muchas ocasiones las mujeres las sostenedoras de estas relaciones que se establecen sobre todo en torno a las actividades de cuidado de otros miembros de la comunidad. Por último, las experiencias y relaciones de las mujeres derivan en la creación de identidades que se manifiestan de manera diversa en el registro arqueológico (Sanchez Romero y Alarcón 2004-2005).

También en 2005 se celebraron en la Universidad Autónoma de Madrid las "I Jornadas Internacionales de Arqueología del género", reunión en la que se exponían los trabajos de diferentes investigadoras que desde la prehistoria y la arqueología acometían los estudios de las mujeres y del género desde distintos periodos cronológicos y espaciales y diversos presupuestos teóricos mostrando un panorama representativo de la investigación en este campo (Prados y Ruiz 2008).

Más centrados en una temática concreta encontramos el workshop "Mujeres y actividades de mantenimiento en tiempos de cambio", organizado por las universidades Autónoma de Barcelona y Pompeu Fabra en noviembre de 2005. El objetivo de este encuentro era dar un paso hacia delante en la consolidación de una de las líneas de investigación entorno al estudio arqueológico de las mujeres y sus ámbitos de expresión material más interesantes de la actualidad como son las actividades de mantenimiento (a las que dedicamos un apartado específico en este capítulo) y su potencial tanto conceptual como metodológico no sólo para hacer visibles a las mujeres en los estudios arqueológicos sino también para ubicarlas en las sociedades prehistóricas a través de la cultura material (Gonzalez *et al.*, 2005).

La segunda edición de este workshop, celebrado en Noviembre de 2007 se tituló "Interpretar las prácticas domésticas. Reflexiones sobre el papel social y cultural de las actividades de mantenimiento desde la arqueología y la historia". El más importante objetivo de este encuentro fue mostrar que las actividades de mantenimiento son fundamentales para comprender las dinámicas vitales de cualquier comunidad, que son parte integral de las acciones humanas y que son indisociables de las otras acciones y decisiones que afectan el desarrollo de las comunidades humanas a lo largo de la historia (Gonzalez *et al* 2007b).

Otro paso importante en la construcción de esta arqueología de las mujeres ha sido la exposición "Las mujeres en la Prehistoria" del Museu de Prehistòria de la Diputación de Valencia. A través de la cual se trata de recuperar el importante papel de las mujeres que vivieron en la Prehistoria y a las que, tradicionalmente, se les ha relegado a un segundo lugar. La exposición se divide en seis bloques temáticos en los que se desarrollan algunas de las actividades de la vida diaria en las que pudieron participar las mujeres y que se convirtieron en imprescindibles para el mantenimiento del grupo, a través de imágenes y réplicas de objetos arqueológicos. Junto a la exposición se ha editado una guía didáctica y una publicación de divulgación científica con el mismo nombre (AA. VV. 2006). Asociada a esta exposición en su visita a Granada, debemos mencionar el ciclo de conferencias "La imagen de las mujeres en la Prehistoria: Miradas desde el presente e imágenes del pasado" celebrado en el Parque de las Ciencias de Granada y en la Universidad en Abril de 2008. A través de este ciclo de conferencias se pretendía reconocer los estereotipos creados acerca de las poblaciones de la Prehistoria en lo que se refiere a la identidad de género, una creación de imágenes y textos que dista mucho de la realidad de estos grupos humanos. La visión androcéntrica de los textos e imágenes, no sólo en términos de divulgación sino también en el contexto de las publicaciones científicas, priva a la sociedad actual de los conocimientos reales acerca de las mujeres, hombres e individuos infantiles del pasado y condiciona la visión que tenemos en el presente, fomentando y justificando las desigualdades existentes en la actualidad (Sánchez Romero, e.p.).

Publicaciones: la transmisión del conocimiento científico

De las comunicaciones presentadas al congreso de Arqueología Teórica celebrado en Santiago de Compostela en 1992 y mencionado con anterioridad, pocas salieron a la luz (Alvarez *et al* 1998). Previamente se habían publicado artículos que hacían referencia a la conveniencia y la posibilidad de este tipo de perspectiva (Colomer *et.* 1993; Díaz-Andreu, 1994; Escoriza, 1995), aunque la primera publicación monográfica sobre el tema fue la compilación editada en 1999 por Laia Colomer, Paloma González Marcén, Sandra Montón y Marina Picazo y titulada "Arqueología y teoría feminista". En ella se traducen al castellano doce artículos de autoras anglosajonas y escandinavas publicados entre 1985 y 1996 con el denominador común de la voluntad de realizar una lectura reflexionada sobre los datos, la metodología y el carácter del conocimiento propios de la arqueología. Los artículos están agrupados en seis temas claves para el desarrollo de esta perspectiva: teoría feminista y arqueología; espacio y poder, producción y tecnología; la construcción del sexo en los objetos arqueológicos; roles sexuales en las representaciones y prácticas arqueológicas y mujeres en la arqueología (Colomer *et al* 1999).

Por otro lado, la primera monografía editada con los trabajos de investigadoras españolas se publicó un año después. Bajo el título *Espacios de género en Arqueología* se agrupan una serie de trabajos dedicados a la interrelación entre las mujeres, la arqueología y los espacios que proponían una reflexión conceptual orientada a reconstruir ciertos lugares y a visualizar los espacios de las mujeres tanto en la disciplina arqueológica, como en la explicación de las sociedades del pasado o en los museos y publicaciones (González Marcén, 2000a).

Desde finales de los años noventa, se han multiplicado en España las publicaciones referentes a estos temas, desde trabajos que revisan la disciplina arqueológica, y más concretamente la prehistórica, para tratar de evaluar los avances de esta perspectiva (Sanahuja, 2002; Díaz-Andreu, 2005), pasando por trabajos más específicos y especializados en las temáticas que van desde el desarrollo de esta tendencia en España (González Marcén, 2000b; Sánchez Liranzo, 1999, 2000, 2005b; García Luque y Risquez, 2005); la situación de las mujeres arqueólogas (Díaz-Andreu y Sanz, 1994; Díaz-Andreu, 1998); la investigación sobre las mujeres por épocas (Chapa, 2005; Hernando, 2005a; Risquez y Hornos, 2005) y los debates de tipo teórico (Escoriza, 2007; Sánchez Liranzo, 2005a, 2008), en este apartado habría que señalar la importante reflexión realizada por Almudena Hernando sobre la conformación de la identidad femenina (Hernando, 2000, 2001, 2005b, 2007).

Por otro lado se ha avanzado en la metodología para el estudio de las mujeres en época prehistórica, no sólo mediante la redefinición de conceptos como los de tiempo y de espacio (Montón, 2000; Hernando, 2008; González Marcén, 2008; Sánchez Romero, 2008a), sino también en la mirada a las mujeres dentro de elementos como la tecnología y la cultura material. Así encontramos trabajos relacionados con la producción cerámica (Colomer, 2005), el utillaje lítico pulimentado (Orozco, 2005, 2006), la producción de industria lítica tallada (Sánchez Romero, 2000, 2005b) o la producción metalúrgica (Sánchez Romero, 2004, Sánchez Romero y Moreno, 2003, 2005).

Íntimamente ligado a la cultura material encontramos los estudios referentes al registro funerario de las poblaciones de la prehistoria, un ámbito en que la capacidad informativa sobre las mujeres y su identidad, su trabajo y sus condiciones de vida es sumamente relevante con dos elementos de estudio fundamentales: la antropología física (Rígete, 2002; Balaguer *et al.*, 2002; Jiménez *et al.,* 2004, De Miguel, 2006) y el estudio de los ajuares funerarios (Sanahuja, 2006, 2007a; Soler y Pascual, 2006; Montón, 2007; Aranda, 2009).

Un ámbito igualmente indiscutible es el de la representación de la imagen femenina tanto las imágenes creadas en el pasado y las interpretaciones que se hacen en el presente como las imágenes que se crean desde el presente para explicar a las mujeres del pasado. Respecto al primero de los puntos, las imágenes creadas en el pasado, no hay duda de que uno de las temáticas más atractivas para las investigadoras ha sido la representación de las mujeres en el arte rupestre (Hachuel y Sanahuja, 1996; Escoriza, 2001, 2002a, 2002b; Ramos *et al.*, 2002) o en época pospaleolítica (Díaz-Andreu, 1998a; Masvidal, 2006, 2007; Masvidal y Picazo, 2005) sobre todo en lo que se refiere a la iconografía de las mujeres en el mundo íbero y al debate sobre la representación idealizada o no de las mujeres en estos momentos (Díaz-Andreu y Tortosa, 1998; Prados e Izquierdo, 2002-2003; Prados, 2007; Rueda, 2007; Tortosa, 2007).

Por otro lado, en lo que respecta a la recreación de las mujeres en los textos y en las imágenes desde el presente, se ha trabajado en poner de manifiesto el gran sesgo androcéntrico del que están cargadas todas estas representaciones que se crean y se difunden con el objetivo de seguir manteniendo las situaciones de desigualdad entre hombres y mujeres en la actualidad. Se analizan tanto las imágenes que aparecen en los museos (Hornos y Risquez, 2000, 2005; Querol, 2006, 2008) como las que se trasmiten a través de los textos escolares, sobre todo en lo que se refiere a evolución humana (Sanahuja, 1991; Querol, 2000a, 2000b, 2001a, 2001b, 2001c, 2005a, 2005b; Querol y Treviño, 2004).

El concepto de actividades de mantenimiento y su plasmación en la literatura arqueológica

Un apartado especial en lo que se refiere al estudio de las mujeres en época prehistórica en España debe ser el dedicado a la literatura arqueológica generada respecto a las actividades de mantenimiento. Estas actividades pueden definirse como las prácticas relacionadas con el cuidado y el sostenimiento de la vida de los grupos humanos; relativas a la alimentación, la gestación y la crianza de individuos infantiles, la higiene y la salud pública que se desarrollan en el marco de la vida cotidiana (Picazo, 1997). A través de esta perspectiva de investigación arqueológica, se abre un campo múltiple de posibilidades de conocimiento, podemos conocer el legado de saberes y prácticas asociados a la gestión de la vida cotidiana y al ámbito de las actividades de mantenimiento (o ámbito doméstico) y desarrollar estrategias para su recuperación y difusión.

Tradicionalmente, se ha considerado que estos trabajos no cambian, ni las funciones económicas o las dinámicas sociales que van aparejados, es decir, que permanecen estáticos e independientes de los otros movimientos sociales y económicos que afectan a las sociedades. Además, la utilización del análisis contemporáneo del trabajo en términos mercantiles ha influido en la consideración negativa de estos procesos de producción y mantenimiento; las mujeres utilizan en la mayor parte de lo que a su trabajo se refiere el tiempo no mercantil, el que no se remunera, ni cotiza, de modo que se invisibiliza. Por último, se ha considerado que las actividades de mantenimiento no requieren ningún tipo de tecnología, ninguna pauta de experiencia o conocimientos especializados. Como consecuencia, mientras que en el estudio de las sociedades prehistóricas es usual encontrar la palabra tecnología unida a conceptos como metalurgia es más difícil encontrarla ligada la producción de alimentos, cuando se está hablando de procesos similares por los que determinada materia prima se transforma mediante una serie de técnicas, conocimientos y habilidades hasta conseguir un producto elaborado (Sánchez Romero, 2008a).

En consecuencia, y por traslación con la consideración de estos trabajos, las mujeres no han sido observadas como promotoras de cambios sociales o económicos, no se les atribuye el uso de tecnología, su trabajo es considerado como "labor" y, en la mayoría de las ocasiones, no se las considera como productoras debido a que sus resultados en la mayoría de las ocasiones no dejan huella en el registro arqueológico, o no se han querido ver en el registro arqueológico las huellas de ese trabajo (Sánchez Romero, 2008a).

Sin embargo, tenemos que tener en cuenta que la habilidad de los grupos sociales de perpetuarse a través del tiempo depende en gran parte tanto de la reproducción biológica, como de la práctica de una serie de actividades y procesos que colectivamente facilitan la persistencia y la supervivencia de esas sociedades y que se desarrollan dentro del marco de la vida cotidiana. Nos olvidamos de que la división sexual del trabajo permite a los miembros de un grupo social la explotación de un rango de recursos mucho más extenso y más productivo y beneficioso para el grupo al completo. Que lo marca por tanto son diferencias en conocimientos, incluso podríamos decir que puede marcar diferencias en los modos de conceptualizar determinados aspectos como el tiempo o el espacio, pero nunca marca desigualdades (Sánchez Romero, 2008a).

El desarrollo de este concepto ha permitido un avance espectacular en el conocimiento de las mujeres en época prehistórica, aunque su aplicación conceptual y metodológica puede realizarse en cualquier periodo histórico. Su definición y su bagaje teórico han sido objeto de múltiples publicaciones desde perspectivas ideológicas diversas (Picazo, 1997; Curia y Masvidal, 1998; Balaguer y Oliart, 2002; González Marcén y Picazo, 2005; Hernando, 2005b; Escoriza y Sanahuja, 2005; González *et al.*, 2007; González *et al.*, 2008) que han llevado, por ejemplo, al replanteamiento de ideas como la de doméstico (González *et al.*, 2005). A partir de aquí, encontramos trabajos dedicados, bien al estudio pormenorizado de cada una de las actividades mecionadas, por ejemplo las relativas a la alimentación tanto en la práctica cotidiana (Colomer *et al.*, 1998; Monton, 2005) como en las prácticas comensales y rituales (Sánchez Romero y Aranda, 2005, 2008; Sánchez Romero *et al.*, 2007), a la gestación y la crianza de individuos infantiles (Sánchez Romero, 2006, 2007a, 2007b, 2008b, 2008c), o bien a casos de estudio específicos sobre asentamientos prehistóricos (Alarcón, 2005, 2006; Alarcón *et al.*, 2008; De Pedro, 2006).

Pero además, esta valorización de las actividades de mantenimiento permite un acercamiento a otros aspectos relevantes de la vida social y representan la posibilidad de nuevas miradas a temas tales como la relación entre las prácticas de las mujeres y la resolución pacífica de conflictos (Miron *et al.*, 2004, 2005; Sánchez Romero, 2007d) o la reflexión sobre la relevancia que tienen estos estudios para las mujeres en la actualidad (Vila, 2002; González Marcén, 2005; 2006).

Como vemos, los estudios acerca de las mujeres y las relaciones de género en la arqueología española son cada vez más frecuentes; de hecho, en pocos ámbitos de la investigación arqueológica se está produciendo un debate tan enriquecedor como en este marco, y este intenso y activo debate está demandando que se cubran las nuevas necesidades que esta perspectiva supone. De forma muy general, podemos afirmar que son tres las exigencias principales. En primer lugar, es necesario continuar con la articulación y el desarrollo de propuestas teóricas y metodológicas que sirvan de una manera eficaz para nuestro análisis. En segundo lugar, la tímida inclusión de estas materias en los planes de estudio tanto de grado como de posgrado hace necesario que se articulen los mecanismos para que estas nuevas perspectivas y debates lleguen al alumnado de una manera directa y comprensible; pero además, y como tercera demanda, las reuniones y publicaciones deben tratar de ser no solo un marco de encuentro y discusión entre las investigadoras interesadas en el debate feminista en arqueología, sino también el ámbito en el que se muestre al resto de la comunidad científica las perspectivas y posibilidades que supone el estudio de las mujeres y de las relaciones de género no sólo como herramienta de conocimiento de las sociedades estudiadas a través de la arqueología, sino también como medio de construcción de un conocimiento histórico más justo (Sanchez Romero, 2007e).

Bibliografía

AA.VV. (2006): *Las mujeres en la Prehistoria. Exposición Itinerante*. Museo de Prehistoria de Valencia. Valencia: Diputación de Valencia http://www.museuprehistoriavalencia.es/ficha_publicacion.html?cnt_id=1429

ALARCÓN, E. (2005): *Las actividades de mantenimiento en el yacimiento de Peñalosa: una aproximación a la vida cotidiana de las poblaciones argáricas,* Trabajo de Investigación Inédito (DEA).

—————— (2006): "Aproximación al estudio de las actividades de mantenimiento en el poblado argárico de Peñalosa (Baños de la Encina, Jaén)", *Arqueología y Territorio* 3, pp. 89-116. http://www.ugr.es/~arqueologyterritorio/Indice3.htm

—————— (2007): "Las prácticas de cuidados en las sociedades prehistóricas: la cultura argárica", *Arqueología y Territorio* 3, pp. 233-249. http://www.ugr.es/~arqueologyterritorio/Indice3.htm

ALVAREZ, M.C., BÓVEDA, M.J., GÓMEZ, E.T. y VILASECO, X.I. (1998): "A muller: ¿sexo secundario?", *Gallaecia* 17, pp. 471-480.

ARANDA, G., MONTÓN, S., SÁNCHEZ, M., y ALARCÓN, E. (2009): "Death and everyday life: the Argaric societies from South-East Spain", *Journal of Social Archaeology*, 9

BALAGUER, P., FREGEIRO, M.I., OLIART, C., RIHUETE, C. y SINTES, E. (2002): "Indicadores de actividad física y cargas laborales en el esqueleto humano. Posibilidades y limitaciones para el estudio del trabajo y su organización social en sociedades extintas", en *Análisis Funcional. Su aplicación al estudio de sociedades prehistóricas*. I. Clemente, R. Risch, y J.F. Gibaja (eds.) pp. 97-108.

BALAGUER, P., y OLIART, C. (2002): "Una revalorización del trabajo femenino: análisis de la reproducción biológica desde una perspectiva socio-económica", en *Morir en femenino. Mujeres, ideología y prácticas funerarias desde la Prehistoria a la Edad Media*. M.D. Molas y S. Guerra (ed), Barcelona: Ediciones de la Universidad de Barcelona, pp. 53-80.

BERTELSEN, R., LILLEHAMMER, A. y NAESS, J.R. (1987): (eds) *Were they all men? An examination of sex roles in prehistoric society*. Stavanger: Arkeologisk Museum i Stavanger.

COLOMER, L. (2005): "Cerámica prehistórica y trabajo femenino en el Argar: una aproximación desde el estudio de la tecnología cerámica", en *Arqueología y género*. M. Sánchez Romero, (ed.) Granada: Editorial de la Universidad de Granada, pp. 177-218.

COLOMER, L., GONZÁLEZ MARCÉN, P., MONTÓN, S., y PICAZO, M., eds. (1999): *Arqueología y teoría feminista*. Barcelona: Icaria.

COLOMER, L., GILI, S., GONZÁLEZ, P., MONTÓN, S., PICAZO, M., RIHUETE, C., RUIZ, M., SANAHUJA, M.E., y TENAS, M. (1993): "Género y Arqueología: las mujeres en la prehistoria", *Arqrítica* 6, pp. 5-7.

CONKEY, M.W., and SPECTOR, J. (1984): "Archaeology and the study of gender", *Advances in Archaeological Method and Theory*, 7, pp. 1-38.

CURIÁ, E., y MASVIDAL, C. (1998): "El grup domèstic en arqueologia: noves perspectives d'anàlisi", *Cypsela* 12, pp. 227-236.

CHAPA, T. (2005): "Espacio vivido y espacio representado: las mujeres en la sociedad ibérica", en *Historia de las mujeres de España y de América Latina*. I. Morant (ed), Madrid: Cátedra, pp. 117-137.

DE MIGUEL, Mª.P. (2006): "Las mujeres en los contextos funerarios prehistóricos. Aportaciones desde la osteoarqueología", en *Las mujeres en la Prehistoria. Exposición Itinerante. Museo de Prehistoria de Valencia*. Valencia: Diputación de Valencia, pp. 91-104.

DE PEDRO, Mª.J. (2006): "El grupo doméstico y las actividades de mantenimiento en una aldea de la Edad del Bronce. La Lloma de Betxí (Paterna, Valencia)", en *Las mujeres en la Prehistoria. Exposición Itinerante. Museo de Prehistoria de Valencia*. Valencia: Diputación de Valencia, pp. 105-118.

DELGADO, A., y FERRER, M. (2007): "Alimentos para los muertos: mujeres, rituales funerarios e identidades coloniales", en *Interpretar las prácticas domésticas. Reflexiones sobre el papel social y cultural de las actividades de mantenimiento desde la arqueología y la historia*. P. González Marcén, C.

Masvidal, S. Montón y M. Picazo, (eds.) Treballs d'Arqueologia, 13, pp. 29-68.

DÍAZ-ANDREU, M. (1994): "Género y cultura material de la Prehistoria hasta nuestros días", *Revista de Arqueología* 161, pp. 60-61.

——————— (1998a): "Iberian post-palaeolithic art and gender: discussing human representations in Levantine art", *Journal of Iberian Archaeology* 1, pp. 33-51.

——————— (1998a): "Spanish women in a changing world. Strategies in the search for self-fulfilment through antiquities", en *Excavating Women. A History of Women in European Archaeology*. M. Díaz-Andreu y M.L.S. Sørensen, (eds) Londres: Routledge, pp. 146-152.

——————— (2005): "Género y arqueología: una nueva síntesis", en *Arqueología y género*. M. Sánchez Romero (ed). Granada: Universidad de Granada, Granada, pp. 13-51.

DÍAZ-ANDREU, M., y SANZ, N. (1994): "Women Issues in Spanish Archaeology", en *Equity Issues for Women in Archaeology*. M.C. Nelson, S.M. Nelson y A. Wylie (eds) Washington: American Anthropological Association, pp. 121-130.

DÍAZ-ANDREU, M. y TORTOSA, T. (1998): "Gender, Symbolism and Power in Iberian Societies", en *Back from the Edge: Archaeology in History*. P. Funari, M. Hall y S. Jones (eds). Londres: Routledge, pp. 99-121.

ESCORIZA, T. (1995): "Una introducción a la mujer a través de los estudios prehistóricos", en *A la memoria de Agustín Díaz Toledo*. C. Martínez Padilla, (ed.). Almería: Universidad de Almería, pp. 145-152.

——————— (2001): "Una fragmentación intencionada: el análisis de la representaciones arqueológicas del cuerpo de las mujeres", en *Luchas de género en la Historia a través de la imágen*. T. Sauret Guerrero y A. Quiles Faz, (eds). Diputación Provincial de Málaga, Málaga, pp. 283-304.

——————— (2002a): "Representation of women in Spanish Levantine rock art. An intentional fragmentation", *Journal of Social Archaeology* 2, pp. 81-108.

——————— (2002b): *La representación del cuerpo femenino. Mujeres y arte rupestre levantino del arco mediterráneo de la Península Ibérica*. BAR International Series 1082. Oxford: Archaeopress.

——————— (2007): "Desde una propuesta arqueológica feminista y materialista" en *Arqueología de las mujeres y de las relaciones de género*. M. Sánchez Romero, (ed.) Complutum 18, pp. 201-208.

ESCORIZA, T.; LÓPEZ, Mª J., QUERO, I., HERNÁNDEZ, NAVARRO, A. (2006): "Crónica del II Encuentro de Mujeres y Arqueología", *Revista Atlántica-Mediterránea de Prehistoria y Arqueología Social*, 8, pp. 255-260.

ESCORIZA, T., y SANAHUJA, Mª.E. (2005): "La Prehistoria de la autoridad y la relación. Nuevas perspectivas de análisis para las sociedades del pasado", en *Arqueología y género*. M. Sánchez Romero (ed). Granada, Universidad de Granada, pp. 109-140.

GARCÍA LUQUE, A., RÍSQUEZ, C. (2005): "Historiografía de los estudios de género en la Cultura Ibérica. Superando el complejo Peter Pan" en Archaia, *Actas del III Congreso Internacional de Historia de la Arqueología: El nacimiento de la Prehistoria y la Arqueología científica*, pp. 18-32.

GERO, J.M., y CONKEY, M.W. (eds) (1991): *Engendering Archaeology. Women and Prehistory*. Oxford: Blackwell.

GONZÁLEZ MARCÉN, P. (ed) (2000a): *Espacios de género en Arqueología. Arqueología Espacial*, 22.

———————— (2000b): "Mujeres, espacio y arqueología. Una primera aproximación desde la investigación española", en *Espacios de género en Arqueología*. P. González Marcén, (ed.) pp. 11-21.

———————— (2005): "Redes de complicidades y objetos vividos: una oportunidad de mediación para la Arqueología" en *Arqueología y género*. M. Sánchez Romero (ed.). Granada: Universidad de Granada), pp. 491-499.

———————— (2006): "Mujeres y prehistoria: vivir el presente, pensar el pasado", en *Las mujeres en la Prehistoria. Exposición Itinerante. Museo de Prehistoria de Valencia*. Valencia: Diputación de Valencia, pp. 15-26.

———————— (2008): "Tiempos de mujeres. Escala de análisis y metodología arqueológica", en *Arqueología del Género. I Jornadas Internacionales de Arqueología del Género*. L. Prados y C. Ruiz (eds). Madrid: Servicio de Publicaciones de la Universidad Autónoma de Madrid, pp. 61-76.

GONZÁLEZ MARCÉN, P., MONTÓN, S. y PICAZO, M. (eds) (2005): *Dones i activitats de manteniment en temps de canvi*, Treballs d´Arqueología, 11. http://seneca.uab.es/arqueologia/publicacions.htm

GONZÁLEZ MARCÉN, P., MASVIDAL, C., MONTÓN, S., y PICAZO, M. (2007a): Interpreting household practices: reflections on the social and cultural roles of maintenance activities, en *Interpreting household practices: reflections on the social and cultural roles of maintenance activities*. P.

González Marcén, C. Masvidal, S. Montón, y M. Picazo (eds), Treballs d'Arqueologia, 13. Barcelona: Universidad Autónoma de Barcelona, pp. 29-68.

(eds) (2007b): *Interpreting households practices: reflections on the social and cultural roles of maintenance activities*. Treballs d'Arqueologia, 13. http://seneca.uab.es/arqueologia/publicacions.htm

GONZÁLEZ MARCÉN, P., MONTÓN, S., y PICAZO, M. (2008): "Towards an archaeology of maintenance activities", en *Engendering social dynamics: The archaeology of maintenance activities*. S. Montón y M. Sánchez Romero (eds) BAR International Series, 1862, Oxford

GONZÁLEZ MARCÉN, P. y PICAZO, M. (1998): *El tiempo en Arqueología*. Madrid: Arco.

———— (2005): "Arqueología de la vida cotidiana" en *Arqueología y género*. M. Sánchez Romero (ed). Granada: Universidad de Granada, pp. 141-158.

HACHUEL, E., y SANAHUJA, M.E. (1996): "La diferencia sexual y su expresión simbólica en algunos grupos arqueológicos del Paleolítico Superior", *Duoda. Revista de estudios feministas* 11, pp. 61-76.

HERNANDO, A. (2000): Hombres del Tiempo y Mujeres del Espacio. Individualidad, poder y relaciones de género, en *Espacios de género en Arqueología*. P. González Marcén (ed), Arqueología Espacial, 22, pp. 23-44.

———— (2001): *Arqueología de la Identidad*. Madrid: Akal

———— (2005a): "Agricultoras y campesinas en las primeras sociedades productoras" en *Historia de las mujeres de España y de América Latina*. I Morant (ed). Madrid: Cátedra, pp. 79-115.

———— (2005b): "Mujeres y Prehistoria. En torno a la cuestión del origen del patriarcado", en *Arqueología y género*. M. Sánchez Romero (ed.). Granada: Universidad de Granada, pp. 73-108.

———— (2005c): "¿Por qué la historia no ha valorado las actividades de mantenimiento?", en *Dones i activitats de manteniment en temps de canvi*. P. González Marcén, S. Montón y M. Picazo (eds), Treballs d'Arqueologia, 11, pp. 115-133.

———— (2007): "Sexo, Género y Poder. Breve reflexión sobre algunos conceptos manejados en la Arqueología del Género", en *Arqueología de las mujeres y las relaciones de género*. M. Sánchez Romero (ed). Complutum, 18, pp. 167-174.

HORNOS, F., y RISQUEZ, C. (2000): "Paseando por un museo y buscando el lugar de la mujer", en *Espacios de género en Arqueología*. P. González Marcén (ed) Arqueología Espacial, 22, pp. 175-186.

——————— (2005): "Representación en la actualidad. Las mujeres en los museos, en *Arqueología y género*. M. Sánchez Romero (ed.). Granada: Universidad de Granada, pp. 479-490.

JIMÉNEZ, S., AL-OUMAOUI, I., y ESQUIVEL, J.A. (2004): "Actividad física según sexo en la cultura argárica. Una aproximación desde los restos humanos", *Trabajos de Prehistoria* 61, pp. 141-153.

MASVIDAL, C. (2006): "La imagen de las mujeres en la prehistoria a través de las figuritas femeninas paleolíticas y neolíticas", en *Las mujeres en la Prehistoria. Exposición Itinerante. Museo de Prehistoria de Valencia*. Valencia: Diputación de Valencia, pp. 37-50.

——————— (2007): "Bases para una nueva interpretación de las mujeres en la Prehistoria", en *Arqueología de las mujeres y de las relaciones de género*. M. Sánchez Romero (ed) Complutum, 18, pp. 209-215.

MASVIDAL, C., y PICAZO, M. (2005): *Modelando la figura humana. Reflexiones en torno a las imágenes femeninas de la antigüedad*. Barcelona: Quaderns Crema.

MIRÓN, Mª.D., DÍEZ, E., y SÁNCHEZ ROMERO, M. (2003): "Génesis y evolución de conceptos y símbolos de las mujeres y la paz en los inicios de la historia: una propuesta de investigación", en *Actas del I Congreso Hispano-americano de Educación y Cultura de Paz*. F. Muñoz, B. Molina y F. Jiménez (eds). Granada: Universidad de Granada, pp. 143-152.

——————— (2005): "Mujeres y la paz en los inicios de la historia occidental", en *Arqueología y género*. M. Sánchez Romero (ed), Granada: Universidad de Granada, pp. 421-440.

MIRÓN, Mª.D., MARTÍNEZ, C., DIEZ, E., SÁNCHEZ ROMERO, M., y MARTÍN, A. (2004): *Las mujeres y la paz. Génesis y evolución de conceptualizaciones, símbolos y prácticas*. Madrid: Instituto de la Mujer, Ministerio de Trabajo y Asuntos Sociales.

MONTÓN, S. (2000): "Las mujeres y el espacio: Una historia del espacio sin espacio en la historia", en *Espacios de género en Arqueología*. P. González Marcén (ed) Arqueología Espacial, 22, pp. 45-59.

——————— (2005): "Las prácticas de alimentación: cocina y arqueología, en *Arqueología y género*. M. Sánchez Romero (ed), Granada, Universidad de Granada, pp. 159-175.

————— (2007): "Interpreting archaeological continuities: an approach to transversal equality in the Argaric Bronze Age of south-east Iberia", *World archaeology* 39, pp. 246-262.

OROZCO, T. (2005): "Cultural material y actitudes de género: el utillaje lítico pulimentado", en *Arqueología y género*. M. Sánchez Romero (ed). Granada: Universidad de Granada, pp. 245-260.

————— (2006): "Reflexiones sobre las herramientas de piedra", en *Las mujeres en la Prehistoria. Exposición Itinerante. Museo de Prehistoria de Valencia*. Valencia: Diputación de Valencia, pp. 139-149.

PALLARÉS, M. (2000): "Género y espacio social en Arqueología", en *Espacios de género en Arqueología*. P. González Marcén (ed) Arqueología Espacial, 22, pp. 61-92.

PICAZO, M. (1997): "Hearth and home: the timing of maintenance activities", en *Invisible people and processes. Writing Gender and Childhood into European Archaeology*. J. Moore and E. Scott (eds). Londres: Leicester University Press), pp. 59-67.

PRADOS, L., y IZQUIERDO, I. (2002-2003): "Arqueología y género: la imagen de la mujer en el Mundo Ibérico", *Boletín de la Asociación Española de Amigos de la Arqueología* 42, pp. 213-229.

PRADOS, L. (2007): "Mujer y espacio sagrado: haciendo visibles a las mujeres en los lugares de culto de época ibérica", en *Arqueología y género: vida cotidiana, relaciones e identidad*. M. Sánchez Romero (ed) Complutum, 18, pp. 217-225.

PRADOS, L. y RUIZ, C. (2008): *Arqueología del Género. I Jornadas Internacionales de Arqueología del Género*. Madrid: Servicio de Publicaciones de la Universidad Autónoma de Madrid.

QUEROL, Mª.A. (2000a): "El espacio de la mujer en el discurso sobre el origen de la humanidad", en *Espacios de género en Arqueología*. P. González Marcén (ed) Arqueología Espacial, 22, pp. 161-174.

————— (2000b): "El lenguaje utilizado en el tema del origen de la humanidad: una visión feminista", *IIas Jornadas internacionales sobre toles sexuales y de género. Mujer, ideología y población*, pp. 221-238.

————— (2001a): *Adán y Darwin*. Madrid: Síntesis

————— (2001b): "De maravillosos hombres y pobres monos. Análisis del fenómeno antropocentrista en la bibliografía española sobre orígenes humanos", *Complutum* 12, pp. 237-248.

————— (2001c): "La formación de la identidad femenina a través de la arqueología: el contexto de los orígenes", *Arqueoweb* 3.

————— (2005a): "'El origen del hombre' y la identidad femenina: los mitos duraderos", en *Arqueología y género*. M. Sánchez Romero (ed). Granada: Universidad de Granada, pp. 441-456.

————— (2005b): "Las mujeres en los relatos sobre los orígenes de la humanidad", en *Historia de las mujeres de España y de América Latina*. I. Morant (ed). Madrid: Cátedra, pp. 27-77.

————— (2006): "Mujeres y construcción de la Prehistoria: un mundo de suposiciones", en *Las mujeres en la Prehistoria. Exposición Itinerante. Museo de Prehistoria de Valencia*. Valencia: Diputación de Valencia, pp. 27-36.

————— (2008): "La imagen de la mujer en las reconstrucciones actuales de la Prehistoria", en *Arqueología del Género. I Jornadas Internacionales de Arqueología del Género*. L. Prados y C. Ruiz (eds). Madrid: Servicio de Publicaciones de la Universidad Autónoma de Madrid, pp. 27-42.

QUEROL, Mª.A y TRIVIÑO, C. (2004): *La mujer en El origen del hombre*. Madrid: Síntesis.

RAMOS, J., CANTALEJO, P., MAURA, R., ESPEJO, M.D. y MEDIANERO, J. (2002): "La imagen de la mujer en las manifestaciones artísticas de la cueva de Ardales (Ardales, Málaga). Un enfoque desde la relación dialéctica producción y reproducción social", *Revista Atlántica Mediterránea de Prehistoria y Arqueología Social* V, pp. 87-124.

RIHUETE, C. (2002): "Esqueletos humanos en la investigación arqueológica de la diferencia sexual", en *Morir en femenino. Mujeres, ideología y prácticas funerarias desde la Prehistoria a la Edad Media*. M.D. Molas y S. Guerra (eds) Barcelona, Ediciones de la Universidad de Barcelona, Barcelona, pp. 19-50.

RISQUEZ, C., y HORNOS, F. (2005): "Mujeres íberas. Un estado de la cuestión", en *Arqueología y género*. M. Sánchez Romero (ed), Granada: Universidad de Granada, pp. 261-282.

RUEDA, C. (2007): "La mujer sacralizada: la presencia de las mujeres en los santuarios (lecturas desde los exvotos de bronce iberos)", en *Arqueología y género: vida cotidiana, relaciones e identidad*. M. Sánchez Romero (ed), Complutum, 18, pp. 227-235.

SANAHUJA, Mª.E. (2002): *Cuerpos sexuados, objetos y prehistoria*. Barcelona: Cátedra. Feminismos

——————— (2006): "Mujeres, hombres y ajuares funerarios", en *Las mujeres en la Prehistoria. Exposición Itinerante. Museo de Prehistoria de Valencia*. Valencia: Diputación de Valencia, pp. 79-89.

——————— (2007a): "¿Armas o herramientas? El ejemplo del mundo argárico", en *Arqueología y género: vida cotidiana, relaciones e identidad*. M. Sánchez Romero (ed) Complutum, 18, pp. 195-200

——————— (2007b): *La cotidianeidad en la Prehistoria*. Barcelona: Icaria

——————— (2007c): "Mujeres y violencia en la Prehistoria", en *Violencia deliberada. Las raíces de la violencia patriarcal*. M.D. Molas (ed), Barcelona: Icaria, pp. 27-37.

SÁNCHEZ LIRANZO, O. (1999): "La Prehistoria andaluza: una ciencia social que reproduce el discurso histórico androcéntrico", *Revista Atlántica-Mediterránea de Prehistoria y Arqueología Social* 2, pp. 274-276.

——————— (2000): "La Prehistoria en Andalucía durante el primer tercio del siglo XX. Las mujeres y el historicismo cultural", *Arqueologia Peninsular. História, teoria e Pratica* I, pp. 397-406.

——————— (2005a): "Hacia una arqueología más "social"", en *Arqueología y género*. M. Sánchez Romero (ed). Granada: Universidad de Granada, pp. 53-72.

——————— (2005b): "La investigación prehistórica en Andalucía Occidental. Un estudio historiográfico", en *Arqueología y género*. M. Sánchez Romero (ed) Granada: Universidad de Granada, pp. 457-478.

——————— (2008): "El debate teórico en los estudios de la arqueología del género y su incidencia en la Prehistoria", en *Arqueología del Género. I Jornadas Internacionales de Arqueología del Género*. L. Prados y C. Ruiz (eds). Madrid: Servicio de Publicaciones de la Universidad Autónoma de Madrid, pp. 43-60.

SÁNCHEZ ROMERO, M. (2000): "Mujeres y espacios de trabajo en el yacimiento de Los Castillejos (Montefrío)", en *Espacios de género en Arqueología*. P. González Marcén (ed) Arqueología Espacial, 22, pp. 93-106.

——————— (2003): "Arqueología y género: nuevas perspectivas de investigación", *Boletín del Instituto Andaluz de Patrimonio Histórico* 44, p. 9.

——————— (2004): "Propuesta para el análisis de género en las sociedades argáricas: las mujeres en el yacimiento de Peñalosa (Baños de la Encina, Jaén)", en *La edad del Bronce en tierras valencianas y zonas limítrofes*. L.

Hernández y M. Hernández (eds). Villena: Instituto alicantino de cultura, pp. 525-530.

——————— (2005a): (ed) *Arqueología y género*. Granada: Universidad de Granada.

——————— (2005b): "Cultural material y actitudes de género: el utillaje lítico tallado", en *Arqueología y género*. M. Sánchez Romero (ed). Granada: Universidad de Granada, pp. 219-244.

———————(2006): "Maternidad y prehistoria: prácticas de reproducción, relación y socialización, en *Las mujeres en la Prehistoria. Exposición Itinerante. Museo de Prehistoria de Valencia*. Valencia: Diputación de Valencia, pp. 119-137.

——————— (2007a): "Actividades de mantenimiento en la edad del bronce del sur peninsular: el cuidado y la socialización de individuos infantiles", en *Arqueología de las mujeres y de las relaciones de género*. M. Sánchez Romero (ed). Complutum, 18, pp. 185-194.

——————— (2007b): (ed) *Arqueología de las mujeres y de las relaciones de género*. Complutum 18. http://www.ucm.es/BUCM/revistasBUC/portal/modulos.php?name=Revistas2_Historico&id=CMPL&num=CMPL 070711

——————— (2007c): "El reflejo arqueológico de la maternidad: Relaciones, representaciones y cuerpos de mujeres en la prehistoria", en *Cuerpos de mujeres: miradas, representaciones e identidades* A.Mª. Muñoz, C. Gregorio y A. Sánchez (eds). Granada: Editorial de la Universidad de Granada, pp. 95-108.

——————— (2007d): "Mujeres y estrategias pacíficas de resolución de conflictos: el análisis de las sociedades prehistóricas", en *Violencia deliberada. Las raíces de la violencia patriarcal*. M.D. Molas (ed). Barcelona: Icaria, pp. 39-55.

——————— (2007e): "Introducción", en *Arqueología de las mujeres y de las relaciones de género*. M. Sánchez Romero (ed). Complutum 18, pp. 163-165.

——————— (2008a): "Actividades de mantenimiento, espacios domésticos y relaciones de género en las sociedades de la prehistoria reciente", en *Arqueología del Género. I Jornadas Internacionales de Arqueología del Género*. L. Prados y C. Ruiz (eds). Madrid: Servicio de Publicaciones de la Universidad Autónoma de Madrid, pp. 93-103.

——————— (2008b): "An approach to learning and socialisation in children during the Spanish Bronze Age", en *Children, identity and the past*. L.H. Dommasnes and M. Wrigglesworth (eds). Cambridge: Cambridge Scholars Publishing, pp. 113-124.

——————— (2008c): "Childhood and the construction of gender identities through material culture", *International Journal of Childhood in the Past* 1, pp. 17-37.

——————— (e.p.): (ed) *Imágenes de mujeres de la Prehistoria: desde los estereotipos a las manifestaciones de la identidad femenina*, Arenal, 15

SÁNCHEZ ROMERO, M. y ALARCÓN, E. (2004-2005): Crónica del curso "Arqueología y género: Vida cotidiana, relaciones e identidad", *Revista Atlántica-mediterránea de Prehistoria y Arqueología Social,* 7, pp. 245-250

SÁNCHEZ ROMERO, M., y ARANDA, G. (2005): "El cambio en las actividades de mantenimiento durante la Edad del Bronce: nuevas formas de preparación, presentación y consumo de alimentos", en *Dones i activitats de manteniment en temps de canvi*. P. González Marcén, S. Montón y M. Picazo (eds) Treballs d'Arqueologia, 11, pp. 73-90.

SÁNCHEZ ROMERO, M., ARANDA, G., y ALARCÓN, E. (2007): "Gender and age identities in rituals of comensality. The argaric societies", en *Interpreting households practices: reflections on the social and cultural roles of maintenance activities*. P. González Marcén, S. Montón y M. Picazo (eds) Treballs d'Arqueologia, 13, pp. 69-89.

SÁNCHEZ ROMERO, M., y MORENO ONORATO, A. (2003): "Metallurgical production and women in Bronze age societies: the Peñalosa site (Baños de la Encina, Jaén)", en *Archaeometallurgy in Europe*. Milan: Associazione Italiana di Metallurgia, pp. 415-422.

——————— (2005): "Mujeres y producción metalúrgica en la Prehistoria: el caso de Peñalosa (Baños de la Encina, Jaén)", en *Arqueología y género*. M. Sánchez Romero (ed). Granada: Universidad de Granada, pp. 261-282.

SOLER, B. y PASCUAL, J.L. (2006): "Mujeres, hombres y objetos de adorno", en *Las mujeres en la Prehistoria. Exposición Itinerante. Museo de Prehistoria de Valencia*. Valencia: Diputación de Valencia, pp. 63-78.

VILA, A. (2002): "Viajando hacia nosotras", *Revista Atlántica Mediterránea de Prehistoria y Arqueología Social* V, pp. 325-342.

Bibliotecas de mujeres en el siglo XXI: los catálogos de acceso público en línea

Ana María Muñoz-Muñoz[*]

El movimiento feminista y las bibliotecas de mujeres

El movimiento feminista aparece como tal en el contexto de las reivindicaciones políticas y sociales de las últimas décadas del siglo XVIII paralelamente a la estructuración de otros movimientos como el obrero o los nacionalismos burgueses. Toma un auge definitivo con la consecución del sufragio femenino en distintos países del ámbito occidental. Actualmente el feminismo, con su diversidad de reflexiones y prácticas, es uno de los elementos más importantes en la transformación del pensamiento y de los comportamientos sociales y políticos del siglo XX. Impulsados por el movimiento feminista con su perspectiva transformadora y crítica, surgen los Estudios de la Mujer (Women's Studies) en Estados Unidos y casi paralelamente, en Inglaterra, donde un grupo de profesoras de diversas universidades incorporan el pensamiento feminista a sus estudios e investigaciones. Para ello se centran en la teoría y el método de los estudios de género, en las fuentes y documentación para alumbrar dichos Estudios; siempre

<hr>

[*] Doctora en Documentación, Instituto Universitario de Estudios de la Mujer, Universidad de Granada, España.

buscando esclarecer la construcción histórica, social y cultural de las relaciones entre los sexos. En España, en los años setenta, la transición democrática favoreció la participación de la mujer en la vida política y social; y con ello un aumento progresivo de la importancia del papel de la mujer en las universidades. Esto propició el reconocimiento oficial de los Estudios de las Mujeres en el seno de la Universidad y por consiguiente su institucionalización. A los Estudios de las Mujeres también se les denominan Estudios Feministas o Estudios de Género aunque no existe un consenso generalizado sobre lo que se quiere decir con cada expresión en particular. Sin embargo, sí existe un entendimiento común del significado de este tipo de estudios que tiene que ver con las perspectivas no androcéntricas y las perspectivas de las mujeres en la creación y transmisión del conocimiento.

A medida que se desarrollan los Estudios de las Mujeres, crecen como algo natural los recursos informativos y documentales en torno a ellos, información bibliográfica que generan las investigaciones desarrolladas en el ámbito universitario desde los Institutos de investigación de Estudios de las Mujeres, además de las desarrolladas por los organismos políticos a favor de la igualdad. El interés y la demanda social por este tipo de estudios, junto con el crecimiento de la documentación especializada ha hecho que a lo largo del tiempo se creen bibliotecas, archivos y centros de documentación especializados que van a permitir el acceso y consulta de sus fondos. Las primeras bibliotecas para o de mujeres se crean en Europa a comienzos del siglo XX, que integran lo que se llama la "primera generación". Tales establecimientos estaban frecuentemente vinculados con los movimientos sufragistas o de los derechos, si bien la biblioteca pionera nace en Barcelona de una necesidad distinta: elevar el nivel cultural de las trabajadoras. Este centro, de claros objetivos sociales, es creado por un grupo de mujeres encabezadas por Francesca Bonnemaison en 1909 y comienza a llamarse Biblioteca Popular de la Dona, a la que en 1910 se añade una escuela para mujeres, el Institut de Cultura i Biblioteca Popular de la Dona, que intenta cubrir fines similares. Unos años más tarde (1920-1930), siempre por la iniciativa de mujeres inquietas, aparecen centros bibliotecarios en las principales capitales europeas: Londres, París, Amsterdam. La que podríamos llamar "segunda generación de bibliotecas" surge después de la II Guerra Mundial, a partir de los años sesenta, y en ella se encuentran representados todos los países occidentales, incluida España que se incorpora al movimiento ya en la década de los ochenta, aunque a muchas de las bibliotecas de mujeres españolas haya que encuadrarlas dentro de lo que se denomina el "feminismo de Estado", pues aparecen por iniciativa de los organismos administrativos que promueven la igualdad de oportunidades.

Los catálogos de bibliotecas de mujeres en el siglo XXI

Las fuentes de información son instrumentos para el conocimiento, búsqueda y acceso a la información. La difusión del uso de la comunicación a través del ordenador y de flujos de información a través de Internet, adquiere una importancia estratégica decisiva en las sociedades desarrolladas. Esta importancia será cada vez mayor para dar forma a la cultura futura y aumentará la ventaja estructural de las elites que han determinado su formato. Debido a la novedad histórica del medio y a la cierta mejoría de la posición relativa de poder de los grupos tradicionalmente subordinados, como las mujeres, la comunicación a través del ordenador ofrece una posibilidad para invertir los tradicionales juegos de poder en el proceso de la comunicación. Para estar al corriente de los nuevos avances en un campo de conocimiento determinado se recurre a las distintas fuentes de información que ofrezcan respuestas concretas a unas determinadas cuestiones previamente planteadas. La utilidad de las fuentes de información, viene determinada por su respuesta a la necesidad de información de los usuarios. Esta necesidad puede ser: a) Localizar y obtener un documento del que se conoce el autor o autora y el título, y b) Localizar los documentos relativos a un tema en particular

Sin duda alguna, los instrumentos para la búsqueda bibliográfica son las bases de **datos bibliografías** y los **catálogos de biblio-**

tecas. La diferencia entre ambas está en que las primeras identifican los documentos, y las segundas además de identificarlos, los localizan. En cuanto al contenido, se diferencian en que las bases de datos bibliográficas, en su mayoría recogen los artículos de las publicaciones periódicas mediante un análisis del contenido, mientras que los catálogos recogen los datos de identificación de monografía y de publicaciones periódicas. Los catálogos de bibliotecas consultables vía Internet, a diferencia de las bases de datos, ofrecen la ventaja de consulta gratuita, por ello también se les denomina OPAC (Open Public Catalog Access). Otra ventaja es que cuentan con servicios de préstamo por correo, normalmente tienen una dirección de correo electrónico para hacer la petición del documento/s que nos interesen en cuestión. Además, al igual que las bases de datos, la mayoría permiten exportar los registros en diferentes formatos. En Internet podemos encontrar básicamente dos tipos de formatos de consulta por catálogos: 1) Índice hipertextual, es un listado de materias o temas que pueden enlazar con otros subgrupos de temas que finalmente nos llevan a las referencias bibliográficas relacionadas con el tema y 2) En formato de página web.

Catálogos de bibliotecas especializadas en estudios de las mujeres

Entre los catálogos de bibliotecas especializadas en Estudios de las Mujeres o que tienen secciones importantes sobre este tipo de fondos se reseñan a continuación los norteamericanos y los europeos.

Estados Unidos

- *Arthur & Elizabeth Schlesinger Library on the History of Women in America.* Harvard University. http://www.radcliffe.edu/schles/
- La *Schlesinger Library* es la principal biblioteca sobre historia de las mujeres en América, data de 1943. Sus fondos bibliográficos de libros, manuscritos, publicaciones periódicas, fotografías,

material efímero, historia oral, y materiales audiovisuales documentan la historia social de las mujeres en Estados Unidos, principalmente durante los siglos XIX y XX. Los fondos bibliográficos de esta biblioteca están agrupados en tres categorías generales: manuscritos y archivos, libros y publicaciones periódicas, y fotografías/material audiovisual. Todos los fondos están catalogados a excepción de las fotografías individuales, artículos de publicaciones periódicas, algunos audiovisuales y algunos libros de cocina. Desde su página existe un enlace para consultar el catálogo HOLLIS (*Harvard OnLine Library Information System*).

- *Bibliographies on Women's Studies or Feminism. University of York Library.* http://www.york.ac.uk/inst/cws/gsp/resource.htm
- El Centre for Women's Studies de la University of York Library ofrece un enlace sobre recursos de investigación y oportunidades. Además, se puede consultar el catálogo general de la biblioteca llamado LibWeb.
- *Bryn Mawr College Library.* http://www.brynmawr.edu/Library/
- Esta biblioteca entre sus colecciones especiales de manuscritos tiene una dedicada a los Estudios de las Mujeres. La colección contiene un gran número de materiales, seis albúmenes de fotografías que documentan la historia del movimiento sufragista de mujeres, notas de conferencia, y misceláneas, material efímero de los trabajos de Carrie Chapman Catt; los trabajos de Susan W. Fitzgerald; trabajos feministas del siglo XIX y de autoras como Caroline Healey Dall; los diarios y cartas de obreras rusas importantes como Anna V. S. Mitchell y Dorothy North Haskins; los registros del Philadelphia Club of Advertising Women; y las cartas de Margaret Bailey Speer, decana del Women's College of Yenching University en Pekín. Para localizar los libros hay que ir a la página del catálogo general

de la Biblioteca, llamado Tripod, es el catálogo centralizado de las bibliotecas de tres facultades la Bryn Mawr Library, Haverford Library y Swarthmore Library.

- *Carnegie MellonWomen's Center.* http://www.library.cmu.edu/index.html
- Contiene una colección de libros sobre Estudios de las Mujeres. Se puede buscar por índice de autoras/es y editores, índice de materias e índices de libros y por índice de títulos. En el apartado ayuda para investigar dentro de las opciones de Humanidades y de Ciencia sociales encontramos una guía bajo la materia "Women, Men, Sexuality, and Gender Studies", nos ofrece submaterias que nos ayudan a la búsqueda bibliográfica. Su catálogo se llama Cameo.
- *The Julia Morgan Collection.* California PolyTech. http://www.lib.calpoly.edu/spec_coll/morgan/index.html
- Entre las colecciones especiales del departamento de la Polytechnic State University de San Luis Obispo en California encontramos la Colección Julia Morgan. En ella se encuentran los trabajos personales y profesionales de la primera mujer arquitecta, Julia Morgan (1880-1945), que diseñó San Simeon, Asilomar, y centenares de residencias privadas en California (32 cajas/5.000 dibujos de arquitectura). La colección fue adquirida en 1980, está ubicada en 30 cajas no ácidas y una caja de mapas, además de las donaciones de la National Board deYMCA, Earl andWright Company, Consulting Engineers, Mr. y Mrs.William Randolph Hearst, Jr., y varias donaciones privadas. La página web cubre los papeles personales, materiales fotográficos, y los dibujos arquitectónicos y anteproyectos, además tiene un listado de otros lugares que enlazan con temas sobre la arquitectura de Julia Morgan. Las consultas se hacen seleccionando el tipo de material de esta colección, encabezado por seis grupos: I. Documentos personales (recuerdos y correspondencias familiares, documentación de empresas,

financiera y facturas…), II. Comisión arquitectónica, III. Comisión William Randolph Hearst (cubre la documentación sobre los trabajos en colaboración y correspondencias de Julia Morgan con William Randolph), IV. Material fotográfico impreso, negativos y transparencias, negativos en planchas de cristal, V. Bocetos de arquitectura, anteproyectos, y acuarelas, y VI. Material cultural. Cada grupo de documentos se divide en materias más específicas llamadas series, que se subdividen en cajas y carpetas.

- *National Archives and Records Administration. (NARA). ALIC (Archives Library Information Center).* http://www.archives.gov/
- La colección de historia de las mujeres en la biblioteca de la National Archives and Records Administration es pequeña y se centra en los trabajos que son relevantes en los fondos bibliográficos de NARA. De hecho los principales trabajos que encontramos son registros de fuentes institucionales concretamente de agencias de censos, agencias de mujeres, agencias de infancia, proyectos de trabajo de la administración, y de la Agencia Freedman. Los fondos se encuentran organizados, para su consulta, en las categorías siguientes: bibliografías, trabajos de referencia/fuentes biográficas, revistas, colecciones de materiales principales, monografías y antologías, visión global, mujeres afroamericanas, familia e infancia, mujer revolucionaria, sufragio femenino, teoría feminista, mujer y trabajo, mujer y reforma, mujer y sociedad, mujer y guerra, mujer y el Este, otros, archivos de investigación, y guías de archivos. Al acceder a una categoría determinada aparece un listado bibliográfico referente al tema elegido, algunas referencias bibliográficas van acompañadas de una breve descripción.
- *The New York Public Library (NYPL). Women's Studies.* http://www.nypl.org/research/chss/grd/resguides/women/index.html
- La NYPL es uno de los más importantes centros en Estados Unidos como recurso para la investigación en Estudios de las

Mujeres. En ella podemos encontrar una inmensa participación retrospectiva de fondos relacionados con la mujer, incluyendo manuscritos y materiales de archivo, además de una gran colección de materiales puestos al día sobre Estudios de las Mujeres. Todo el esfuerzo hecho para recopilar una amplia gama de publicaciones refleja nuevas tendencias y opiniones sobre teoría feminista e investigación. Su página principal ofrece una magnífica guía de introducción para los Estudios de las Mujeres. El catálogo (CATNYP) utiliza el sistema de encabezamientos de materia de la Library of Congress (LCSH), para su consulta es muy útil utilizar la lista de encabezamientos titulada Women in LC's Terms. También permite la búsqueda por autor, título y palabra clave.

- *Salli Bingham Center for Women's History and Culture. Duke University.* http://scriptorium.lib.duke.edu/women/bib.html
- El Centro Sallie Bingham pertenece a la Colección especial de la Universidad de Duke. Ofrece más de 11 millones de artículos de manuscrito y 200,000 volúmenes de libros raros, materiales publicados e inéditos, que reflejan las vidas públicas y privadas de mujeres, pasado y presente.
- *Sophia Smith Collection: Women's History Manuscripts at Stmith College.* http://www.smith.edu/libraries/ssc/
- La colección de Sophia Smith está reconocida internacionalmente como depósito documental de manuscritos, fotografías, publicaciones periódicas y otras fuentes sobre historia de las mujeres. La Colección abarca más de 5.000 pies lineales de material en manuscritos, impresos y audiovisuales. El fondo bibliográfico documenta la experiencia histórica de las mujeres en Estados Unidos y en el extranjero desde la época colonial hasta el presente. Incluye las materias siguientes: control de natalidad, derechos de la mujer, sufragio, el movimiento de mujeres contemporáneo, el trabajo de las mujeres americanas

en el extranjero, arte (en especial teatro), profesiones (especialmente periodismo y trabajo social), y la vida de familia en las clases medias de Nueva Inglaterra durante los siglos XIX y XX. Algunas de estas colecciones tienen unas fuentes visuales importantes, además de manuscritos y materiales impresos. Las colecciones se dividen en: colecciones de manuscritos, registros de organizaciones, colecciones de materias y publicaciones periódicas de actualidad e históricas. Los fondos se pueden consultar a través de dos opciones: lista de colecciones, se accede a través de una barra abecedario, eligiendo la letra por la que empieza el término (ej. familia), y por un índice de materias de la colección (mujeres afroamericanas en Estados Unidos; control de natalidad y derecho al aborto; diarios, autobiografías e historia oral; mujeres en el periodismo; trabajo en Estados Unidos; y el movimiento sufragista de mujeres).

- *Texas Woman's University Libraries (TWU)*. http://www.twu.edu/library/
- La biblioteca de TWU desde el año 1932, gracias a la Dra. Louis H. Hubbard, alberga una colección de biografías de grandes mujeres. Desde que se inició la Colección de mujeres ha aumentado a 42.000 libros, 2.500 pies cúbicos de colecciones de manuscritos, 19.000 fotografías, manuscritos de mujeres importantes y colecciones de libros, microformas, y periódicos de mujeres. El propósito de esta Colección es recopilar materiales que puedan servir de ayuda a la investigación sobre mujeres y temas de mujeres en los Estados Unidos con especial énfasis en Texas y el Sudeste. La biblioteca también gestiona el Archivo, una pequeña Colección tejana de libros raros, y una extensa Colección de libros de cocina.
- *University of Missouri-St. Louis*. http://www.umsl.edu/~whmc/areas.html
- Entre las colecciones de su biblioteca destacan "Historia de las mujeres" y "Lesbianas y gays". Ofrece un listado por temas

ordenado alfabéticamente, cuando se elige uno de ellos aparecen los siguientes datos: título, fechas que abarca, páginas, tipo de soporte, tipo de documento, disponibilidad o localización, nombre de la colección a la que pertenece, número de la sala en la que se encuentra, dirección de la biblioteca, teléfono y correo electrónico.

- *University of North Carolina at Chapel Hill (UNC-CH).* http://www.lib.unc.edu/cdd/crs/socsci/women/index.html

- La UNC-CH tiene el mayor número de fondos sobre Estudios de las Mujeres en el Sur de Estados Unidos. La biblioteca de la Universidad mantiene los mayores programas de adquisición de materiales, corrientes y retrospectivos, relativos al tema mujer. La biblioteca de la UNC-CH posee una colección importante de materiales para la investigación sobre mujeres en formato de sonido y vídeo, fotografía, historia oral, transcripciones, manuscritos y archivos de ordenador. Muchos de estos materiales están en la Colección Southern Historical.

- *University of Wisconsin System: Women's Studies Librarian's Office.* http://www.library.wisc.edu/libraries/WomensStudies/

- Contiene un índice de materias con las revistas más importantes sobre Estudios de las Mujeres, además de otros recursos de interés, como bibliografías, listados de libros fundamentales para estos estudios, colecciones audiovisuales, y otras fuentes de texto completo sobre mujer y género.

- *The Woman's Collection at UNC Greensboro. University of North Carolina-Greensboro (UNC-G).* http://library.uncg.edu/depts/speccoll/woman.html

- La División de Colecciones Especiales de la Jackson Library de la Universidad de Carolina del Norte en Greensboro almacena la Woman's Collection, que comprende aproximadamente 8.000 volúmenes fechados desde el siglo XVI hasta principios del siglo XX, que incluyen la Robbie Emily Dunn Collection de obras policíacas americanas y la Girls' Books in Series Collection. Desde el catálogo de la UNC-G, podemos consultar una importante colección sobre Women's Studies.

- *The Women's Center's Library: 101 Barnard Hall.* http://www.barnard.edu/library
- Esta biblioteca pertenece a la Universidad de Columbia, formada por libros, publicaciones periódicas, archivos efímeros, ficheros de organizaciones, y varias colecciones especiales, entre ellas los archivos del Working Women's Institute sobre acoso sexual y los archivos de Bobby Ortiz sobre mujeres fuera de los Estados Unidos. Ofrece un listado ordenado alfabéticamente de las publicaciones periódicas a las que está suscrita la biblioteca, indicando los datos referentes a la publicación (editor, año, número, volumen, temas que trata, etc.). Esta página tiene un enlace con la página web de la Universidad de Columbia con recursos para los Estudios de las Mujeres. Se consulta mediante el catálogo CLIO. En su guía de materias encontramos "Women's Studies".
- *Women's Studies database. University of Maryland.* http://www.mith2.umd.edu/WomensStudies/
- La base de datos Women's Studies de la Universidad de Maryland, se creó en septiembre de 1992 para servir a aquellas personas interesadas por los Estudios de las Mujeres y en general por temas de mujeres. Si accedemos a la opción: "Reading Room" contiene algunos trabajos académicos y artículos, recensiones bibliográficas, obras de creación literaria, estudios científicos, de historia, poesía y biografías. Cuando elegimos uno de estos temas aparece una selección de autores/as que nos remite a algunas de sus obras a texto completo. Además permite hacer búsquedas por palabras.

Unión Europea

- *Ariadne. Kooperationsstelle fur Frauenspezifische Information und Dokumentation.* Bibiloteca Nacional de Austria, Viena. http://www.onb.ac.at/ariadne/

- La base de datos Ariadne forma parte desde 1992 de la Biblioteca Nacional de Austria en Viena, proporciona información sobre la literatura feminista y documentación sobre el tema de la mujer y feminismo. Ofrece tres guías bibliográficas: la primera sobre temas de mujeres representada en un índice que abarca diecinueve materias, la segunda sobre historia de las mujeres hasta 1918, y la tercera sobre historia de las mujeres (1918-1938). En cada una de ellas aparece la referencia completa de la obra y su signatura topográfica; e incluye un listado de enlaces de otras asociaciones, centros de documentación e investigación, y fuentes en línea para mujeres en Austria, Europa y de todo el mundo.

- *Biblioteca Alecrín. Grupo de estudios sobre a condición da muller.* Vigo http://www.alecrin.org/biblioteca/biblioteca.html

- Reúne, organiza y ofrece al público una colección equilibrada de materiales bibliográficos, gráficos y audiovisuales que permiten a todas las personas acceder a una información actualizada sobre temas específicos de mujer.

- *Biblioteca del Centro Europeo de las Mujeres Mariana Pineda.* Ayuntamiento de Granada. Concejalía de Igualdad de Oportunidades. Granada. http://www.marianapineda.com

- Los fondos bibliográficos que alberga la biblioteca representan el discurso expositivo de la sala histórica, que se encuentra en el mismo centro, y giran en torno a obras sobre Mariana Pineda con el propósito de difundir los estudios de género y ampliar las investigaciones sobre la heroína granadina Mariana Pineda Muñoz.

- *Biblioteca da CIDM.* Comissão para a Igualdade e para os Direitos das Mulheres. Lisboa. http://www.cidm.pt/

- Biblioteca de la Comisión para la Igualdad y los Derechos de las Mujeres, que es, además, la responsable de la edición de publicaciones legislativas, la elaboración de análisis sociológicos y de la difusión de material divulgativo relacionado con las mujeres portuguesas. Su fondo está integrado por documentación en diversos soportes, muchos de los cuales son estudios teóricos y materiales de divulgación sobre la mujer.

- *Biblioteca de la Dirección General de la Mujer.* Conselleria de Benestar Social de la Generalitat de Valencia. http://www.pre.gva.es/dgm/tlpdgm.html
- Su fondo documental se compone de: ensayo, estudios de todos los temas relacionados con la mujer: trabajo, salud, situación social, feminismo, etc... Documentación sobre congresos, conferencias, organismos de la mujer españoles y europeos, etc. Novelas, poesías, teatro y biografías de mujeres, videos, revistas y dossier de prensa.
- *Biblioteca del Grup d'Estudis geografia i génere.* Universitat Autonoma de Barcelona. http://www.ced.uab.es/
- Biblioteca especializada en demografía y estudios de población. Además de una bibliografía muy completa sobre demografía española e internacional, entre sus fondos destaca las estadísticas demográficas españolas desde 1860.
- *Biblioteca Francesca Bonnemaison,* Diputación de Barcelona. http://www.diba.es/francescabonnemaison/
- Creada en 1909, en Barcelona. Comenzó siendo la Biblioteca Popular de la Dona, primera de las destinadas a la formación de la mujer en Europa. El nombre actual se le adjudica, en recuerdo de su fundadora, en 1976. En la actualidad es gestionada por la Diputación de Barcelona, es una biblioteca general que tiene un importante fondo histórico sobre mujer. Su fondo documental lo constituyen 46.000 volúmenes; 100 títulos de revista y 5 periódicos; más de 200 dossier temáticos. Colección especializada: estudios sobre la mujer, obras sobre moda y labores, cocina, literatura y narrativa. Cuenta además con el Archivo del Institut de Cultura i Biblioteca Popular per a la Dona, institución en la que se encuentra en sus orígenes.

Sus fondos se pueden consultar a través del catálogo de Red de Bibliotecas Públicas de la ciudad de Barcelona.

- *Biblioteca Italiana delle Donne,* Universidad de Bolonia. http:// www.women.it/bibliotecadelledonne/index.htm
- La Biblioteca Italiana delle Donne nace a finales de los años 60 como parte del Centro di Documentazione, Ricerca e Iniziativa delle Donne, gracias a un proyecto elaborado por la Associazione Orlando. Una asociación de mujeres activas en la investigación y la política, que fundaron una institución autónoma para promover la cultura de la diferencia de género y la presencia pública de las mujeres. La Associazione Orlando actualmente gestiona la Biblioteca a través de un convenio con el Comune di Bologna pero el "Centro di Documentazione, Ricerca e Iniziativa delle Donne della Città di Bologna", con el apoyo de la Regione Emilia Romagna, gracias a la financiación del Ministero per i Beni e le Attività Culturali e della Fondazione Carisbo. La Biblioteca Italiana delle Donne di Bologna es las más importante de las bibliotecas especializadas en cultura de mujeres, estudios de género y feminismo. Posee un patrimonio de cerca de 30.000 volúmenes de los cuales más de 20.000 ya están incluidos en catalogo único del Sistema Bibliotecario Nazionale, y 495 publicaciones periódicas. Biblioteca Digitale, gracias a una financiación especial del Ministero per i Beni e le Attività Culturali, se está llevando a cabo un proyecto de digitalización del patrimonio con el objetivo de conservar el material raro y para que pueda consultarse este material en línea desde la página de la Biblioteca.
- *Bibliothèque Léonine La Fontaine.* Université de Femmes. Bruselas. http://www.universitedesfemmes.be/
- Cubre todos los campos de la producción científica en estudios feministas tales como: historia de las mujeres, informes sociales por sexo, igualdad de oportunidades, trabajo, política y participación en la vida públicas, familia, trabajo domés-

tico, salud, cuerpos y sexualidades, economía, educación, formación, medios de comunicación, arte y cultura, religión y filosofía.

- *Bibliothèque Marguerite Durand.* Marie de Paris. http://www. paris.fr/portail/Culture/Portal.lut?page_id=7974
- Se crea en París en 1931, a partir de la biblioteca privada –un número considerable de libros y documentos– de la periodista y editora del magazín feminista *La Fronde*, Marguerite Durand, que la donó a la ciudad de París con la condición de que fuera una biblioteca de mujeres. Se abre al público en 1936. Puede consultarse en ella documentación sobre feminismo, biografías, legislación, literatura de creación… Sus fondos ascienden a 30.000 volúmenes, libros y folletos desde el siglo XVII en adelante; unos 1.000 títulos de publicaciones periódicas, desde 1833; múltiples dossieres temáticos, colecciones fotográficas, cartas, grabados, pósteres, postales, e incluso un pequeño museo de obras de arte. Su colección se puede consultar a través del catálogo colectivo de las bibliotecas especializadas municipales de París.
- *Catalogue collectif GENRE,* Universidad de Toulouse. http:// www.univ-tlse2.fr/genre/
- Catalogo colectivo de los centros de documentación CEDREF (Paris), Louise Labé (Lyon) et Simone-SAGESSE (Toulouse). Contiene obras especializadas en las mujeres, género e igualdad entre hombres y mujeres. Su objetivo es permitir la localización en Francia de fuentes documentales especializadas en esta temática.
- *Centre de documentació de l'Institut Català de les Dones.* Institut Català de les Dones. Barcelona. http://www.gencat.net/ icdona/i_centredoc.htm
- Inaugurado en 1990, el ICD se crea por la ley 11/1989, de 10 de Julio del Parlamento de Cataluña, con el objetivo de impulsar las políticas de igualdad. Desde dicho Centro de Do-

cumentación se trata técnicamente y se difunde información y documentos relacionados con la función del Instituto. Su fondo abarca las siguientes áreas: Filosofía, Sociología, Política, Cultura, Derecho, Historia, Educación, Familia, Teoría feminista, Trabajo, Economía, Psicología, Antropología, etc. Integrados por libros, títulos de publicaciones periódicas; vídeos; folletos; carteles y un amplio volumen de prensa.

- *Centro de documentación de Emakunde.* Instituto Vasco de la Mujer, Vitoria-Gasteiz (Álava) http://www.emakunde.es/indice_c.htm

- El Centro de documentación de Emakunde está especializado en mujeres y estudios de género. Dentro de esta especificidad tienen cabida temas de salud, coeducación, problemática social, acceso al empleo y participación laboral, temas jurídicos… El Centro recoge documentación en diferentes idiomas y en diferentes soportes: escrito, gráfico, audiovisual… La diversidad de tipologías documentales comprende monografías o capítulos de monografías, revistas o artículos de revistas, literatura gris, dossieres de prensa, audiovisuales, folletos y carteles. Las tres primeras integran la base de datos B10A, sumando un total de 8580 registros o unidades documentales, mientras que los audiovisuales, en un total de 975 títulos diferentes, están recogidos en la base B10C.

- *Centro de Documentación de Mujeres / Emakumeen Dokumentazio Zentrua.* Bilbao. http://www.emakumeak.org/cdoc/

- Este Centro es el proyecto de un grupo de trabajo de la Asamblea de Mujeres de Bizkaia. Su fondo documental se creó sobre las ideas y las actividades del Movimiento Feminista de Euskal Herria, configurándose un fondo bibliográfico sobre los debates y el desarrollo de la teoría feminista en las diferentes disciplinas académicas. Además, el Centro ha desarrollado una extensa red de contactos que permite poner en relación a las mujeres con las instituciones, con el mundo asociativo y con todo tipo de actividades de carácter feminista.

* *Centro de documentación María Zambrano.* Instituto Andaluz de la Mujer, Sevilla. http://www.juntadeandalucia.es/institutodelamujer/-Centro-de-Documentacion-Maria-.html

* Creado en 1990 bajo el nombre de Centro de documentación y publicaciones del Instituto Andaluz de la Mujer, toma el nombre de la conocida filósofa malagueña María Zambrano en 1998. Su fondo documental es de carácter multidisciplinar: Derecho, Política, Trabajo, Estadísticas, Formación para el empleo, Coeducación, Cultura, Arte, Ciencias, Salud, Situación social, Medios de comunicación, Teoría feminista, Estudios de género, Literatura, Biografías, son algunas de las temáticas que pueden consultarse.

* Centro de documentación del Instituto de la Mujer de Castilla - La Mancha.

* http://www.jccm.es/imclm/Centro-Documentacion.544.0.html

* El Centro de Documentación del Instituto de la Mujer es un lugar de libre acceso en donde se recopila, trata y pone a disposición de todas las personas y organismos que lo requieran, información y documentación relativa al conocimiento de temas relacionados con las mujeres, de modo que se promueva la igualdad de oportunidades entre hombres y mujeres. Este servicio cuenta con más de 4.600 monografías; folletos informativos; legislación y jurisprudencia; publicaciones periódicas y material audiovisual, así como todo lo referente a las campañas de sensibilización puestas en marcha por el Instituto de la Mujer.

* *Centro de Documentación del Instituto de la Mujer de la Región de Murcia.* http://www.carm.es/knosys/estudios/index.htm

- Realiza las tareas propias de gestión, mantenimiento y actualización del fondo documental relativo a mujer y género en distintas áreas temáticas. También, son funciones propias del centro, la adquisición de publicaciones, la catalogación e indización de dichos fondos, control de las suscripciones a revistas y vaciado de artículos de las mismas, la creación y mantenimiento de bases de datos actualizadas que permitan una adecuada gestión y servicio de la documentación técnica compilada, así como la gestión, mantenimiento y actualización de la página web institucional.
- *Centro de Documentación del Instituto Navarro para la Igualdad.* http://www.cfnavarra.es/inamr/centro.asp
- El Centro de Documentación del Instituto Navarro de la Mujer, busca, recopila, trata y pone a disposición de todas las personas interesadas, información y documentación relativa a las mujeres. Abierto al público en general, ofrece servicios, de asesoramiento, bases de datos, búsquedas bibliográficas, consultas, y préstamo.
- *Centro de Documentación de la Mujer de Castilla y León.* Junta de Castilla y León. http://bibliotecaconsejerias.jcyl.es/absys-cgi/abweb
- La documentación existente en el Centro está a disposición de cualquier persona que esté interesada en la temática de mujer. En especial el Centro está orientado a instituciones, entidades públicas y privadas, asociaciones, profesionales y estudiantes de Castilla y León implicados en la temática de las mujeres, así como Bibliotecas y Centros de Documentación, dentro y fuera de este ámbito geográfico, con quien se pueda intercambiar documentación.
- *The National Library of Women* (antes *The Fawcett Library*), London Metropolitan University. http://www.londonmet.ac.uk/thewomenslibrary/

- La biblioteca Fawcett fue inaugurada formalmente en 1926 en Londres y estuvo íntimamente ligada al movimiento para la emancipación de la mujer en Gran Bretaña después de ganar su derecho a votar, la biblioteca actuó como un almacén para los logros de las mujeres y como recurso de información de las campañas de esos días. La Fawcett Library fue concebida como Biblioteca de la Society for Women's Service en Londres, era una organización no militante liderada por Millicent Fawcett. En la biblioteca Fawcett existen documentos sobre el cambio de la mujer en la sociedad, en el pasado, el presente y el futuro.

- *IIAV. Internationaal Informatiecentrum en Archief voor de Vrouwenbeweging = IIAV. The International Information Centre and Archives for the Women's Movement.* http://www.iiav.nl/eng/iiav/index.html

- Este organismo fue fundado en 1935 como iniciativa privada, siendo desde sus comienzos hasta la fecha un centro internacional de la información y de la investigación.

- En la sección Centro de Información Digital http://www.iiav.nl/eng/databases/index.html se ofrece información sobre las colecciones, funciones, catálogo y publicaciones del archivo de mujeres holandés. Para consultar sus fondos nos ofrece dos catálogos (menú de la izquierda):

- a) Catálogo y/o Fichero Bibliográfico: Las búsquedas pueden hacerse por título, título de la serie, autor, organización, términos del tesauro, resumen, editor y bases de datos. En ésta última opción podemos elegir si queremos consultar: el catálogo y el fichero bibliográfico, catálogo de libros (60.000 títulos), catálogo de publicaciones periódicas (contiene títulos de revistas actuales y de números sueltos desde 1988, los títulos de las revistas más antiguas no están incluidos), catálogo de artículos (20.000 títulos), catálogo de trabajos biográficos e informes (incluye recortes biográficos con información sobre 5.300 mujeres), catálogo completo que permite las búsqueda simultánea en todos los catálogos, fichero bibliográfico de libros, fichero bibliográfico de artículos, y fichero bibliográfico completo. Los ficheros bibliográficos de libros y artículos contienen un total de 3.000 títulos que no pertenecen a la colección IIAV.

- b) Archivos y/o Documentos personales: Permite buscar por nombre de archivo o del documento personal, por términos, períodos de tiempo, por resumen, y por bases de datos (de Archivos, de Documentos personales, o búsqueda simultánea en las dos bases de datos).
- *Infotheque Amazone.* Centre National des Femmes Amazone. Bruselas. http://www.amazone.be
- Creado en 1995, es un centro especializado en publicaciones que emanan de las autoridades públicas que tienen que ver con la condición de la mujer y la igualdad de oportunidades. En íntima conexión con este centro se encuentran los siguientes: la Bibliothèque Léonine La Fontaine, la Biblioteca RoSa —de lengua valona—, el Centre d'Archives pour l'Histoire des Femmes y la red belga de estudios feministas Sofía. La colección de Amazone, integrada por documentos sobre la emancipación y la condición femenina difundidos por las autoridades públicas belgas y de todo el mundo: informes, estudios, avisos, actividades, campañas de sensibilización...; textos legales aparecidos a partir de 1984; dossieres sobre los principales temas de igualdad de oportunidades; artículos de revistas científicas; colecciones de prensa de los principales diarios belgas; una serie de estudios consagrados a la igualdad de oportunidades dentro de la Unión Europea.

Redes de bibliotecas

- *Frida. Verein zur Förderung und Vernetzung frauenspezifischer Informations - Dokumentationseinrichtungen in Österreich* = Frida.

Network of Austrian Women's Studies Libraries and Archives, Viena. http://www.frida.at

- Las bibliotecas y archivos afiliadas a Frida son principalmente de Alemania. Su página principal contiene enlaces que ofrecen información sobre Frida. Permite la consulta a sus fondos mediante un catálogo en formato de página web.
- *Know How Community.* http://www.knowhowcommunity.org/
- La Comunidad Know How organiza cada cuatro años Conferencias a nivel internacional, cuya misión es mejorar en todo el mundo la accesibilidad y visibilidad de los centros de información sobre la mujer.
- *Lilith. Rete informativa.* http://www.retelilith.it/
- La base de datos Lilith presenta 17.000 registros que forman parte del material de los Centros pertenecientes a la Red Informativa Lilith. En cada registro se indica el lugar donde se puede encontrar el documento. El criterio de contenido de la base de datos es la representación de lo que ha sido producido y creado por mujeres en Italia desde 1960 hasta nuestros días, sus aportaciones en libros y estudios, trabajos presentados en seminarios y conferencias, publicaciones de limitada circulación y resúmenes de varias revistas y publicaciones periódicas. En esta base de datos se integran cuatro catálogos:
- a) Lilith: contiene un completo listado de los artículos publicados en DWF, Duoda, Memoria, Rosa, Via Dogana y una lista completa de artículos publicados en red en la revistas Reti e Istar. Las áreas temáticas que principalmente cubre son: lenguaje sexista, critica literaria, tiempo y espacio, sexualidad, educación sexual, salud, contracepción, aborto, violación, abusos sexuales en la familia, lesbianismo, desarrollo sostenible y mujer, religión, tecnología, telemática, y material concerniente a géneros literarios disponibles en los Centros adscritos a la Red. La base de datos se actualiza cada seis meses con un crecimiento aproximado de dos mil registros.

- b) Base de datos Effe: es un catálogo colectivo de publicaciones periódica y revistas sobre feminismo italiano e internacional que se encuentran en los Centros pertenecientes a la Red, contiene aproximadamente quinietos registros. Se actualiza cada seis meses.

- c) Base de datos LD: es un archivo producido por el Centro de Documentación de la Mujer en Ferrara y contiene aproximadamente cuatro mil registros relativos al listado de artículos publicados, a partir de 1890, en la revista Leggere Donna (revista bimensual que contiene estudios de libros y revistas sobre mujeres, entrevistas, bibliografías, artículos sobre a arte y cine). Se actualiza anualmente.

- d) Base de datos Sofia: es un catálogo del pasado y el presente de la literatura infantil relativa a chicas realizado por la Biblioteca del Centro de Documentación de la Mujer en Bologna. Sus colecciones están formadas por obras completas y libros donados (Muscatello, Molfino, Ente Fiera di Bologna). Se actualiza cada seis meses.

- La base de datos Lilith permite consultar en los cuatro catálogos simultáneamente, en varios, o en uno sólo.

- *Red de Centros de Documentación y Bibliotecas de Mujeres.* http:// www.cird.bcn.es/castella/einfor/einfor8.htm

- Se crea en 1994 para promocionar y difundir la labor de los centros integrantes, ubicados en territorio español. Esta Red no depende de ningún organismo administrativo. La red esta integrada por Centros dependientes de organismos públicos, Centros especializados de Universidades (Seminarios, Institutos....) y Bibliotecas de mujeres creadas por asociaciones vinculadas al movimiento feminista.

- *Wine.Women Information Network Europe.* http://www.women. it/wine/index.htm

- WINE es la red de bibliotecas de la mujer, archivos y centros de información en Europa. La iniciativa surgió durante una reunión de expertos que tuvo lugar en Utrecht en 1995, organizado por la Red WISE y el IIAV. La necesidad de esta red europea de bibliotecas, la documentación y los centros de información de la mujer fue reconocida por los socios universitarios y se integró en los preparativos de la Red Temática Sócrates ATHENA en 1995. El objetivo de WINE es proporcionar una plataforma común para que las bibliotecas de mujeres europeas puedan participar en proyectos europeos conjuntos en el ámbito de la educación y la investigación en materia de género, mujeres y estudios feministas. En este sentido, WINE ya coopera con ATHENA para fortalecer el vínculo entre la investigación académica y la información/documentación.

Bibliografía

ANITUA VALLÉS, Estibaliz; ARGENTE JIMÉNEZ, Montse; CHINEA MESEGUER, Antonio M.; DAZA BONACHELA, Aurelia. (2007): "Bibliotecas de Mujeres: unas grandes desconocidas", en *Mi biblioteca: La revista del mundo bibliotecario*, nº. 9, pp. 106-115.

CASTELLS, Manuel. (1997): La sociedad Red. En *La era de la información: economía, sociedad y cultura; vol. 1*. Madrid: Alianza.

CÁTEDRA, Pedro M. (2004): *Bibliotecas y lecturas de mujeres: siglo XVI*. [Salamanca]: Instituto de Historia del Libro y de la Lectura.

MOSELEY, Eva S. (ed.). (1995): *Women Information, and the Future. Collecting and Sharing Resources Worldwide*. Fort Atkinson (Wisconsin): Highsmith Press.

MUÑOZ-MUÑOZ, Ana Mª. (2000-2008): *Fuentes de Información para la Investigación en Estudios de las Mujeres y de Género*. [En línea]. 2000-2009. Disponible en: www.ugr.es/local/anamaria/fuentesws

RYAN, Barbara. (1996): *The Women's Movement. References and Resources*. Nueva York: G.K. Hall; London (etc.): Prentice Hall International.

SEARING, Susan E. (1985): *Introduction to Library Research in Women's Studies*. Boulder/Londres: Westview.

TORRES RAMÍREZ, Isabel de. (2005). "Mujeres y libros siempre mal avenidos. A vueltas con las bibliotecas de Mujeres", en *Boletín de la ANABAD*, n. 3, pp.127-142.

TORRES RAMÍREZ, Isabel de y MUÑOZ MUÑOZ, Ana Mª. (2000): *Fuentes de información para los Estudios de las Mujeres*. Granada: Servicio de Publicaciones de la Universidad de Granada.

Los Estudios de las Mujeres en Argentina. Institucionalización, especialistas y las categorías. Historia y perspectivas

Cecilia Lagunas[*]

Introducción

En el año 1997, en un número especial de la *Revista Zona Franca* (CEIM - Universidad Nacional de Rosario)[2] se realizaba uno de los primeros balances sobre los Estudios de las Mujeres producidos por los núcleos de investigadoras e investigadores vinculados a los Centros, Áreas e Institutos que durante la década de los noventa se constituyeron en las Universidades Argentinas, con el propósito de institucionalizar los mismos en la academia universitaria. Las docentes e investigadoras (fueron mujeres principalmente) que organizaron estos nuevos centros de interés intelectual no descuidaron la acción política en el marco de la Universidad, necesaria para lograr a lo

[*] Doctora en Historia, Coordinadora del Área de la Mujer y de la Carrera de Especialización en Estudios de las Mujeres y de Género, Universidad Nacional de Luján, Argentina.

[2] *Zona Franca*, Centro Interdisciplinario sobre las Mujeres, Facultad de Humanidades y Artes, UNR, 1997, núm. 6, pp. 27-81. |

largo de la década la definitiva instalación de aquellos.[3] En el *dossier* "Los estudios de género en Argentina", de la mencionada revista, las diferentes autoras de las contribuciones –Hilda Habychain, Gabriela Marcalain, Marcela Nari, y Cecilia Lagunas (1997)–[4] amén de reseñar, desde diferentes ópticas, el inicio de esta preocupación por los Estudios de las Mujeres en Argentina, todas coincidimos en señalar que la instalación de los mismos en la vida universitaria debía ser acompañada con la formulación de proyectos de investigación, obtención de becas y subsidios, fundación de revistas donde publicar los resultados de la labor investigadora, y crear carreras en las que estos Estudios cristalizaran con graduados de las mismas.[5] Hubo también, por esos años, un vacilante interés por constituir a estos centros en redes vinculadas

[3] María Herminia Di Liscia, directora del Instituto Interdisciplinario de Género de la Universidad Nacional de La Pampa, alcanzó el decanato de la Facultad de Humanidades de esa universidad. Dos mujeres fueron rectoras, en la Universidad Nacional del Comahue y en la de Luján (2001-2005); una de ellas, la Lic. Amalia Testa (UNLu) estuvo comprometida en el apoyo político a estos Estudios. Miembro integrante del Área de la Mujer desde sus inicios, fue decana del Departamento de Ciencias Sociales por dos períodos consecutivos (1994-2001).

[4] Hilda Habychain, "La experiencia del CEIM y la Maestría sobre la problemática del Género de Rosario"; M.G. Marcalain y M. Nari, "Los estudios de la Mujer y de Género en la Universidad de Buenos Aires"; C. Lagunas, "Las mujeres miran a las mujeres. Aportes para un estudios de la Historia de las Mujeres en Argentina", en *Zona Franca*, Op. Cit. pp. 27-81

[5] En universidades nacionales: en 1987 Gloria Bonder instala en la Facultad de Psicología de la Universidad de Buenos Aires la Carrera de Especialización en Estudios de la Mujer; desde mediados de los años noventa funciona la Maestría en Género, Sociedad y Poder en el CEIM de la Universidad Nacional de Rosario, directora Hilda Habychain; en 2004 comenzó a funcionar la Carrera de Especialización en Estudios de las Mujeres y Género en convenio entre la Universidad Nacional del Comahue, la Universidad Nacional de Luján y el Instituto de Estudios de la Mujer de la Universidad de Granada (España), directoras Nélida Bonnacorsi y Cecilia Lagunas. En la UCES y FLACSO (centros universitarios privados) funcionan dos Diplomados sobre estos estudios, desde fines de los años noventa.

a otras redes internacionales. Una de estas redes internacionales es la International Federation for Research in Women History (IFRWH). La vinculación a la misma (fines de la década de los ochenta) fue a través de la Asociación Española de Investigación de Historia de las Mujeres (AEIHM), filial de la IFRWH, y de la mano de Reyna Pastor[6], historiadora medievalista argentina y miembro fundador de la Asociación Española (Barranco, 2004:59). En los primeros años de gestación de estos centros académicos argentinos, la presencia de la Dra. Pastor fue muy fuerte. Hoy, transcurridos más de diez años de aquellos emprendimientos, podríamos argumentar que no prosperó la vinculación a esa red internacional por nuclear ella a historiadoras, fundamentalmente, y también porque los institutos académicos argentinos se conformaron interdisciplinarios desde su nacimiento. Por otra parte fue, y es, aunque en menor medida, la Historia (o los académicos de la historia, al igual que los de la Filosofía y los filósofos) la disciplina mas resistente, desde una perspectiva categorial, a estos Estudios en relación con las producciones de la Sociología, la Psicología o las Letras (Bianchi, 1988).[7]

Las evaluaciones realizadas —en el dossier mencionado—[8] dan cuenta de que el colectivo mujeres como sujeto de estudios no llegaba más

[6] Menciones a esta historiadora como promotora de los Estudios de las Mujeres en Argentina, ver en el *dossier*, Op. Cit., p. 67; p. 79, Nota núm. 6, y en Dora Barranco, "Historia, historiografía y género. Notas para la memoria de sus vínculos en Argentina", en *Aljaba, segunda época*, Neuquén, 2004-2005, Vol. IX, p.59.

[7] Bianchi, Susana, "¿Historia de mujeres o mujeres en la Historia?", en N. Reynoso, A, Sampaolesi, S. Sommer (Comps.), *Feminismo, ciencia, cultura y sociedad*, Humanitas/Saga, 1992. Bianchi, S. y Sanchis, N. *El partido peronista femenino*. CEAL, 1988. Susana Bianchi, historiadora, ha estudiado el fenómeno del peronismo y de las mujeres peronistas desde una óptica social y no de género, privilegiando la relación sociedad-Estado-mujeres y las formas de participación política de las "nuevas ciudadanas".

[8] Los antecedentes reseñados se basan en Cecilia Lagunas "Las mujeres miran a las mujeres. Aportes para un estudio de los antecedentes de la historia de las mujeres en Argentina", en *Zona Franca*, Op. Cit., pp. 27-54

atrás de la década de los setenta, que es a partir de entonces cuando se registran los intentos por aplicar categorías que la comunidad intelectual, sobre todo anglosajona, instalaba en el escenario latinoamericano vía traducciones que llegaban de México o de España, desde los años ochenta. Países con una trayectoria importante y diferente, México en cuánto a la temprana producción y España, que comenzaba su *boom* editorial, lo cual facilitaba la difusión de los mismos.

Antecedentes de los Estudios de las Mujeres (de los años 1970 a los años 1990)[9]

Los primeros estudios sobre el colectivo social "mujeres" fueron producidos, según nuestro criterio, por mujeres profesionales de diferentes disciplinas sociales, con escasa presencia de mujeres historiadoras. Estudiosas que no se hallaban vinculadas a los centros académicos tradicionales, las universidades. Mujeres que en la década de los setenta por influencia —tardía— de la primera ola feminista europea y angloamericana, y también por efecto de la convulsionada vida política por la que atravesó nuestro país en esa década (el retorno a la vida constitucional en 1973, luego del golpe militar de 1966), se aunaron en diferentes movimientos autónomos. Algunos de estos grupos "autogestionarios y feministas", como a sí mismos se llamaban, surgieron en el seno de partidos políticos de corte izquierdista. Estas asociaciones femeninas se cuestionaron y trataron de responder al por qué y cómo del lugar de subordinación de la mujer al varón en la sociedad patriarcal argentina, y lucharon con sus alegatos y acciones por una sociedad más justa, sin discriminaciones para la mujer en la educación, el trabajo, la salud, y la vida política; superando los postulados "falsamente igualitarios" de los partidos políticos tradicionales (Cano, 1982).[10]

---

[9] Íd.

[10] Esta interpretación está tomada de Inés Cano, "El movimiento feminista argentino en la década del 70" en *Todo es Historia*, Año XVI, núm. 183, agosto 1982. Esta autora reseñó las agrupaciones de corte feminista y autónomas integradas

Un grupo de mujeres profesionales –como Gloria Bonder, Mabel Burín, Eva Giberti o Clara Coria, entre las más significativas–[11] al-

por mujeres de clase media principalmente, y que se formaron entre los años setenta y ochenta: Unión Feminista Argentina, Nueva Mujer, Movimiento de Liberación Femenina, Agrupación para la liberación femenina, Organización Feminista Argentina y otros. Algunos se disolvieron en 1976, con el advenimiento de la dictadura militar, y otros continúan, en la actualidad, aunque remodeladas sus alianzas y formas de inserción socio-políticas y culturales.

A fines de aquella década nace un movimiento de singular importancia, el de las Madres de Plaza de Mayo. Creado en abril de 1977 por un grupo de mujeres que abandonando el ámbito doméstico aparecieron en la "vida pública" reclamando por sus hijos desaparecidos. La acción de estas mujeres es mundialmente conocida. Para algunas mujeres argentinas, entre las que nos incluimos, "las madres" al valorizar socialmente la función biológica de la mujer, defendieron <u>para toda la sociedad</u> el "derecho a la vida".

Desde otro punto de vista, recientemente, en el "Primer Encuentro de Historia Oral" mencionado, la socióloga María del Carmen Feijoó enfatizó la influencia de los movimientos feministas de los años sesenta europeos y americanos en "Los 60 de las Mujeres" (argentinas), ponencia presentada en el Encuentro en colaboración con Marcela Nari. Las autoras rescatan todos aquellos aspectos culturales, sociales y políticos de esos años que supusieron <u>cambios en las relaciones intergenéricas</u> tanto en el marco de la organización familiar como en el escenario público, y que posibilitaron a las mujeres avances en su <u>condición femenina</u>.

[11] Algunos de los principales trabajos de estas estudiosas:

Gloria Bonder: *Los estudios de la mujer y la crítica epistemológica a los paradigmas de las ciencias humanas*, Buenos Aires, Facultad de Psicología, 1985. *La mujer y la violencia invisible*, en colaboración con otras autoras, Buenos Aires, 2da. edición, Sudamericana, 1992.

Mabel Burín: *Estudios sobre la subjetividad femenina*, Buenos Aires, Granica, 1987. *El malestar de las mujeres, la tranquilidad rentada*, Buenos Aires, Paidós, 1990. M. Burín y E. Dio Bleichmar: *Género, psicoanálisis y subjetividad*, Paidós, 1995. M. Burin, I. Meler, *Género y familia*, Buenos Aires, Paidós, 1998

Eva Giberti: de su profusa obra rescataremos *La mujer y la violencia invisible*, Buenos Aires, CEP, 1988; *Tiempos de Mujer*, Buenos Aires, Sudamericana, 1990; *El divorcio y la familia* (en colaboración con otros autores), Buenos Aires, Sud-

gunas de ellas con fuertes compromisos políticos de enfrentamiento a la dictadura militar —nucleadas, como dijimos, desde 1979 en el CEM, el Centro de Estudios de la Mujer—, reflexionaron desde la psicología sobre la relación jerárquica y de subordinación social de la mujer. Sus estudios, al cuestionar los postulados freudianos sobre el constitutivo psicológico de la mujer, permitieron la reformulación de la <u>subjetividad femenina</u> desde los "roles naturales" atribuidos a las mujeres, como el de su incapacidad para generar hechos en el plano de la cultura (Meler, 1997: 108-123) o en el de la maternidad, vivida como "ilusión de la maternidad".[12] El enfoque de "género" permitió esclarecer la acción protagónica de la mujer en los espacios políticos y socio-culturales y, en consecuencia, descubrir el ocultamiento del trabajo productivo, pero no valorado socialmente, de la mujer en la casa. Hilary Rose, feminista británica, lo llamó la cara material del trabajo de amar. La mujer en el ámbito doméstico reproduce biológicamente la sociedad: trabaja y produce —desde los inicios de los tiempos históricos, con las sociedades agricultoras— para sostener el sistema socio-cultural controlado por los hombres. Formulación que remite, entonces, al desplazamiento ilícito del hecho biológico en sí de la reproducción al campo socio-cultural, forzando a la mujer al trabajo productivo y a la generación de valores que reproducen la sociedad patriarcal, es decir, reproducen la subordinación social y psicológica de la mujer al varón.

Mujeres sociólogas abrieron una línea de investigaciones, "Mujer y trabajo", que se fue definiendo sobre la experiencia de los estudios

---

americana, 1991; y *Madres excluidas* (en colaboración con otros autores), Buenos Aires, Norma-FLACSO, 1997.

[12] Irene Meler, conferencia dictada en las "Primeras Jornadas de Historia de las Mujeres a través de los Archivos Municipales", organizadas por el Área de la Mujer, UNLU y Subsecretaría de Educación de la Nación, octubre 1993.

Irene Meler es cofundadora, en 1996, del Foro de Psicoanálisis y Género en la Asociación de Psicólogos de Buenos Aires, y de las Jornadas que desde entonces se vienen realizando sobre esta temática.

realizados. Así, tenemos registrados a lo largo de esta década, entre otros, los trabajos de María del Carmen Feijoó (1985)[13], Mirta Henault (1983)[14], Dora Barrancos (2004:49-73)[15], Elizabeth Jelín

---

[13] María del Carmen Feijoó ha trabajado el tema de la mujer desde un perfil sociológico. Toma como punto de partida la presencia de la mujer en un nuevo espacio, en la producción y en la vida política. Ha apelado a la necesidad de incluir en la historiografía argentina tanto a la mujer como a otros sujetos de la historia cuyas presencias han sido omitidas o escatimadas: los sectores "populares", indígenas, negros, etc. Sus trabajos apuntas a hacer "visible" la génesis de la conciencia femenina en la historia.

Ha publicado, entre otros libros y artículos, "Las mujeres en la transición a la democracia", en *Los nuevos movimientos sociales / 1*, CEAL, 1985; "La mujer en la historia argentina" y "Gabriela Coni, socialismo y feminismo", en *Todo es Historia*, núm. 175 y 183, años 1981 y 1982, respectivamente.

[14] Historiadora. Ha estudiado la participación femenina en el mercado laboral, apelando a los métodos de la historia cuantitativa, tratando de delinear el perfil protagónico de las mujeres trabajadoras en el espacio público. Esto se ve en "La incorporación de la mujer al trabajo asalariado", en *Todo es Historia*, núm. 183, año 1982; y en *Alicia Moreau de Justo*, CEAL, 1983, donde rescata, desde el género biográfico, la figura y el pensamiento de una pionera del feminismo argentino (1885-1984), en su lucha por los derechos civiles y políticos para la mujer. En su artículo "Los hombres que defendieron a la mujer", en *Todo es Historia*, Op. Cit., intenta una revalorización de aquellos hombres públicos que, en la sociedad patriarcal, legislaron a favor del trabajo femenino.

[15] Socióloga e historiadora. Sus primeros trabajos estuvieron relacionados con los ámbitos del trabajo y el estudio de los conflictos sociales expuestos en su libro *Anarquismo, educación y costumbres en Argentina de principios de siglo*, Contrapunto, 1990. En 1993 realizó una de las primeras compilaciones sobre género e historia en el país. Reunió trabajos de especialistas estadounidenses y argentinos en esa oportunidad (D. Barrancos. *Historia y Género*. CEAL, 1993). Recientemente ha publicado *Inclusión / Exclusión. Historia con mujeres*, FCE, 2002; "Historia, historiografía y género. Notas para la memoria de sus vínculos en Argentina", en *La Aljaba, segunda época*, Luján, 2004-2005, Vol. IX, pp. 49-73; y en *Mujeres en la sociedad argentina*, Buenos Aires, Sudamericana, 2007, en el capítulo "Ensayo bibliográfico" realiza aportes sobre el desarrollo de estos estudios en la Universidad de Buenos Aires.

(1983)[16], Matilde Mercado (1988)[17], y los trabajos pioneros de José Panettieri (1984)[18] y Elena Gil, que abordan el estudio del ingreso de la mujer al trabajo socialmente reconocido por el varón, fundamentalmente desde principios de siglo XX en adelante. Centraron sus investigaciones en esta etapa del crecimiento económico de nuestro país, destacando la participación de la mujer –y también de los menores– en el trabajo "remunerado". Así, junto con los análisis cuantitativos de la composición social de las fuerzas laborales femeninas, el tipo de trabajo que realizaban, sus salarios comparativos con el de los varones, etc., los estudios apuntaban a poner de manifiesto la explotación de la mujer, como trabajadora y reproductora de la fuerza de trabajo, las condiciones miserables en que éste se desarrollaba, como también el de los menores.

---

[16] Socióloga. Ver "La mujer y el mercado de trabajo urbano", CEDES, V. 1, núm. 6, 1978. "Familia y unidad doméstica, mundo público y vida privada", CEDES, 1983. En su artículo "Los movimientos sociales en al Argentina contemporánea", publicado en *Los nuevos movimientos sociales*, Op. Cit., al reflexionar sobre la participación de las mujeres en los movimientos sociales de la década de los setenta, dice que "Fueron protagonistas fundamentales en diversos frentes de lucha […] con cierta persistencia en el tiempo y con un claro anclaje en roles de identidad femenina: las Madres de Plaza de Mayo, las Amas de Casa, las agrupaciones feministas, etc."

[17] Socióloga, en su trabajo *La primera ley de trabajo femenino. La mujer obrera (1890-1910)*, CEAL, 1988, estudia la normativa jurídica que en los años mencionados concede por primera vez un espacio para la mujer en la legislación laboral argentina.

[18] Historiador. Con su libro *Los trabajadores*, Buenos Aires, J. Alvarez Ed., 1968, ocupa un lugar pionero en la historiografía argentina al hacer visible, para la historia, a este segmento social. En este contexto, el historiador rescata a la mujer trabajadora y sus condiciones de vida. En *Las primeras leyes obreras*, CEAL, 1984, estudia la legislación protectora del trabajo de las mujeres y los menores en el marco de un Estado reticente a innovar en esta materia.

Además, en esta etapa, se centraron los estudios sobre el surgimiento del feminismo[19] (Bellucci, 1993) o de una primera y clara conciencia feminista en nuestra historia, conciencia que emerge en el cuestionamiento a las normativas jurídicas y valores socio-culturales que la sociedad patriarcal imponía a las mujeres por parte de las activas protagonistas de las clases medias, ilustradas e independientes algunas y otras enroladas en las corrientes anarquistas y socialistas. Me refiero a mujeres como Fenia Chercoff, Gabriela L. de Coni, Alicia Moreau de Justo, Julieta Lanteri, Carolina Muzilli y Elvira Dellepiane de Rawson,[20] que denunciaron la explotación de la mujer a la vez que bregaban por la sanción y cumplimiento de leyes laborales protectoras de las mujeres obreras y de los menores, y también aspiraban lograr, estas primeras militantes feministas, igualarse a los hombres en materia de derechos civiles y políticos.

Otra línea de investigación abierta a mediados de los años ochenta es la que podríamos denominar "Mujer, cultura y política".

El abordaje del estudio de los modelos culturales-educativos imperantes en Argentina desde fines del siglo pasado dejó al descubierto las diferentes formas de discriminación del acceso de las mujeres a la educación, y el de socialización de las mujeres para la reproducción ideológica del sistema patriarcal.

---

[19] Con respecto a la formación de una conciencia feminista en la historia rescatamos, entre otros, los aportes de María del Carmen Feijoó —ver Nota 1–, quien asocia el surgimiento del pensamiento y las luchas feministas en la historia a partir de la irrupción de la mujer en el espacio público como trabajadora y en su lucha por la obtención de derechos civiles (ciudadanos). Ver también de Mabel Bellucci "La cosmovisión feminista", en *Feminaria*, año 6, núm. 10, 1993. Nos parece importante distinguir la labor estimuladora realizada por historiadoras como Vera Pichel y Lily Sosa de Newton quienes, sobre todo la última, rescataron el papel de las mujeres en la historia afirmando una línea de participación y protagonismo que, si bien no incorporaba un análisis de los procesos desde la categoría género, mostró a las mujeres como sujetos sociales activos.

[20] Para tener una idea totalizadora de estas notables mujeres precursoras del feminismo argentino, ver *Todo es Historia*, Op. Cit. núm. 183.

Cecilia Braslavsky, en su estudio "Legitimación educativa de la marginación económica de las mujeres argentinas" (1983),[21] sostiene que el sistema educativo argentino aseguró una socialización diferencial por sexo y orientaciones valorativas sexistas de la sociedad, que para las mujeres ha consolidado una conciencia social de aceptación de su particular forma de inserción social desventajosa. La autora se basó en datos que le brindaron los censos de población de los años 1960, 1970 y 1980.

La década de los noventa vio los aportes más importantes que en la materia trataron de implementarse desde la función pública para el logro de una educación no sexista. Me estoy refiriendo al Programa Nacional de Igualdad de Oportunidades para la Mujer en el Área Educativa (PRIOM), del Ministerio de Educación de la Nación, dirigido por Gloria Bonder. Las integrantes del Programa, como todas aquellas que brindaron su colaboración desde las universidades para la formulación de propuestas para la Ley Federal de Educación, apostaban a reformular tanto los modelos tradicionales de comportamiento psico-socio-cultural de docentes y estudiantes como los contenidos de las

---

[21] Trabajo publicado en la serie *Materiales de difusión del Área Educación y Sociedad*, núm. 7, FLACSO, 1988.

Sobre el problema sociedad-mujer ver, entre otros:

Cecilia Braslavsky y Carlos Borsotti, *Proceso histórico de las desigualdades educativas de las jóvenes y las mujeres en la Argentina*. FLACSO, Área Educación y Sociedad, 1983.

Beatriz Schmukler, *Las estrategias de las madres en la negación de los significados de género en la familia*. FLACSO, 1984; y *Gender and authority in lawer class working families in Buenos Aires*. FLACSO, 1985.

Yannoulas, Silvia C., *Imágenes acerca de la división sexual del trabajo y su dinámica de transmisión intra-familiar en el caso de mujeres de sectores populares urbanos (1945-1985)*. FLACSO, 1989.

Catalina Wainerman, "El mundo de las ideas y los valores: mujer y trabajo", en Catalina Wainerman, Elizabeth Jelin y María del Carmen Feijoó, *Del deber ser y el hacer de las mujeres: dos estudios de caso en la Argentina*, México, El Colegio de México-PISPAL, 1983.

asignaturas, considerando la perspectiva de género como nuevo marco conceptual; promover la transformación de las relaciones humanas más directamente involucradas en este proceso y, muy lentamente, las normativas institucionales vigentes en materia educativa. La acción y la producción de este Programa en los años 1993 y 1995 fue muy intensa y rica, y lamentablemente no continuó (Bonder, 1993).[22] El tradicionalismo se impuso a esta reforma ideológica-cultural.[23]

En los años ochenta, en el campo de los estudios culturales, fueron pioneros los aportes de Beatriz Sarlo. La investigadora, en su libro *El imperio de los sentimientos*, estudió un tipo de literatura "popular" muy frecuente entre los años 1917 y 1927 —las novelas por entrega semanal—, y en el universo cultural de los abigarrados grupos sociales de ese período se dibuja el imaginario social de las mujeres, o la cuestión femenina, como dice Sarlo, anclada en los parámetros tradicionales del matrimonio y la familia. Esta línea de trabajo, es decir el abordaje de textos literarios para analizar el universo cultural de los diferentes grupos sociales, se presentó como muy rica para el estudio del "imaginario social" sobre la mujer en los períodos con mayor producción literaria como fueron los siglos XIX y XX.[24] La reciente década de los noventa será fructífera para esta línea de investigación, llevada

---

[22] La experiencia singular del PRIOM fue expuesta por Graciela Morgade, "Capacitación docente en género y educación. Tensiones y alternativas", en Rosa M. González (Coord.), *Construyendo la diversidad: nuevas orientaciones en género y educación*, México, 2000; y Gloria Bonder, *La igualdad de oportunidades para mujeres y varones: una meta educativa*, PRIOM, Ministerio de Cultura y Educación, 1993.

[23] Un capítulo de este volumen da cuenta de esta importante línea de producción, "Mujeres y educación", abordado por Alicia Palermo.

[24] A fines de los años ochenta, y en esta misma línea, Cristina Iglesia y Julio Schvartzman, *Cautivas y misioneras, mitos blancos de la conquista*, Catálogo, 1987; Cristina Iglesia es autora de "La mujer cautiva, mito, cuerpo y frontera", en G. Duby y M. Perrot *La Historia de las mujeres en el mundo occidental*, Barcelona, Taurus, 1992, t. 3, pp. 557-571; Graciela Batticuore, *La mujer romántica. Lectoras, autoras y escritores en Argentina 1830-1870*, EDASA, 2005.

adelante por miembros del Instituto Interdisciplinario de Género de la Facultad de Filosofía y Letras de la Universidad de Buenos Aires (Domínguez-Amado, 998: 2-5).[25]

Las mujeres y la política o la relación de ellas con el poder, abordado desde una perspectiva de género, fue tratado desde mediados de los ochenta especialmente por sociólogas o politólogas como Mabel Bellucci (1985)[26], Jutta Marx (1992)[27] o Silvia Chejter (1998)[28], entre las más destacadas.

[25] La producción del Instituto se ve reflejada en una colección sobre género y cultura que en la Editorial Paidós dirigen Nora Domínguez y Ana Amado. Esta tendencia puede rastrearse en la contribución de Nora Domínguez "Subjetividades en peligro, subjetividades peligrosas", en *Zona Franca*, Op. Cit., 1998, núm. 7, pp. 2-5. Los aportes de las estudiosas de este Instituto fueron muy fructíferos en esa década y continúan siéndolo en la actualidad en la producción de libros, revistas y las jornadas feministas que han incentivado. Estos aportes están reseñados en Dora Barranco, *Mujeres en la sociedad argentina*, Op. Cit. (ver Nota 14).

[26] Mabel Bellucci, socióloga y feminista, autora de numerosos artículos sobre las cuestiones femeninas. Fue y es responsable desde el año 1985 de una columna en *Todo es Historia*: "Entonces, la mujer", en la que busca recuperar el protagonismo y las vivencias de las mujeres argentinas. Entre sus trabajos mencionaremos: "Del advenimiento de una guerra contra Chile al conflicto de Medio Oriente: los movimientos antibelicistas espontáneos de contestación femenina. Argentina, 1901-1991", ponencia presentada a las Primeras Jornadas de Historia de las Mujeres, UNLU, 1991; y "La huelga de inquilinos de 1907. El papel de las mujeres anarquistas en la lucha", en colaboración con Cristina Camusso, *Cuadernos de CICSO*, núm. 58, 1987.

[27] Jutta Marx es autora de *Mujeres y partidos políticos*, CEAL, 1992; "La política, el sufrimiento de una pasión", en *Feminaria,* 1988; "La igualdad por decreto presidencial", *Feminaria,* año VI, núm. 10, 1993; *Mujeres y partidos políticos: de una masiva participación a una escasa representación. El caso de la Unión Cívica Radical de la Capital Federal*, FLACSO, 1991.

[28] Silvia Chejter, "¿Las mujeres al poder?, sobre la política del intervensionismo para cambiar la política", en *Feminaria*, 1988. Chejter es fundadora y miembro del Centro de Encuentros Cultura y Mujer y de la publicación *Travesías. Temas del Debate Feminista Contemporáneo*.

Quiere decir, entonces, que mujeres profesionales y estudiosas, la mayoría de ellas por fuera de los medios académicos tradicionales, fueron observadoras e investigadoras y reflexionaron desde los paradigmas de sus ciencias sobre el "protagonismo social" de sus congéneres, y al hacerlo estaban aproximándose a cuestionarse, aun sin el marco teórico del "género", salvo excepciones, la relación sociocultural entre los sexos en la sociedad patriarcal argentina desde fines del siglo XIX hasta la mitad del largo siglo XX.

La Historia y sus "especialistas"

Las universidades argentinas experimentaron cambios profundos a lo largo de los últimos cuarenta años que afectarían no sólo la composición por sexo de sus docentes y alumnado, sino que cuestionarían las bases científicas y androcéntricas del conocimiento histórico.

La Historia en Argentina, como en la mayoría de los países latinoamericanos, fue una profesión de hombres, y de hombres ligados a la vida política de sus países. Basta mencionar a Mitre o a Carranza, entre otros. Los postulados historiográficos eran los de la Escuela positivista liberal, y estos postulados alimentaron los manuales universitarios aun por largas décadas en el siglo XX. En los varones historiadores descansaba el dominio de la palabra oficial y la transmisión de una visión historiográfica sexista, política y militar. Cuando el padre de la historiografía argentina, Ricardo Levene, nos relata que entre los propósitos del Plan General de la Revolución de Mayo estaba el "de la emancipación moral y social de la mujer", el historiador, el hombre, al referirse a la "belleza moral y dinamismo de la mujer en la Revolución", no deja de aclarar que tal acción –la participación de las mujeres en la vida pública– se hizo contrariando su voluntad. Voluntad femenina que, según nuestra interpretación de los escritos del célebre historiador, sitúa a la mujer en el lugar de la esfera doméstica, al margen de toda decisión política civil. Levene escribe su obra entre los años 1920 y 1940, cuando los movimientos de mujeres calentaban el escenario de la vida social, sin embargo, su pluma, nos dejó al margen de la historia.

El movimiento reformista de 1918 cuestionó al sistema universitario argentino en sus raíces —e indirectamente a la sociedad—, sistema que permitía la perpetuación de modelos educativos autoritarios alejados de los nuevos paradigmas del conocimiento científico, y modelos de autoridad universitaria en oposición tajante con formas democráticas de establecer la misma, por elección. En ningún momento en sus postulados programáticos —tan propensos a la reflexión sobre las cuestiones políticas, sociales y culturales— se referencia a las mujeres como protagonistas, al menos, de los sucesos que el estudiantado cordobés estaba viviendo. La ciencia histórica y la práctica política (en las décadas de 1940 y 1950) seguía modelando el pasado conforme los sujetos varones que la pensaban y la actuaban, los "objetos" de su estudio tenían como protagonistas principales los dominios masculinos: la política.

Las transformaciones socio-económicas que sacudieron al país, con ritmos diversos desde 1930 en adelante, posibilitaron para las mujeres el ingreso al mundo del trabajo socialmente remunerado en forma más acelerada y con niveles más altos ocupacionales, como había venido sucediendo con su ingreso en la "industria manufacturera " y los "servicios" desde principios del siglo XX. La década de los sesenta anuncia el *boom* para la mano de obra femenina y su participación en el mercado de trabajo: por ejemplo, el censo de 1960 nos dice que 21% de la población económicamente activa es femenina, y el de 1970 que ya había llegado a 27 % (Vitale, 1987:136).[29] La Uni-

---

[29] Tomado de Luis Vitale, *La mitad invisible de la historia. El protagonismo social de la mujer latinoamericana,* Sudamericana, 1987, pp. 136 y ss. En la década de los noventa se produjo un conjunto de material sobre las universidades atendiendo a su población estudiantil, docentes, currículos, prácticas educativas, etc. Ver, G. Bonder (Comp.), *Igualdad de oportunidades para la mujer: un desafío a la educación Latinoamericana,* Buenos Aires, PRIOM/UNESCO, 1994; "Dossier: Mujer y Educación", en *La Aljaba, segunda época*, Luján, 2002, Vol. VII, pp. 105-187.

versidad, en esta etapa de expansión, experimentó un incremento de su matrícula, y sobre todo fue la femenina la que estuvo en alza desde la década de los sesenta, aunque en las carreras tradicionales y liberales seguían predominando los varones (Du Moulin, 1998:35-45).[30] En las Facultades en las que se investigaba y enseñaba Historia la disciplina experimentó, a partir de la década mencionada, no sólo un aumento de la matrícula de sus estudiantes mujeres sino también que un mayor número de mujeres docentes ocuparon puestos del gobierno universitario, destacándose como "factoras" de la ciencia histórica.[31] Este movimiento fue paralelo a la apertura a las nuevas corrientes historiográficas procedentes de Europa: la francesa de los *Annales*, entonces bajo el liderazgo de Ferdinand Braudel —pero con historiadores que destacaban como J. Le Goff o G. Duby—, y la inglesa con, entre otros, R. Hilton, E. Hobsbawm, E. P. Thompson y Ch. Hill, propuestas que incorporaban a la historia nuevos sujetos y actores sociales, nuevos métodos y fuentes. La historia social, la historia de las mentalidades y la historia económica se abrían lentamente paso en el escenario historiográfico argentino; la formación de Centros de Estudios y la aparición de nuevas publicaciones especializadas en las que se volcaban los nuevos "saberes" fueron un claro signo de lo que decimos (Sigal, 1991).[32]

---

[30] Ver Juan Du Moulin, "Las graduadas en la UBA. 1938-1989", en *Actas de las Primeras Jornadas de Historia de las_Mujeres,* UNLU, 1993; Hilda Garrido, "Las mujeres en la Universidad. Las relaciones de género en el espacio universitario", *Zona Franca*, Op. Cit., 1998, núm. 7, pp. 35-45.

[31] La Universidad de Buenos Aires encargó a la recordada Dora Schwartzein, estudiosa de la historia oral, el registro de esa memoria, en la que asoman estas primeras mujeres universitarias en la conducción y el dominio de espacios intelectuales.

[32] José Luis Romero, historiador y maestro de historiadores, en la década de 1960, siendo Decano de la Facultad de Filosofía y Letras, funda y dirige el Instituto de Historia Social desde el cual se innovó en el conocimiento de la Historia: en la metodología, en las fuentes, en la renovación bibliográfica. La Escuela de los *Annales* se hizo presente en los currículos universitarios, especialmente en dos cátedras, Historia Social e Historia Medieval —a cargo ambas del mismo

Los golpes militares de 1966-1972 y 1976-1982, lamentablemente, quebraron este proceso "progresista" reinstalando en los centros académicos oficiales la historia político-institucional; la otra pasó a formar parte de la resistencia intelectual en los profesores e investigadores que fueron "alejados" de la Universidad, acompañando, en este duro proceso, a una buena parte de la sociedad argentina.[33]

Y, como dijimos al principio, el retorno a la vida democrática en 1983 –con la estabilidad institucional de más de veinte años que estamos atravesando– posibilitó la recuperación de viejos saberes y la apertura a nuevas propuestas científicas; en este marco y visto en perspectiva no sorprende que el objeto de estudio "las mujeres" se instalara en el campo de las distintas disciplinas sociales que ocuparon el escenario en los nuevos planes de estudios de la universidad democrática. La historia debemos contarla entre estas disciplinas; la cuestión era, y es, como dije, los marcos categoriales que permitan definir Mujeres en la Historia, Historia de las Mujeres o Historia de Género (Bock, 1991: 55-79).[34]

Romero–, y a través de las publicaciones *Estudios Monográficos* y *Textos para la enseñanza de la Historia*. Ver también, S. Sigal, *Intelectuales y poder en la década del sesenta*. Buenos Aires, Puntosur, 1991.

[33] Me he permitido mostrar mi punto de vista en esta muy breve referencia a los años sesenta y la Universidad, especialmente en la Facultad de Filosofía y Letras (UBA) donde transcurrió mi vida como estudiante y auxiliar docente hasta mi cesantía en el año 1975.

[34] Gisela Bock, "La historia de las mujeres, la historia del género", *Historia Social*, núm. 9, 1991, pp. 55-79. La obra de Félix Luna publicada en revista *Todo es Historia y* en su colección *Las Mujeres* es pionera en relevar mujeres en la historia, destacando sus protagonismos. Obras de divulgación de finales de los años ochenta y noventa que en su momento recogió la vida, el pensamiento y la acción de mujeres notables y anónimas de la Historia Argentina. Intento pionero de mostrar el protagonismo de mujeres cuyas vidas y acciones están periodizadas en el marco de la historia tradicional. Recientemente, Dora Barranco se ha referido nuevamente a estas pioneras en "Historia, historiografía y género. Nota para las memoria de sus vínculos en Argentina", en *La Aljaba, segunda época*, Vol. IX, 2004-2005, Luján, pp. 49-73.

No obstante, motivados por la ola renovadora que propició la democracia, y por el impulso dado a estos estudios especialmente en el medio anglosajón (Lagunas, 1993:185-195),[35] vemos a lo largo de la década de los noventa formarse y cristalizar centros, áreas e institutos de estudio de las mujeres en diferentes universidades.[36] Si bien nacen como ámbitos de estudios de la historia de las mujeres, fuera con perspectiva histórica o perspectiva de género, también la presencia de investigadoras provenientes de otras disciplinas les confiriendo caracteres interdisciplinares.[37] El género como categoría de análisis no dejo de estar presente en la investigación, con mayor o menor énfasis, y pienso que la diferencia en su implantación estaba en la disciplina

[35] Ver Cecilia Lagunas, "A propósito de la Historia de la Mujer", en *Ciclos*, UBA, 1993, Vol. III, núm. 4, pp. 185-195

[36] Las denominaciones tienen que ver con lo permitido por los diferentes Estatutos universitarios. Recordemos que las universidades públicas argentinas son autónomas, esto quiere decir que si bien se rigen por una Ley Universitaria nacional tienen autonomía para elaborar sus reglamentos internos y regirse por ellos siempre y cuando los aprueben sus asambleas universitarias, máximo órgano de decisión integrado por cuatro estamentos: profesores, alumnos, graduados y no docentes.

[37] Las universidades que en 1997 habían consolidado centros dedicados a los estudios de Historia de las Mujeres posibilitaron que estos sean, principalmente, lugares de reflexión interdisciplinaria sobre la nueva propuesta conforme los supuestos enunciados al principio de esta ponencia; y por lo tanto recién comienzan a verse sus frutos. Hay centros o áreas en la Universidad Nacional de Rosario desde 1989, en la Universidad Nacional de Luján desde 1990, y entre 1991 y 2000 se han formalizado centros, institutos o áreas y programas en las universidades nacionales de la Plata, de La Pampa, del Comahue, del Litoral, de Tucumán, de Buenos Aires, de Salta y en la de Córdoba. A fines de la década de los noventa distintos centros universitarios de gran prestigio, como el Área de Mujer y Mercado en el Instituto de Historia Económica de la Facultad de Ciencias Económicas (UBA) o el Centro de Estudios Laborales de la Facultad de Ciencias Sociales (UBA), entre otros, desarrollan estudios sobre las mujeres en sus líneas específicas de abordaje. Las Actas de las XI Jornadas de Historia de las Mujeres recogen la participación de estos especialistas.

de aquellas que lo adoptaban. Creo que esa década marcó lentamente las diferencias en su uso, su aprobación o cuestionamientos. Mucho tuvo que ver en esto la influencia de la producción intelectual del feminismo francés (Tubert, 2003).[38]

La década de 1990 y la institucionalización universitaria de los Estudios de las Mujeres. Breve reseña de tres centros[39]

El colectivo académico que nutre los actuales centros, áreas e institutos de las universidades nacionales del Comahue, de Luján y de La Pampa[40] proviene de diferentes disciplinas de las Ciencias Sociales y comparte intereses teóricos y metodológicos sobre esta área del conocimiento, y también políticos cuando están en juego intereses del Colectivo Mujer universitario. La inclusión de estos centros en las universidades facilitó el contacto personal y profesional con los docentes- investigadores de otras profesiones y disciplinas teóricas, abriendo insospechados caminos de encuentro, investigación y reformulación de las relaciones en que se desenvuelven sus cotidianas tareas.

---

[38] Remitimos a Silvia Tubert (Ed.), *Del sexo al género*, Colección Feminismos, Cátedra, 2003. Esta colección dirigida por Isabel Morant Deusa, miembro de la AEIHM española, es influyente en la formación e información de estudiosas argentinas, principalmente historiadoras.

[39] Aspectos aquí abordados fueron más plenamente desarrollados en C. Lagunas, "La experiencia de una revista de Estudios de las Mujeres: La Aljaba, segunda época", en *La Aljaba, segunda época*, Vol. X, Luján, 2006, pp. 71-85.

[40] En 1990 se creó, en el Departamento de Ciencias Sociales la Universidad Nacional de Luján, el Área de Estudios de la Mujer; en 1993, el Instituto Interdisciplinario de Estudios de la Mujer en la Facultad de Humanidades de la Universidad Nacional de La Pampa; y en 1994, el Centro Interdisciplinario de Estudios de Género en la Facultad de Humanidades de la Universidad Nacional del Comahue.

En los institutos mencionados fue prioritaria la investigación, la formación de investigadores y la creación de líneas de trabajo[41], resultado de todo ello son las tesis de Licenciatura y los trabajos de especialización como estudios de las Maestrías y Doctorados con eje en los problemas de la mujer. Se han otorgado becas y subsidios destinados a estudios correspondientes a este campo, y para ello se han obtenido financiamientos externos. Se dictan seminarios específicos en los Institutos y en los currículos de las carreras de grado,[42] profesores e investigadores suelen dedicar un espacio en sus seminarios y

---

[41] Las principales son: en la Universidad Nacional de La Pampa, bajo la dirección de María Herminia Di Liscia, los proyectos fundamentales versaron sobre la década del primer peronismo, abarcándose un amplio espectro social, político e ideológico reinterpretando los procesos desde una perspectiva de género; en la del Comahue (Nélida Bonaccorsi) y en la de Luján se han desarrollado líneas de trabajo sobre las mujeres en la historia europea y estudios sobre patrimonio cultural (Cecilia Lagunas), e identidad e inmigración (B. Varela). También en la UNLu dos líneas importantes han abierto las sociólogas Liliana Gastrón y Alicia Palermo: la primera sobre "Envejecimiento femenino y violencia contra la mujer" (el NEFERI –Núcleo de Estudios sobre Familia, Envejecimiento y Relaciones Intergeneracionales– cuenta con gabinetes de asistencia social a las mujeres), y Palermo sobre "Mujer y educación, en un amplio espectro social, cultural, ideológico y familiar".

[42] En la Universidad de Luján, el currículo de la Licenciatura en Historia (grado) tiene incorporado un seminario sobre Teoría de los Estudios sobre la Mujer; un seminario similar –Estudios Interdisciplinarios de Género– se dicta en la carrera de Ciencias de la Educación (incorporado en el currículo oficial); en la Licenciatura en Trabajo Social (grado) una asignatura se denomina Problemática de la Familia, la Mujer y el Envejecimiento; en la Licenciatura de Administración (grado), en los últimos años, se viene dictando un seminario sobre Mujer y Administración. En la Universidad Nacional del Comahue, en las licenciaturas en Historia, en Ciencias de la Educación y en Letras se dictan seminarios optativos sobre esta problemática en los contextos de sus disciplinas específicas; y en la de La Pampa el tema esta incorporado en las asignaturas de grado Fundamentos de Sociología y Ciencias Políticas que se dictan para las carreras de Historia y de Geografía.

programas de asignaturas a esta problemática. Los trabajos producidos se han publicado en actas de jornadas y congresos, en libros y en revistas[43] nacionales e internacionales. La promoción del intercambio y transferencia del conocimiento en estos estudios ha sido también una actividad principal de estos centros. En este sentido, desde los inicios (1991), se implementaron seminarios, talleres, conferencias y jornadas como forma de difusión en la comunidad académica[44] y

universitaria,[45] y se ha concretado la formalización del postgrado "Estudios de las Mujeres y de Género" en las universidades nacionales del Comahue y de Luján. Por último, en este camino conjunto, los tres institutos, con las particularidades propias de cada universidad, coeditan desde 1996 *La Aljaba, segunda época. Revista de Estudios de la*

---

[43] Tres son las revistas que son editadas sobre esta temática por universidades nacionales: *La Aljaba, segunda época* (sobre la que hacemos especial referencia), la ya mencionada *Zona Franca* (UNR) y *Mora* (FFyL UBA). Hay en Argentina otras publicaciones sobre mujeres y género acreditadas por la comunidad científica, pero merecen un estudio aparte. Corresponde también mencionar a *Feminaria*, revista y editorial feminista pioneras en Argentina, fundadas en 1988 por Lea Fletcher, intelectual estadounidense radicada en nuestro país desde 1981; publicó impresas sobre papel hasta 2007 treinta números de su revista. En la actualidad solamente hace ediciones digitales (www.feminaria.com.ar).

[44] Son numerosos los especialistas argentinos y extranjeros que han visitado los centros, áreas e institutos referidos impartiendo cursos de especialización. En este volumen se da ejemplo de ello.

[45] Destacamos las Jornadas de Historia de las Mujeres, compromiso de realización y participación de los centros, áreas e institutos de Estudios de la Mujer y de género, que a partir del primer encuentro realizado en la Universidad Nacional de Luján en 1991 se vienen realizando de manera bienal. Así, las II Jornadas se realizaron en Ciencias Sociales (UBA) en 1992, las III en Rosario en 1994, las IV en Tucumán en 1996, las V en La Pampa en 1998, las VI en FFyL (UBA) y a partir de éstas —en 2000— se realizaron combinadamente los sucesivos Congresos Iberoamericanos de Género, en 2003 en Salta las VII Jornadas y el II Congreso Iberoamericano, las VIII Jornadas y el III Congreso Iberoamericano en Córdoba en 2006 y, por último, las IX Jornadas y IV Congreso en Rosario en 2008.

Mujer.[46] Hasta el pasado año 2008 fueron publicados doce volúmenes. La propuesta, en sus inicios, fue editar una revista anual que plasmara los resultados de las investigaciones y acciones realizadas en el marco de los estudios de género y de mujeres.

Consideramos que los Estudios de la Mujer han tenido un considerable impacto en el saber tradicional cuestionando o resignificando categorías y construyendo otras formando así un corpus propio, claro indicio de que la dinámica de la producción intelectual impulsa a realizar investigaciones con nuevos paradigmas y nuevas interpretaciones. La experiencia que hemos transitado no es ajena a la de los otros centros que nacieron por efecto de esa "oleada universitaria de Estudios de las Mujeres" ocurrida en los años noventa, aun con políticas y orientaciones teóricas diferentes en cada centro sobre todo por la índole de las disciplinas de base de las investigadoras participantes, favoreciéndose en algunos casos la formación de equipos de investigación pluridisciplinares aunados por el interés común en la temática en estudio. De todas maneras en estos equipos continúa vigente una práctica inaugural: seguimos aún siendo mujeres las que nos ocupamos de las mujeres.[47]

La preocupación por los marcos categoriales: mediados de los noventa y el año 2000

El pensamiento feminista angloamericano y europeo continental se ha preguntado y ha reflexionado sobre el poder de y en las mujeres, si las mujeres tuvieron poder qué tipo de poder y, sabemos, elaboró

---

[46] La edición de esta Revista se inició en la Universidad Nacional de Luján en 1993. Consta en nota de archivo del 3 de octubre de 1990 elevada al entonces director-decano Lic. Luis Samolsky que se solicitan fondos para editar una "Revista Interdisciplinaria de Estudios de la Mujer"; tres años después se publicaba el primer número.

[47] Ver Nota 61 sobre la cantidad de mujeres y varones, especialistas, que han participado en diferentes Jornadas.

la categoría que permitió analizar las relaciones de mujeres y varones en términos de poder, esta categoría es el género.

A principio de los años noventa dos obras históricas impactaron en este campo de estudio, una producida en los círculos académicos franceses, *Historia de las mujeres*, de George Duby y Michelle Perrot (Duby-Perrot, 1991-1992)[48] y la otra, por las historiadoras norteamericanas Bonnie Anderson y Judith Zinsser (Anderson, 1990) *Historia de las mujeres una historia propia*.[49] Ambas obras, que dejaron una impronta muy fuerte en la academia de Historia a lo largo de esa década, partían de paradigmas diferentes que aún hoy están en discusión. Las norteamericanas Anderson y Zinsser conciben las relaciones entre varones y mujeres o relaciones de género en términos de dominación/subordinación, y alrededor de este paradigma ven articulado el entramado social, económico y político de una época determinada. En la obra francesa, que co-dirigió el medievalista francés Duby, las relaciones establecidas entre los sexos están marcadas por la sociedad y la cultura donde estas relaciones se forjan y tienen lugar, y consecuentemente las relaciones entre los sexos no sólo pueden establecerse en términos de dominación/subordinación sino también de complementariedad (Duby-Perrot, 1991-1992).[50] A mediados de la década de los noventa la antropóloga Susana Naroztky (1995)[51], al realizar una puesta crítica del estado de los estudios por entonces —cuando la identidad de género era el problema a dilucidar— vuelve a marcar esta tendencia de líneas historiográficas: "Para comprender la identidad de género y la práctica de las relaciones sociales tiene prioridad enmarcarlas en los sistemas y valores culturales sociales e históricos en que éstas se desarrollan". Hacer "historia de género", conforme a los paradigmas angloamericanos,

---

[48] G. Duby y M. Perrot, *Historia de las Mujeres en Occidente*, Taurus, Barcelona, 1991/92, 5 Vols.

[49] B. Anderson y J. Zinsser, *Historia de las mujeres una historia propia*, Crítica, Barcelona, 1990, 2 Vols.

[50] Duby, Perrot, op.cit., Vol. III, Introducción.

[51] S. Narotzky, *Mujer, mujeres, género*, CSIC, Madrid, 1995.

significa estudiar las relaciones de dominación/subordinación entre varones y mujeres. Según el otro paradigma, procedente del ámbito europeo, especialmente del francés, el estudio de estas relaciones aparece definido por los sistemas sociales, económicos, políticos y culturales que las enmarcan y les otorgan identidad, inclinándose por una "historia social de las mujeres". Michelle Perrot, en 1995, en un coloquio en *La Sorbonne*, al evaluar críticamente la experiencia de los Estudios de las Mujeres, reproduce el pensamiento de G. Pommata: "La historia de género no debe confundirse con la historia de las mujeres, y ésta no puede tener prioridad sobre una historia social de las mujeres" (Perrot, 1995).[52]

Para continuar viendo estas diferencias, que no son de matices, pienso que es útil la reciente discusión mantenida entre Ernesto Laclau —sociólogo argentino radicado en Inglaterra desde la década de los sesenta— con Judith Butler, influyente filósofa feminista norteamericana, sobre las categorías que dan cuenta de los discursos hegemónicos (universales) y los reclamos de identidad política de los nuevos movimientos sociales, entre ellos los movimientos de gay y lesbianas, y los étnicos o de nacionalidades. Laclau cuestiona aquellos análisis de pluralidad de identidades cuando los mismos incluyen a la categoría "clase" encadenada en serie a otras categorías, tales como género, etnia y nación. Dice: "La noción marxista de clase o la teoría marxista de la articulación, no puede incluirse en una cadena enumerativa de 'identidades' simplemente porque se supone que es, la clase, el núcleo articulador en torno al cual están constituidas todas las identidades" (Laclau, 2000:296-301).[53] Eric Thompson, al estudiar la sociedad inglesa en el siglo XVIII, se refería así al patriarcado, otra categoría de la teoría feminista: "Paternalismo, también patriarcado, son tér-

---

[52] M. Perrot, "Escribir la historia de las mujeres: una experiencia francesa", en Guadalupe Gómez Ferrer Morant, *Las relaciones de género*, M. Pons, Madrid, 1995.

[53] J. Butler, E. Laclau y S. Zizek, *Contingencia, hegemonía, universalidad*, FCE, Buenos Aires, 2000, pp. 296-301

minos descriptivos imprecisos, tienen menos especificidad histórica que feudalismo o capitalismo. Estos conceptos, por sí mismos o por sí solos, no pueden caracterizar un sistema de relaciones sociales…" (Thompson, 1984:13-20).[54] Por lo tanto, podríamos resumir que para esta postura el género es una categoría relevante que opera en el plano ideológico, en el de las representaciones simbólicas, y es un componente de las relaciones sociales históricas, pero no el elemento articulador de las mismas.

En lo que va del siglo XXI la discusión no ha finalizado. Feministas francesas y angloamericanas cuestionan el vaciamiento ideológico operado sobre la categoría género al "ingenuamente" abusar de su empleo (Tubert, 2003:13)[55]: "Género ya no significa una relación de poder, de poder masculino y [que] por consecuencia deviene en el ocultamiento del colectivo mujer y su experiencia histórica y social". Es por ello que abogan por un retorno a la Historia (social) de las Mujeres, como reclaman también en el plano político, derechos de las mujeres y no derechos de género: "Mientras que el término historia de las mujeres proclama su política al afirmar [contrariamente a la práctica habitual] que las mujeres son sujetos históricos válidos, [la idea de] género incluye a las mujeres sin nombrarlas, y así parece no plantear amenazas críticas"[56]. A su vez, reclaman las feministas —cuyas

---

[54] E. P. Thompson, *Tradición, revuelta y conciencia de clase. Estudios sobre la crisis de la sociedad industrial*, Crítica, 1984, 2da. edición, pp. 13-20. Ver también, E. P. Thompson, *Agenda para una historia radical*, Crítica, 2000, pp. 9-14. En el primer número de *La Aljaba* (Vol. 1, 1993), Reyna Pastor, al referirse a las desigualdades y jerarquías entre hombres y mujeres, escribió: "Es pertinente (en lo referido a las desigualdades y/o jerarquías entre hombres y mujeres) estudiar primero las diferencias de clase existentes en los diversos "sistemas" sociales, para integrar luego las cuestiones relativas al género y las relaciones de subordinación, en la comprensión de la diferencia y la teorización de la semejanza en y entre sociedades humanas".

[55] Silvia Tubert, *Del sexo al género. Los equívocos de un concepto*, Feminismos, Valladolid, 2003, p.13.

[56] Op. Cit., pp. 13.

lenguas son herederas del latín— por el empleo de las expresiones "diferencia entre los sexos" y "diferencia sexual", en lugar de "diferencia de género", para referirse a la experiencia social de varones y mujeres en lo histórico, y a la formación histórica de las identidades sexuales (Offen, 2006:291-304).[57]

A mediados de los años noventa la preocupación por el uso y adecuado empleo u alcance de los marcos categoriales —género, sexo, sexualidad— impactaba en la producción de las especialistas, y era posible percibirla, con todos sus matices, en las contribuciones a *La Aljaba*. En el primer número de la revista *La Aljaba* el tema central fue historia de las Mujeres o historia del Género y el empleo de las categorías citadas.[58] Se destacó la importancia de construir una nueva historia o interpelar los paradigmas tradicionales, desde diferentes ópticas, contemplando el uso de estas nuevas categorías: "las relaciones sociales tienen una dinámica que responde a relaciones de subordinación/dominación, y allí se encuentra su antagonismo" (Di Lisia, 1996); que "en lo que se refiere a la aplicación de la categoría género las historiadoras necesitarían examinar las formas en que las identidades genéricas son construidas y relacionar sus descubrimientos

---

[57] G. Fraisse, "El concepto filosófico de Género", en S. Tubert, Op. Cit., pp. 39-47, y K. Offen, "¿Le gendre est-il une invention américaine?, en *Clio, Histoire, Femmes et Sociétés*, 24, 2006, pp. 291-304.

En el año 2006, la AEIHM española publica el seminario internacional *Historia y feminismo*, en homenaje a J. Scott, y allí puede verse como las discrepancias respecto de los marcos categoriales siguen vigentes. María V. López Cordón, al referirse a los aportes de la obra de Scott en la historiografía moderna española, sostiene que "en España, la historia social sigue siendo predominante; en gran parte la historiografía española es historia social", aun cuando aborde temas que conciernen a las mujeres, agrego yo. Véase Cristina Borderías (Ed.), *Joan Scott y las políticas de la Historia*, Icaria, Madrid, 2007, p.176.

[58] Los artículos fueron: "Reflexiones", "Repensar la historia de las Mujeres", "Los flujos mercantiles de San Luis. El papel de los textiles en la economía puntana del siglo XIX", "Historia y género. Algunas consideraciones sobre la historiografía feminista".

con un conjunto de actividades, de organizaciones sociales y de representaciones culturales históricamente específicas" (Bonaccorsi, 1996), o "¿cómo periodizar los hechos de la Historia de las Mujeres?, ¿conforme los paradigmas de la Historia tradicional o de la Nueva Historia de las Mujeres? (Lagunas, 1996). En realidad, se estaban poniendo en escena diferencias que marcarían la producción de nuestros institutos y que pueden enmarcarse en una discusión teórica que despuntaba por esos años en la academia universitaria, y que al presente adquirió ribetes definitivos: las diferencias de enfoques entre la historiografía anglosajona, que había anclado en nuestro país en la sociología, las ciencias de la educación, el trabajo social y la antropología, y la francesa que evidenciaba una presencia más fuerte entre las historiadoras. Tales diferencias podrían ser resumidas preguntándonos cuál categoría da mejor cuenta de las desigualdades entre los sexos en el complejo entramado de las relaciones sociales, políticas, económicas e ideológicas *en la historia*: si el género, las relaciones sociales históricas de clases o las relaciones articuladas de género, clase y etnia; es decir, cuál es la categoría clave, articuladora de otros conjuntos de relaciones, de diferencias, diversidades, etc.: ¿el género (las diferencias sexuales, entre los sexos) o las clases? Estas posturas quedaron abiertas y marcaron las singularidades de las líneas de investigación y producción reflejadas en la revista *La Aljaba*.

Dijimos más arriba que la realización de las Jornadas de Historia de las Mujeres y los Congresos Iberoamericanos de Género posibilita que el colectivo de intelectuales exponga y contraste los resultados de sus investigaciones[59] y, en relación a estos encuentros bienales[60]

______

[59] Ver Nota 35.

[60] Los datos que se analizan corresponden a las I Jornadas (1991, Luján), V Jornadas (1998, La Pampa), VII Jornadas y II Congreso (2003, Salta) y IX Jornadas y IV Congreso (2008, Rosario). Este criterio lo adopté porque en estos encuentros se consolidaron algunas tendencias significativas en cuanto a mi propuesta de análisis.

hemos constatado que el colectivo mujeres es el que predomina[61] y que principalmente las especialistas de las ciencias sociales –sociólogas, historiadoras y antropólogas– nutren el colectivo de estos encuentros, aunque también participan –cada vez más desde 2003– las de otras disciplinas del mundo académico como la literatura, la filosofía, el derecho y las denominadas ciencias de la salud (medicina, enfermería y trabajo social) y las Artes.[62] La pertenencia institucional de las participantes es la universidad (los centros, áreas e institutos de Estudios

---

[61] En 1991 del total de participantes 86% fueron mujeres y 14% varones. Esta tendencia se mantuvo en cuanto a las mujeres y decreció en cuanto a la participación de varones: en 1998 tenemos 91% de participantes mujeres y 9% de varones, en 2003 90% son mujeres y 10% varones, y en 2008 91% mujeres y sólo 9 % de varones.

[62] La participación de las y los historiadores (disciplina que dio origen a estos encuentros) fue casi estable y aumentando significativamente la de profesionales pertenecientes a un variado arco disciplinar: en las I Jornadas del total de 43 participantes 31 fueron historiadoras/es, los 12 restantes pertenecían los ámbitos de la sociología, las letras y el derecho; en las últimas (2008, Rosario) del total de 425 participantes 18% eran sociólogas, 14% historiadoras, 10% de letras, 11% de ciencias de la educación; 7% psicólogas, 6% geógrafas, 6% trabajo social, 5% arte y 5% derecho; en porcentajes menores, ciencias de la comunicación, ciencias de la salud, ciencias naturales, arquitectura, ciencias contables, educación física, musicología y antropología. El cambio de tendencia puede rastrearse hacia el año 2003 (Jornadas de Salta), con un total de 302 participantes sólo una mesa, la 34, estuvo dedicada específicamente a la Historia de las Mujeres. Por otra parte, en 1998 se realizaron en La Pampa las VI Jornadas Interescuelas/Departamentos de Historia, principal reunión científica de la comunidad de historiadores desde la vuelta de la democracia en Argentina, y fue entonces cuando, por primera vez, se organizó una mesa en torno a la Historia de las Mujeres. En las IX Jornadas Interescuelas/Departamentos de Historia (2003, Córdoba) se organizó también una mesa denominada Historia de las mujeres, historia del género en la historiografía argentina, y por último, en las XI Jornadas realizadas en Tucumán (2007) cinco mesas recogían "la experiencia histórica de las mujeres y los análisis de género". Estamos trabajando estas propuestas, y podemos adelantar la penetración lenta pero constante de estos estudios en la Academia de Historia y de las historiadoras en eventos que

de Historia de la Mujer y de Género que se han formado hace casi ya dos décadas en las universidades nacionales, o pertenecen a otros centros o institutos de reconocida trayectoria, como el Gino Germani de la Facultad de Ciencias Sociales - UBA).[63]

Se han debatido largamente las categorías, aunque podemos atrevernos a decir que desde 1991 a 1998 <u>mujer</u> fue la categoría que predominó entre las estudiosas y mostró un repunte en el encuentro de 2008; en cuanto al uso de las categorías <u>sexo/género</u> vemos su despegue en 1998 (La Pampa) dominando las preferencias analíticas de las especialistas y, claro indicio de atravesar su uso diferentes disciplinas, su

organiza su rama disciplinar, y así diversifican sus participaciones en Jornadas específicas convocadas para tales fines.

[63] Las seis primeras Jornadas fueron organizadas específicamente por áreas, centros o institutos de Estudios de las Mujeres y/o de Género de las universidades organizadoras (Luján y UBA —en dos oportunidades—, Tucumán, La Pampa y Rosario), y las participantes provenían de esas casas de estudio. Por ejemplo, en 1998, en La Pampa, sobre un total de 80 participantes, 10% de los mismos se identificó como perteneciente a centros, áreas e institutos de la Mujer; 71% como docentes/investigadores universitarios y 19% de otras Instituciones universitarias. En las Jornadas de 2003 (Salta) organizadas por la Comisión de la Mujer, con un total de 302 participantes, 10% de éstas provino de áreas, centros e institutos; 71% docentes/investigadores de universidades; 10% pertenecientes a centros universitarios no específicamente vinculados a la problemática convocante y 9% a otras instituciones (privadas o públicas). En 2008 (Rosario), organizado por la Municipalidad de Rosario, la Universidad Nacional de Rosario y la Universitat Illes Balears, de España, con un total de 425 participantes, 16% pertenecen a áreas, centros e institutos de la Mujer; 43% docentes/investigadores universitarios; 19% de centros universitarios no específicamente vinculados a la problemática convocante y 22% a otras instituciones (privadas o públicas). Estas Jornadas, como se puede deducir, crecieron en cuanto a su número de participantes por la inclusión de un abanico disciplinar muy variado incluso en su pertenencia institucional, aunque pareciera que las/os investigadoras de áreas, centros e institutos específicos mantuvieron casi estable su presencia; por otra parte, las historiadoras parecen mostrar una tendencia a declinar su participación. Pensamos que comenzaron a participar más en otros Encuentros que hacen a la especificidad de su disciplina (ver Nota anterior).

inclusión significó un cambio en el eje analítico, un indicador constante de la presencia de nuevos paradigmas interpretativos en las ciencias sociales. Por último, la categoría <u>feminismo</u> o <u>teoría feminista</u>, como hemos referido en estos encuentros de la comunidad académica argentina, principalmente se abre a la interpretación y reflexión desde 2003 en adelante.[64] Este desarrollo teórico esta sustentado también en una creciente sensibilización en la sociedad argentina y en los organismos del Estado —aunque con una dinámica e intensidad diferentes— sobre la realidad social de las mujeres y la búsqueda de la igualdad de trato y oportunidades en todos los niveles con los varones.

Cuadro 1 - Categorías empleadas en las once Jornadas de Historia de las Mujeres y los cuatro Congresos de Género (1991-2008)

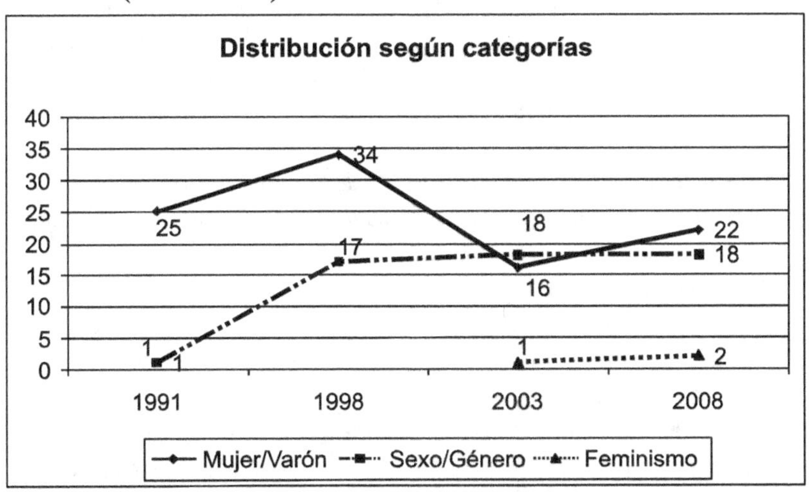

---

[64] Ver Cuadro 1. Este fue construido tomando como referencia las categorías empleadas por los autores de las comunicaciones a los once encuentros que han tenido lugar hasta la fecha.

Bibliografía

ACTAS *I Jornadas de historia de las mujeres* (1991), Luján, Área de historia de las mujeres-DCS.

ACTAS *III Jornadas de Historia de las Mujeres, Espacios de Género* (1994), Rosario, CREIM.

ACTAS *IV Jornadas de historia de las mujeres: Temas de Mujeres, Perspectivas de Género* (1998), Tucumán, CEHIM.

ACTAS *V Jornadas de Historia de las Mujeres y estudios de Género* (2000), La Pampa, Instituto Interdisciplinario de Estudios de la Mujer.

ACTAS *VI Jornadas de Historia de las Mujeres y I Congreso Iberoamericano de Estudios de las Mujeres y de Género: voces en conflicto, espacios en disputas* (2000), Buenos Aires, Instituto Interdisciplinario de Estudios de Género.

ACTAS *VII Jornadas Nacionales de historia de las Mujeres y II Congreso Iberoamericano de Estudios de Género* (2003), Salta, Comisión de la Mujer.

ACTAS *VIII Jornadas de Historia de las Mujeres y III Congreso Iberoamericano de Estudios de Género: construirnos en la diversidad* (2006), Córdoba, Centro de Investigaciones de la Facultad de Filosofía y Humanidades "Saleme Burnichón" y Centro de Estudios Avanzados, Universidad Nacional de Córdoba.

ACTAS *IX Jornadas Nacionales de Historia de las Mujeres y IV Congreso Iberoamericano de estudios de Género, Los caminos de la libertad y la igualdad en la Diversidad* (2008), Rosario, Municipalidad de Rosario, Universidad Nacional de Rosario y Universitat Illes Balears, de España.

BARRANCO, Dora (2004-05), "Historia, historiografía y género. Nota para las memoria de sus vínculos en Argentina" en *La Aljaba, segunda época*, Vol. IX, Neuquén, pp. 49-73

——— (2006) *La mujer en la sociedad argentina*, Buenos Aires, Sudamericana.

BIANCHI, Susana (1992), "¿Historia de mujeres o mujeres en la Historia?", en Reynoso, Sampaolesi y Sommer (Comps.), *Feminismo, ciencia, cultura y sociedad,* Humanitas/Saga.

BONDER, G. (Comp.) (1994), *Igualdad de oportunidades para la mujer: un desafío a la educación latinoamericana*, Buenos Aires, PRIOM/UNESCO.

BOCK, Gisela (1991), "La historia de las mujeres, la historia del género", en *Historia Social* núm. 9, pp. 55-7.

——— (2001) *La mujer en la historia de Europa*, Barcelona, Crítica

BORDERÍAS, Cristina (Ed.) (2007), *Joan Scott y las políticas de la Historia*, Icaria, Madrid, p. 176.

BURÍN M. y MELLER, Irene (1998), *Género y familia, poder, amor y sexualidad en la construcción de la familia*, Buenos Aires, Paidós.

BUTLER J., LACLAU E. y ZIZEK S. (2000), *Contingencia, hegemonía, universalidad*, FCE, Buenos Aires, pp. 296-301.

CHEJTER, Silvia (1988), "¿Las mujeres al poder?, sobre la política del intervensionismo para cambiar la política" en revista *Feminaria*.

DOMÍNGUEZ, Nora (1998) "Subjetividades en peligro, subjetividades peligrosas", en *Zona Franca*, Centro Interdisciplinario sobre las Mujeres, Facultad de Humanidades y Artes (UNR), núm. 7, Rosario, Argentina.

DUBY G. y PERROT M. (1991/92), *Historia de las Mujeres en Occidente*, Taurus, Barcelona, 5 Vols.

FRAISSE G. (2003), "El concepto filosófico de Género", en S. Tubert, Op. Cit. pp. 39-47.

GIL LOZANO, Fernanda et al. (2000) *Historia de las Mujeres en Argentina*, Buenos Aires, Taurus.

HÉRITIER, Françoise (2002), *Masculino/Femenino. El pensamiento de la diferencia*, Barcelona, Ariel.

LAGUNAS, Cecilia (1993) "A propósito de la Historia de la Mujer", en *Ciclos*, UBA, Vol. III, núm. 4, pp. 185-195.

——— (1997) "Las mujeres miran a las mujeres. Aportes para un estudios de la Historia de las Mujeres en Argentina", en *Zona Franca*, Centro Interdisciplinario sobre las Mujeres, Facultad de Humanidades y Artes, Universidad Nacional de Rosario, núm. 6, pp. 21-87

——— (2002) "Mujer y Educación", en *La Aljaba, segunda época*, Luján, Vol. VII, pp. 105-187.

——— (2006), "La experiencia de una revista de Estudios de las Mujeres: La Aljaba, segunda época", en *La Aljaba, segunda época*, Vol. X, Luján, pp. 71-85.

MARX, Jutta (1992), *Mujeres y partidos políticos*, CEAL, Buenos Aires.

MORGADE, Graciela (2000), "Capacitación docente en género y educación. Tensiones y alternativas", en Rosa M. González (Coord.), *Construyendo la diversidad: nuevas orientaciones en género y educación*, s/e. México.

OFFEN, K. (2006) "Le gendre est-il une invention américaine?, en *Clio, Histoire, Femmes et Sociétés*, núm. 24, pp. 291-304.

PERROT, M. (1995), "Escribir la historia de las mujeres: una experiencia francesa", en Gómez Ferrer, G. (Edit.), *Las relaciones de Género*, M. Pons, Madrid

————— (2008), *Mi historia de las mujeres*, FCE, Buenos Aires.

SIGAL, S. (1991), *Intelectuales y poder en la década del sesenta*, Puntosur, Buenos Aires.

THOMPSON, E. P. (1984), "Tradición, revuelta y conciencia de clase. Estudios sobre la crisis de la sociedad industrial", en *Crítica*, 2da. edición, pp. 13-20.

TUBERT, Silvia (2003), *Del sexo al género. Los equívocos de un concepto*, Feminismos, Valladolid, p.13.

VILLAR, Daniel; Di Liscia, Herminia y Caviglia, María J. (Edit.) (1999) *Historia y género*, Biblos, Buenos Aires.

VV. AA. (2004), *La Historia de las Mujeres: una revisión historiográfica*, Asociación Española de Investigación Histórica de las Mujeres, Valladolid.

Manifestaciones artísticas femeninas en la ciudad de Neuquén. Estudios de caso de la historia cultural reciente de las mujeres[65]

*Nélida Bonaccorsi**

La dictadura militar de fines de la década del setena persiguió a un gran número de artistas por su interés de cambiar un orden cultural, estético y ético. Cárcel, desapariciones, muertes, huida al exilio, fueron situaciones límites sufridas por conocidas figuras del quehacer artístico. La creación quedó silenciada, mutilada. En un periodo donde toda manifestación creativa era tildada de "subversiva", el arte se fue recluyendo en los espacios cerrados, con el consiguiente desconocimiento del público.

* Doctora en Estudios de la Mujer. Directora Centro Interdisciplinario de Estudios de Género y de la Especialización Estudios de las Mujeres y de Género. Universidad Nacional del Comahue, Argentina.

[65] Tema perteneciente al Proyecto de Investigación "Historia reciente de las manifestaciones artísticas femeninas en el campo popular y de elites en la conformación del patrimonio cultural de las mujeres en la ciudad de Neuquén". Dirección Nélida Bonaccorsi, Facultad de Humanidades, Universidad Nacional del Comahue.

En la época de posdictadura, Argentina necesitó reestablecerse de la crisis económica-política y además, cultural. Llevó un tiempo volver a expresarse con libertad, sin temores, sin exponerse a la censura, recuperar la confianza en las instituciones y a la vez el reconocimiento del público.

En la región norpatagónica también se produjo ese vaciamiento que costó mucho tiempo retomar, creer en las instituciones, perder el miedo.

Las mujeres fueron atreviéndose a la expresión artística enfrentando dos desafíos, el del Estado patriarcal y al público con dejos sexistas a la hora de opinar. El estigma del lugar doméstico de las mujeres y las discriminaciones solapadas, las han marcado a cada paso. Aún en la actualidad, hay una falta de decisión estatal a favor del arte, no hay sectores políticos que lo vean como una actividad importante para el país, incluso hay un proyecto de ley de mecenazgo, sin tratamiento, que se refiere a restituir a la cultura la posibilidad que empresas o particulares realicen donaciones para el desarrollo de la cultura.

A pesar de los inconvenientes, se va conformando un campo cultural con identidad propia, con un nuevo perfil de artista, crítico a la situación imperante. Como referencia señalamos una entrevista realizada a dos artistas plásticas, una de ellas de larga trayectoria, Marta Minujin, y otra más reciente la tucumana Solana Catalán, ambas coinciden en la disconformidad sobre el estado en general de la producción artística. Minujin manifiesta que sus obras (esculturas) no pueden ser terminadas o exhibidas por los altos costos y Catalán señala que sobre todo si se vive en el interior del país se debe autogestionar en todo: "ser tu propio manager, agente de prensa, curadora, gestor de espacios para exponer la obra, etc". (Pérez Bergliaffa, 2006:24)

La falta de infraestructuras mínimas hace que algunos artistas carezcan de espacios donde hacer visible sus obras (artes plásticas) y representar (teatro, cine, música). Coinciden que la creación prolifera "Argentina tiene un corpus de artistas y de obras muy buenas como para poder figurar muy bien en el mundo; pero no tiene los marcos institucionales adecuados para hacerlo. El Estado es el único con medios para hacer una política cultural hacia afuera." (ibid)

En resumen concluyen las entrevistadas que ser artista se construye, a veces por ellas mismas, a veces apoyados por otros/as. Y estas construcciones son el resultado de un proceso: el artista crea la obra, pero al mismo tiempo, durante ese proceso también va creando su ser artista en el mundo; su identidad por medio de la reflexión sobre sí misma y sobre su obra, y también por medio de una serie de estrategias que no son fundamentales, pero ayudan.

Nuestra investigación se basa en un espacio regional, Neuquén, Norpatagonia argentina, donde en las últimas dos décadas expresiones artísticas femeninas han marcado el espacio cultural, nos centraremos en algunas manifestaciones; las narradoras orales, las cineastas, las artistas plásticas.

Tres ejes de la historia se articulan en este proceso de estudio: la historia de las mujeres, la historia cultural y la historia reciente. Nuestra propuesta es:

- Reescribir la historia de las mujeres desde la mutua influencia de la experiencia y el discurso.
- Utilizar el "giro lingüístico" que la historia cultural ha adoptado.
- Narrar la historia reciente con la palabra de testimonios captados en entrevistas que cobran un singular valor en la relación directa presente- pasado.

La historia de las mujeres, historia reciente e historia cultural

Las historiadoras feministas[66] ante una historia androcéntrica se plantean visibilizar a las mujeres, por lo tanto reescribir la historia de y con mujeres.

[66] El feminismo es una cultura, no solo un movimiento o una política la diversidad histórico-cultural de las mujeres. El feminismo es una creación interactiva y dialógica entre mujeres. Es una crítica al patriarcado a través de la acción. Es una alternativa de igualdad y equidad entre mujeres y varones. (Gamba: 2007).

No son las mujeres objeto de la historia en cuanto tales, pues la construyen junto a los hombres, lo que se trata de comprender es "su lugar en la sociedad, su condición, sus roles y su poder, su silencio y su palabra, la variedad de las representaciones de las mujeres" (Duby y Perrot, 1993: 7) .

Según Michelle Perrot, la historia de las mujeres se la podría definir como la historia del "acceso a la palabra". Sería necesario hacer la historia sexuada de la opinión pública. La opinión es muy importante en la historia; es uno de sus actores. Las mujeres, hasta una fecha reciente no dispusieron de medios de expresión, y sin embargo han podido influir sobre la opinión pública. "Pero lo han logrado mediante la resistencia y la obstrucción, discutiendo o murmurando y su acción constituye un problema histórico tan importante como difícil de abordar" (en entrevista realizada por Jalón y Colina, 2000:136).

Por otro lado, Gisela Bock opina que el reconocimiento de la historia de las mujeres, que ha sido una historia hasta el momento específica del varón, tiene el cometido de restituir las mujeres a la historia pero, debe estar necesariamente acompañada por otro, el de restituir la historia a las mujeres. Bock dice que la experiencia de las mujeres tiene una historia que, aunque no es independiente de los hombres, es sin embargo, una historia propia: de las mujeres como mujeres.

Aquello que las mujeres han hecho, deberían hacer y quieren hacer está siendo objeto de análisis y reevaluación. Separar la historia de las mujeres de la historia en general no es, en absoluto, menos espinoso que separar la historia de los hombres —y más aun en el caso de una verdadera historia en general— de la historia de las mujeres. Porque la historia de las mujeres no concierne a media humanidad únicamente, sino a toda ella. (Bock, 1991: 56-57).

La historia de las mujeres tiene como particularidad rescatar experiencias, saberes y subjetividades que le dan singularidad a sus acciones. En el caso de la experiencia femenina se da una extraña mezcla de recuperación de la experiencia en la transmisión oral de un pasado que se va incorporando al presente.

Natalie Zemon Davis (2006:116) sostiene que "se estableció el estudio de la Historia de las mujeres como un espacio de reflexiones y de análisis que siempre tiene una dinámica crítica (...) una esfera empírica para avanzar hacia una comprensión más general de las cuestiones históricas".

La historia de las mujeres no puede entenderse, sin embargo, al margen del proceso histórico general, del que ellas han sido, por lo demás, un elemento dinamizador y a menudo vanguardista. El estudio de la historia de la mujeres nos interesa doblemente: en primer lugar, porque no es fácil desvelar las circunstancias que determinaron la marginación de tan amplio sector social, y, en segundo lugar, porque todavía hoy son perceptibles, incluso en los países más avanzados, las huellas de la discriminación y de los prejuicios de género que persisten agazapados en las formas de vida y de pensamientos dominantes.

Se trata de trabajar con multiplicidad de dimensiones que forman parte de la definición de la subjetividad femenina, subjetividades entendidas como formas que habilitan o dan derecho a ejercer ciertas prácticas en la adquisición de subjetividades como proceso material (institucional) y discursiva (simbólicas).

Rescatamos el concepto de subjetividad para interpretar las creaciones artísticas femeninas y además señalar la diferencia según el lugar desde donde se enuncia el discurso y las prácticas.

La escritura de la "otra" historia, la historia de mujeres, elaborada a partir de sus testimonios, nos permite re-pensar el protagonismo de las hacedoras del arte en la ciudad de Neuquén.

Enmarcamos nuestra investigación en lo que se da en llamar la *renovación de la historia cultural* con el aporte de la antropología cultural y simbólica que se define con la frase "lo real es tan imaginado como lo propiamente imaginario" (Serna y Pons, 2005: 184). Partimos de la concepción de "el giro lingüístico" que ha adoptado la historia cultural que posibilita estudiar los lenguajes de los sujetos históricos; estudiar los recursos de que se valen para designar las cosas o para comunicarlas, analizar las formas escritas y orales de expresión que sirve para nombrar al mundo de la vida.[67]

La historia cultural contemporánea, hegemónica en las últimas décadas, emerge de una confluencia entre distintas tradiciones de análisis cultural. Las más importantes de ésta serían la antropología cultural, tanto en su versión estructuralista (Levi-Strauss) cuanto en su versión hermenéutica (Clifford Geertz); los estudios culturales británicos (Richard Hoggart) el posestructuralismo filosófico (Michel Foucault, Cornelius Castoriadis) o sociológico (Pierre Bourdieu); ciertas variantes de la microhistoria (Carlo Ginzburg, Giovanni Levi) y sobre todo en los últimos años, los estudios de género, de identidades étnicas, poscoloniales, etc (Altamirano, 2002:125).

La diferencia al abordar un estudio desde la historia cultural se percibe en: centrar el eje en la representación colectiva que da sentido al mundo de los sujetos; en la búsqueda de los motivos para explicar un fenómeno social enfocado desde la cultura y en las prácticas sociales; en la interpretación del discurso y creaciones culturales de ciertos sectores que los identifican.

La historia reciente o tiempos del presente, nos invita a recoger las palabras de las protagonistas de este recorte de la historia cultural que la enmarcamos en la primera década del 2000. En la historia reciente la historiadora y el historiador conviven con el objeto de estudio y tiene una incidencia de una u otra manera en el tema que aborda.

Las fuentes a que recurre quien escribe sobre el pasado reciente son las voces, la memoria, las interpretaciones de las personas que están viviendo ese proceso de pasado-presente-futuro que engloba el tiempo de la historia reciente.

El problema es que lo que ahora es reciente más adelante no lo será. La principal dificultad es concordar cuál sería el inicio y el fin

---

[67] Los historiadores culturales, Ginzburg, Chartier, Darnton, Zanon Davis, son sensibles a los lenguajes que se valen los actores sociales para definir sus identidades y por ello adoptan una forma de narración histórica poniendo el acento en las expresiones lingüísticas.

de esa historia reciente. Por eso, si bien es cierto que hay algo de la cercanía del pasado que no alcanza con explicarlo por el lado de la cronología, está la posibilidad del régimen de la historicidad. Por ejemplo, que el historiador conviva con las personas que vivieron el objeto que describe o con la segunda generación que pueda narrarlo. Pero no alcanza de ninguna manera definir la historia reciente por la perdurabilidad. Es verdad hay algo de cercanía y de cronología pero hay algo de espontaneidad y régimen de historicidad, lo que define a la historia reciente. (Jalón M. y Colina, F, 2000)

Nos centramos en el tiempo de la historia reciente porque desde hace una década surgen nuevos grupos culturales en la ciudad de Neuquén, que van conformando un campo cultural que ha cambiado la vida artística citadina. Emergen distintas manifestaciones y espacios culturales y a la vez se va conformando un público nuevo, expectante y cada vez más numeroso. Los medios de comunicación ayudan a difundir los eventos y la Secretaría de Cultura municipal auspicia algunos y se van trasladando del centro a la periferia, lugares no tradicionales, bibliotecas populares, escuelas, hospitales, cárceles.

En la articulación de estas tres dimensiones de la historia (mujeres, cultural y reciente) se presenta en forma recurrente el tema del recurso del método, formas de abordaje para escribir y analizar nuestra realidad. Esta investigación tuvo dos momentos, uno exploratorio de observación, conversaciones informales y otro de entrevistas individuales y grupos de discusión o focales.

Las entrevistas y las observaciones tuvieron como estrategias de análisis:

- El lugar de otredad de género, de las mujeres que generan dinámicas culturales que cuestionan normativas e incluso costumbres.
- Los sistemas simbólicos del arte y los sujetos productores conectan las representaciones con sus condiciones sociales de producción y expresión, además con las estrategias de poder.

- La construcción de identidades femeninas propias[68], puesto que las representaciones culturales han sido decisivas en la conformación de las identidades.
- El plano de las subjetividades, la conformación de la identidad múltiple, que las mujeres van adquiriendo a través de su vida y como se confluyen en el momento de la entrevista: madre, esposa, trabajadora, creadora de arte, ciudadana.

En lo específico de la historia cultural de las mujeres, entre el abanico de temas, focalizamos las experiencias femeninas en el arte. El desafío es escribir la historia de las expresiones artísticas de un sector social que se está imponiendo de a poco en el campo cultural de la ciudad de Neuquén.

Hablaremos de las dificultades que esto le depara cotidianamente pero también de las distintas facetas que están descubriendo y de los proyectos que encaran a pesar de transitar por los espacios donde siempre han sido prioridad de los varones.

Las mujeres objeto de nuestro estudio

El arte no lo encorsetamos en una precisa definición, simplemente decimos que es una construcción humana, un goce de sentimientos. El arte no es propiedad de una cultura, de una época, de un grupo social, o un género, lo trasciende y perdura en el tiempo ya sea el arte hegemónico o creado en los márgenes. "Crear cultura es crear sistemas simbólicos, lenguaje articulado, jugar con las formas, las palabras, el cuerpo. No existe arte mayor o arte menor, la calidad no es por su género sino por su mala o buena factura". (Zátonyi, 2007: 47)

---

[68] Con respecto a las identidades femeninas según Celia Amorós (2006) se entienden, como lugar de permanente resignificación de la identidad que nos ha sido patriarcalmente atribuida. Y Nancy Fraser, (2000: 222) en su argumentación de identidad femenina señala "hay que hacer juicios normativos y ofrecer alternativas emancipatorias así como desarrollar una teoría que describiese las identidades colectivas como discursivamente construidas y complejas, capaces de fundar la acción colectiva y sujetas a la mistificación, necesitadas de la deconstrucción y la reconstrucción".

La práctica del arte la concebimos como una función comunicativa y expresiva. El arte genera pertenencia a una comunidad, comunicación, compartir iguales códigos de signos artísticos. Las manifestaciones artísticas femeninas si bien se diferencian entre sí tienen un núcleo en común son realizadas por mujeres que se enfrentan a dificultades, indiferencias, pero también a aciertos, valoraciones. A pesar de los obstáculos notamos que se van perfeccionando cada vez más y logrando un espacio y un reconocimiento en un específico público regional.

Presentamos en esta instancia a las narradoras orales y a las cineastas de cortometrajes por ser dos grupos nuevos en la ciudad y que tienen presencia significativa en espectáculos públicos. En tercer lugar, las artistas plásticas en su trabajo individual y estilo han ido dejando una impronta, que en algunos casos ha trascendido las fronteras de la provincia.

Las narradoras orales

Ubicamos a las narradoras orales o "cuenta cuentos" como parte de la historia cultural de las mujeres neuquinas. A través de las voces femeninas que se destacan en alguna actividad cultural en la sociedad local, es que nos inducimos a hurgar en las subjetividades de las mujeres y analizarlas desde el enfoque de género que nos permite ver, lo impuesto, lo adquirido, lo asumido, la rebeldía, la trasgresión, en dos palabras lo heterónomo y autónomo de estas testigos.

La mayoría del colectivo son mujeres quienes encuentran en el arte de narrar el cultivo de la imaginación, la utopía, lo irreal, lo aun no real. El oficio de narrar las ha empoderado y proponen conservar ese lugar en el mundo artístico de la ciudad ante un público adulto, interpretando autores, adaptando cuentos, o relatando aquellos de su propia autoría. El medio suele ser hostil pero han realizado el primer desafío, salir del ámbito familiar (contar a sus hijos/as o nietos/as) para instalarse en el público con riesgos y desafíos, superando los miedos en la relación con los espectadores. Ese desafío ha sido la interpretación de cuentos en espacios públicos y transformar la narración en un arte y ser actoras en la conformación de la cultura local. Tal vez es poco el tiempo como para que este arte "nuevo", instalado en las ciudades[69], tenga reconocimiento en la sociedad y en las instituciones estatales en épocas de innovación continua de tecnología aplicada a la industria cultural.

El arte u oficio de contar se fue convirtiendo en movimiento y en los últimos años se transformó en una profesión que invita a jugar con la imaginación a grandes y chicos por igual.

Ante la definición de si es arte u oficio hay diferentes interpretaciones. Las cuenta cuentos neuquinas entrevistada señalan:

> Dora Pastoriza habla del "oficio de narrar", en su libro del mismo nombre. Yo digo es arte. Asumir una palabra lleva tiempo. Una pone su cuerpo pero transforma la palabra desde el ánimo, desde donde fue tocado y yo te cuento y te provoco tu propio trabajo, de sensibilidad desde la estética, del imaginario. Por eso lo defino como arte. (testimonio 1)

> El arte es el cuento, el narrarlo —lo que hacemos nosotras— es el oficio (testimonio 2).

La primera entrevistada se ubica en el plano de jerarquizar su trabajo, es una de las pioneras, se la considera la "maestra" de todas las cuenta cuentos neuquinas. En cambio, la testimonio 2, piensa desde el lugar de principiante.

Según lo observado en los distintos eventos en la ciudad de Neuquén no existe un modelo de persona. La mayoría son mujeres, maestras jardineras o primarias, u de otras profesiones, también hay amas de casa, jubiladas que superan el "agorafobia" y se atreven a contar en público.

---

[69] En Argentina las docentes fueron precursoras en el *metier*, a partir de las técnicas para contar cuentos en las escuelas que propusieron Dora Pastoriza y Marta Saloti en los años sesenta. Ese origen podría aclarar por qué hoy, entre cien narradores hay solo diez de sexo masculino. (*El Clarín*, Bs As, 16-02-05).

Para conocer a las cuentas cuentos indagamos los inicios y el desarrollo, sus obstáculos y sus aciertos, sus emociones e indignaciones, como se ven a sí misma y como los ven los otros.[70] Con la técnica de la entrevista fuimos construyendo la fuente oral que se convierte en documento. La elección de las entrevistadas se realizó a partir de la pionera cuenta cuentos, que realiza talleres continuos de distintos niveles y que es una referente para todas. Las demás son narradoras habituales algunas eligen un público preferentemente de adultos otras de niños/as.[71]

Todos estos grupos han tenido experiencia de contar en encuentros internacionales y realizan algunas reflexiones comparativas. Una de las primeras cuentistas en la ciudad de Neuquén, comenta:

> En Latinoamérica en general se cuentan leyendas, mitos de su rica tradición aquello que se escuchó o leyó y no se sabe quien lo inventó o escribió, es parte del folklore de sus países. En cambio en la Patagonia argentina no existe el folklore propio, región poblada por inmigrantes internos y externos, las tradiciones se diluyen. Por eso se prefiere elegir un autor conocido o no, pero que el cuento esté editado" (Testimonio 3)

La relación con el público es un campo dinámico por el que circulan energía y sentidos que interconectan a las personas. Se produce

---

[70] Si bien la entrevista fue estructurada en forma de historia de vida, a los efectos de este trabajo reproducimos los testimonios específicos sobre sus experiencias de "cuenta cuentos".

[71] En Neuquén varios grupos se conformaron a partir de los talleres que se dictaron y fueron conociéndose. Entre los grupos pudimos identificar varios que presentan continuidad: las *Contarinas* son maestras jardineras, cuentan para niños. *Caretas*, fue uno de los primeros, cuentan a adultos y niños. Las *Mona Lisa*, contaban en la biblioteca Alberdi, y luego en otros lugares. *Qué me contursi* formado por un varón y una mujer, narran en espacios públicos. *Dos Juanes y un par de locas, La valija, Dicen que dicen, Picardía, Alboroto*, se dirigen a un público de adultos. En cambio grupos narradores para niños y eventualmente para adultos están *Buena pipa, Flauta de pan, La casita del bosque*. La participación de varones es minoritaria.

una comunicación que se establece sobre un plano físico, corporal, multisensorial y con posibilidades de que el espectador/a trasmita empatía.

Las narraciones escogidas trasmiten valores, actitudes o simplemente lo curioso de las situaciones del mundo de vida. "La propuesta es provocar el placer de escuchar que requiere de la narradora aprendizaje, entrenamiento, concentración, trabajo, esfuerzo ya que de todos estos hilos está tejida la red con el que la narradora atrapa a sus oyentes" (AAVV, 2005:23).

> Las cuenta cuentos estamos comunicadas con el público, si no hay este hilito de comunicación, de que vuelva, no puedo contar. Por ejemplo nos cuesta mucho contar solas, cuando ensayamos porque la sangre del cuento te lo da el escucha, cada cuento es con el otro. (Testimonio 1)

Es decir, la narradora cuenta, pero el público le devuelve a través de las más diversas reacciones, —la mirada, la risa, la emoción— generando un ida y vuelta. Así se establecen imágenes y quien escucha las debe recrear según su propio imaginario.

El ámbito público de las cuentas cuentos transforma ese espacio familiar donde pudo haber nacido ese don y se transforma en un arte reconocido porque el continuo perfeccionamiento, la concurrencia a talleres de narración oral, va moldeando el oficio puesto que se "desliteraturiza" un cuento escrito para adaptarlo a su versión oral.

El Estado ante estas propuestas de espectáculos

La Secretaría de Cultura y Deporte en contadas veces ha auspiciado este tipo de eventos.

> Pero fueron muchas luchas… La gente te llama como que te hace un favorcito …vení a contarte un cuentito así saben lo que es… como que te están haciendo un favor Y yo en algunas cosas pongo precio y en otras regalo cuando tengo ganas de regalar . (Testimonio 1)

Esta concepción que las mujeres cuentan cuentos porque es parte de su "naturaleza de madre" lleva a que no se internalice en la población la idea que es un oficio o arte y como tal se debe cobrar, pero la relación está presente con el trabajo doméstico gratis de las mujeres.

> Los varones ponen precio y no le dicen nada... (Testimonio 2)

A pesar de la poca ayuda del Estado, la imaginación que aplican para organizar cada evento les permite una continuidad en sus actividades.

> A fin del año pasado contamos en un salón y tuvimos el auspicio de la Municipalidad. Hay gente que no quiere tener conexión con la parte estatal, eso hay que discutirlo. (ibid)

No todas tienen la misma postura en relación al oficio de contar cuentos y esto se visibiliza cuando se plantea cobrar los espectáculos. Es decir asumen su oficio de distintas formas, para algunas es una forma de "servicio" y se niegan a "poner precio". En un grupo de discusión se argumentó sobre este tema.

> Nuestra postura es que sean invitaciones a escuelas, instituciones vamos sin cobrar. No nos planteamos un trabajo profesional exclusivo, estamos aprendiendo, no pensamos vivir de esto, por lo menos por ahora. Nos lo planteamos como un hobby, queremos crecer, no como otras que si se plantean vivir de esto y de hecho lo hacen. (testimonio 4)

> Nosotras fuimos el año pasado a "contextos de encierro", la cárcel, experiencia muy fuerte, un preso nos dijo "gracias por tratarnos como seres humanos". Es gratificante. (testimonio 2)

> Creo que estamos en un espacio de transición. Si hubiera políticas públicas ...son distintos momentos, somos exigentes con nosotras mismas y nos damos cuenta que queremos crecer pero no nos planteamos vivir de contar cuentos, somos realistas, aunque sería genial (testimonio 3)

Entre los comentarios que realizaron las narradoras con respecto a algunas mujeres que comenzaron y dejaron el oficio se desprende los mandatos sociales que las presionan.

> Muchas mujeres ven que el tiempo que les ocupa realizar estos oficios le quita tiempo a su familia, entonces el tema de la culpa está presente siempre y abandonan (testimonio 4)

No es un oficio rentable y por lo tanto el mandato social- familiar es una continua presión, subyace el descalificativo, el maltrato psicológico es decir la desvalorización, ante esto el desafío es constante, pero existe el apoyo de un público específico que las alienta a seguir a pesar del Estado

La experiencia de cineastas neuquinas[72*]

A diferencia de las cuenta cuentos, las cineastas que integran un grupo llamado Asociación de Realizadores de Audiovisuales de Neuquén (ARAN) son una minoría de mujeres jóvenes (25 a 35 años) que han emprendido la dirección de cortometrajes.

Realizaremos algunas reflexiones sobre este arte poco experimentado por mujeres, antes de incursionar en el cine de mujeres neuquinas.

El cine de mujeres y más precisamente el que registra un sentido feminista se ocupó de la transformación de la mirada, la producción de narrativa, placer visual y las posiciones del sujeto, todas diferenciaciones del cine realizado por varones. "Pienso que es un cine feminista porque le doy lugar a cosas que nunca o casi nunca se mostraron de ese modo, como los gestos cotidianos de una mujer (…) De alguna manera reconocemos esos gestos que fueron negados o ignorados" (De Laurentis: 2001:211).

El cine tiene capacidad para interpelar, movilizar y articular el imaginario individual y social. Y utilizado por mujeres, en tanto que

---

[72*] El desarrollo de este tema contó con la colaboración de Daniela Dietrich, integrante del Equipo de investigación.

discurso e ideología, puede modificar las representaciones sociales de los espectadores. El cine realizado por mujeres, en general pretende focalizar la atención hacia procesos históricos y culturales que han excluido sistemáticamente a las mujeres de la esfera de la producción cultural, sea éste cine documental o de ficción. Estos son documentaciones valiosas en la cual las autoras nos invitan a realizar otra mirada del lenguaje y observación de los personajes.

Giulia Colazzi (2007) argumenta que las directoras de películas que están cada vez más incursionando en el cine comercial parten de la intencionalidad de incorporar el tema de mujeres dentro de la industria del cine dejando traslucir una imagen de mujer no sólo como objeto de representación, sino también como "sujeta activa" de lo representado.

En realidad la propuesta es "hacer visible lo invisible" como proceso crítico que intenta vislumbrar no sólo sobre la representación femenina en el cine, sino también sobre el "hacer" creativo de la mujer dentro de la industria cinematográfica. Porque en el hecho fílmico la mujer tiene un espacio y éste ha permitido que la mujer se exprese a través de las cámaras. Las cineastas, aun con poca producción van armando un cine en el que la mirada de la mujer se percibe desde sutiles palabras, gestos, enfoques hasta los lenguajes y situaciones femeninas bien precisas.[73]

La teoría y crítica fílmica feminista se interroga por el sentido de la mujer en el cine, tanto como figura que está dentro de la pantalla como figura creadora al otro lado de ella. La teoría y crítica fílmica feminista es un discurso crítico que cuestiona ese

---

[73] Según Siles Ojeda (2000) los análisis de los textos fílmicos realizados desde la "perspectiva feminista" no sólo se interrogan sobre el modo en que la institución cinematográfica perpetúa un modelo de representación del sistema sexo-género y de la mujer enmarcado dentro de los parámetros de la ideología patriarcal, sino que, además, proponen la construcción de un nuevo marco de visión desde crear un "contra-cine" y una "des-estética feminista" como abrir "otros" sentidos a la lectura de los textos fílmicos.

modelo de representación basado en la diferencia negativa del "otro", en este caso de las mujeres.

Una forma de creación de arte cinematográfico por parte de las mujeres es el llamado cine documental, (que puede ser testimonial o etnográfico) como primera experiencia, por su posibilidad de realización y bajo costo.

Opinamos que existe un cine diferenciado también desde los argumentos, como se ha podido ejemplificar en los cortometrajes producidos por las mujeres de ARAN en los que hay una sensibilidad diferente sobre problemáticas cotidianas y en algunos casos expuestas a manera de denuncia. Esto nos da pautas para aventurarnos a afirmar que el cine de mujeres, y más aun el de registro feminista puede ser una herramienta para hacer reflexionar y sensibilizar al público de los estereotipos de género que se legitima en el cine comercial que no se propone una mirada crítica a lo establecido como "natural". Al mismo tiempo, cabe destacar que hay cine producido por mujeres que siguen las pautas masculinas hegemónicas.

Analizar un film desde la mirada de género conlleva la crítica a lo explícito y lo implícito, a las representaciones dominantes de las relaciones entre los sexos, relaciones de poder masculino y estereotipos de mujeres en lo físico, emocional, actitudes procedimentales en lo cotidiano y en el espacio público.

En el llamado cortometraje analizamos el tiempo, el espacio, las situaciones de relaciones personales, la presencia y ausencia de mujeres, todas las construcciones humanas que se engloban en el arte y éste las presenta y representa. Además, el uso del lenguaje, el significado de las palabras, las frases cortas, los silencios y a partir de lo hablado y no hablado, los gestos, la expresión a través del cuerpo. Nos interesan, en especial los personajes femeninos que los vemos en forma individual o en relación con el otro.

En la actualidad, no hay una diferenciación tajante entre cine de ficción documental y cine documental, tienen en común el tiempo breve, planos con pocos personajes no profesionales, mirada de una cámara única que se dirige a uno y otro lado y montaje discontinuo, puede narrar una historia o captar un testimonio. Es decir, se filma historias ficcionales con montajes de documental. Lo que caracteriza al documental no es el tema sino el "método documentalista": deseo de capturar, no orden de precisión. En este tipo de cine entre documental y ficción documental es el que han encarado como proyecto colectivo varones y mujeres cineastas en Neuquén. Su intención es mostrar algo distinto porque, "mientras más se filmen más son las posibilidades para descubrirse a uno mismo y el entorno. Todo es un aprendizaje constante" (un testimonio).

En general ARAN se propone realizar lo que se denomina cine documental o lo documental en el cine, tal vez no muy definido en cuanto a sus características, para darle una cobertura más amplia, le han llamado en general "audiovisuales". A continuación analizaremos un cortometraje dirigido por una mujer:

Marcadas de Virginia Capitano. El film es la danza significativa de una bailarina muy conocida en el medio, Violeta Britos, que interpreta el personaje único de una o todas las mujeres violentadas. Los movimientos de la danza representan percepciones en las espectadoras ante una imagen visual que simboliza lo sentido en la pos-violencia.

En el comienzo del film se muestran los pies atados con sogas y cadenas, pies desnudos que camina sobre piedras, símbolo del sufrimiento y el arrastre de sus pesares. En otra secuencia se observa desde la sombra reflejada en la pared el corte brusco del pelo a manera de despojo de su femineidad.

Los movimientos de la danza generan percepciones en las espectadoras ante una imagen visual que simboliza lo sentido después del maltrato. Vemos un cuerpo que ha sido tratado como objeto por "otro", marcado por la fuerza. Mujer sin rostro preciso, sin identidad, como representación de todas, vestida de negro en el luto que significa la muerte de su voluntad, de su libertad, de su pertenencia.

La referencia del personaje es uno y múltiple, es la mujer genérica. Un cuerpo en perpetua mutación con los movimientos de la danza en el que se desprenden velocidad, reposo y lentitud del dolor.[74] En otra escena se muestra un muro que la protagonista intenta trepar como manera de salir del encierro, de ser víctima de violencia, idea de enclaustramiento, de sin salida. Acto final una manifestación callejera multitudinaria[75], la mujer enfocada de espaldas se dirige hacia ella, como forma de incorporarse al espacio público de los reclamos, manera de hacer también su reclamo privado.

Así el significativo título de *Marcadas* –en plural– por el maltrato físico-psíquico recibido. Una mujer, que puede ser muchas mujeres.

Definimos a éste, y otros cortos realizados por cineastas de ARAN como un "anticine" feminista que al decir de Annette Kuhn (1991: 170) es "una actividad cinematográfica que se desarrolla contra el cine clásico y lo desafía, normalmente en el nivel tanto de los significantes como de los significados". Por lo que podemos deducir que algunas cineastas [76] suelen tener miradas feministas, ideas sobre situaciones discriminadas, de dominación, de diferenciación de las mujeres. Sus cámaras están enfocadas en el cuerpo, en el rostro de mujer que puede expresar sufrimiento, alegría, satisfacción, miedo. Marcan situaciones de los personajes, relaciones sexuales, sentimientos dichos y no dichos, silencios, todos presentados en forma implícita que permite al espectador imaginar, representarse y sacar conclusiones de acuerdo con su universo de valores.

---

[74] Sostiene Ricardo Parodi (2004: 90) "El cine feminista aporta una nueva dimensión de lo corporal a partir de este *gestus* que comunica lo individual con lo colectivo, lo subjetivo con el devenir, lo cierto es que dicho *gestus* encuentra su elemento genérico en un detalle mínimo que se expande para entrar luego en relación con un rostro extensivo".

[75] Puede ser una manifestación del 25 de noviembre, día de la no violencia contra las mujeres.

[76] Sin embargo, las directoras de este tipo de cine no tienen una actitud coherentemente feministas con toda su producción, otros de sus films repiten el cannon masculino.

Las artistas plásticas

Las expresiones de las artísticas plásticas neuquinas se revelan en un campo competitivo en que predominan vanguardias, estilos y modas. Las mujeres se caracterizan por ser constantes, y muchas se alejan del centro de la competencia para sumergirse en su taller con las imágenes y colores que su imaginación les dicta. Entrevistamos a tres pintoras y elegimos algunas de sus opiniones:

> Pienso que lo mío no está de moda, no es lo que se usa, esto es muy personal. Al principio comencé con el blanco y negro, más tarde descubrí los colores y los fui mezclando y el resultado fueron collage y pintura con mucho colorido. (Cristina)

> Creo que en las pinturas de las mujeres hay cierta femineidad en el tratamiento del cuerpo femenino, porque es lo que más conocemos. Hay mucho cuerpos en mi obras, cuesta más las curvas, también pinto flores, de todos los colores. Veía en los talleres que las niñas dibujaban flores y los varones autitos, máquinas, esa es una preparación cultural. Creo que es una sensibilidad distinta, pero también que es un preconcepto. No me gusta que nos diferencien, hacemos arte con mayúsculas por igual. (Liliana)

Se podría afirmar que el mundo de las mujeres diferenciado es el que le otorga una subjetividad, un imaginario, una experiencia propia que lo plasman en sus expresiones artísticas y le imprimen un sello de identidad femenina.

Una artista se construye en el tiempo, crea sus obras pero a la vez va construyendo su identidad de artista por medio de la reflexión sobre sí misma y su obra.

En este tema de la identidad, Simone de Beauvoir (1984) opina "ella" es el Otro que no es él, la mujer se determina y diferencia con relación al hombre y no éste con relación a ella; ésta es lo inesencial. Él es el sujeto, él es lo absoluto, ella es el otro. Este trazado en negativo es reinvertido por algunas mujeres que lo instituye como contra-identidad.

No obstante, la identidad de la mujer es producto de su propia interpretación y de la reconstrucción de su historia, por intermedio del contexto cultural discursivo al que tiene acceso y lo resignifica en su imaginario femenino.

Las identidades son construidas de forma colectiva sobre las bases de la experiencia, de la memoria, de la tradición y una enorme variedad de prácticas y expresiones culturales, políticas y sociales. También es cierto que "las artes se practican y sostienen en un contexto social en que existen profundas relaciones de poder, propiedad, clase y género" (Said, 2001: 39).

Si las artistas mujeres son dejadas fuera del registro o ignoradas como parte de la herencia cultural, el canon se vuelve un filtro cada vez mas empobrecido para el conjunto de posibilidades culturales.

Giselle Pollock (2002: 31) afirma que "En la escritura de la historia del arte, el lugar del artista y de la mujer artista está determinado por estructuras míticas que naturalizan un rango particular de significados para masculinidad, feminidad, diferencia sexual y cultura". Según Eli Bartra (2005) la especificidad del arte femenino se puede visualizar desde la condición socio-histórica de las mujeres, el lugar especifico en que están situadas en el mundo. Además se analizan las constantes dentro de la obra misma, tanto las formas de expresión como la temática.

¿La relación vida-obra es una constante en las obras de las mujeres o es una característica la unidad de la vida, la no separación entre la vida y la obra, entre lo privado y lo público?

En mi opinión, las obras, creación individual o colectiva son producto de vivencias personales, de sueños, imaginarios, lo que son o quisieran ser, como ven el mundo a partir del lugar en que se ubican en la sociedad. A partir de allí se puede decir que el arte femenino existe como tal. Las mujeres crean de múltiples maneras, desde su lugar de mujer o imitando el arte masculino o transgrediendo los mandatos impuestos.

Una de las explicaciones de la minoría de las mujeres en la creación artística puede enfocarse en la división sexual del trabajo impuesta. Los varones están en el espacio público y desde allí crean. Las mujeres que han traspasado esa barrera son las que han podido entrar al mundo de la producción artística. "Se ha tratado de explicar con una mirada feminista la creación artística de las mujeres. Se habla de una sensibilidad femenina, de un imaginario distinto, de estilos femeninos". (Bartra, op. cit: 52)

> Lo mío sigue siendo el collage, me afirmé en esa técnica. Todo lo que se me ocurre en el día lo escribo. Cuando empiezo un cuadro puede ocurrírseme otro. A veces se me ocurre otra idea y comienzo otro cuadro. (Cristina)

> Puedo incorporar materiales diferentes y seguir siendo expresionista como soy, o sea, el medio es el color. El estilo si es para mi, como soy yo, te puedo decir que hago cinco cosas diferentes, porque soy muy geométrica en el momento de producción, en algunas producciones, y cuando la luz es el eje del conflicto mucho más naturalista. Y soy yo. Ya no peleo. Ya no me peleo conmigo misma. Como que pareciera que hay que ser una sola cosa. Bueno, acepté que soy dos en ese hacer. (Carmen)

> Hago pintura figurativa no conceptual, por convicción, quiero que la gente común me entienda y que disfrute y que ese sea mi público. (Liliana)

Las protagonistas están situadas en el aquí y ahora, en esta época posmoderna en que las condiciones de producción del arte admiten la multiplicidad de experiencias estética al unísono, es decir, permitirse abordar diversos materiales, estilos y temáticas. Consideramos que estamos frente a un nuevo estilo donde se combinan nuevas y tradicionales formas de expresión en la producción de bienes culturales, por ejemplo el montaje-perspectiva, simetría-asimetría, continuidades-discontinuidades, esto es una característica de la emancipación de sentidos propio de la época. Aunque como ellas mismas dicen "no todo el público lo acepta".

El espacio del arte, instituciones, formaciones

En estos tiempos "la producción para el mercado implica la concepción de la obra de arte como una mercancía, y la del artista por más que él se defina de otra forma, como una clase particular de productor de mercancía" (Williams 1994:41).

> ¿Interesarme vender? Ahora más que antes, me costó mucho entender vender. Hacer una exposición cuesta dinero. Creo que la pintura como cualquier otro arte sirve como forma de comunicarse con los demás, si una no expone, no muestra … Lo de la venta, que la obra quede para una sola persona me parecía triste, en una obra se vuelca muchos sentimientos. Sentía que otra persona se llevara algo de mí. He hablado con muchos artistas plásticos que me han dicho cuando termina una obra ya no es más de una, siento que sí. (Cristina)

> Me genera mucha angustia porque me cuesta buscar el espacio para exponer, me cuesta relacionarme con al gente que ofrece esos espacios y siempre digo que tendría que tener alguien que me haga ese trabajo, a mí déjenme pintar. Que alguien me ubique la obra, me la traslade. Las veces que llevé, trasladé obras, quedé agotada. Hay dos tipos de muestras la colectiva y la individual. Cuando vas a una muestra individual, de un mismo autor, es como que queda vacío durante un tiempo. Es todo un proceso de años, o de meses, en mi caso lleva dos a cuatro años. No expongo todo lo que hago sino lo que elijo exponer. (Carmen)

> Somos grandes artistas pero no nos reconocen, nos queda dos caminos ser renegadas o salir al frente. Hay grietas en el Estado, hay que aprovechar las grietas del sistema. (Liliana)

Algunas de las artistas vinculan su trabajo como parte de sus sentimientos, como reproducción de estados de ánimo, como parte de sí. Se desprende de los testimonios que se crea una relación entre la producción del artista y el público, pero por otro lado el mercado impone pautas propias. Es significativo las exigencias de libertad de estas artistas para crear como deseen y los imperativos del reconocimiento.

Pierre Bourdieu (1983) sostiene que a medida que el campo artístico gana autonomía respecto de las coacciones y de las exigencias directas de las facciones dominantes de la burguesía, es decir, a medida que se desarrolla un mercado de bienes simbólicos, las características puramente artísticas de los productores de bienes simbólicos adquieren una mayor fuerza explicativa. La posición en que se encuentran los obliga a pensar su identidad estética. Esto quiere decir, adoptan una concepción independiente o crean según los gustos del mercado que varían según las modas generales del arte.

> Yo creo que hay espacios, pero están bastantes reducidos, pero cuesta un poco para conseguir, la última exposición individual que hice aquí, fue en el 2003, las más recientes fueron en otras ciudades del país. (Cristina)

> Dentro de nuestro panorama mi obra fue valorada por la gente común, [en general ha trabajado en murales de calles] pero eso es real ningún artista ha sido valorado como corresponde. La cultura no es tema importante para ningún gobierno, ni a nivel nacional, ni provincial. Proyectos presentamos muchos, pero... muy decepcionante. El patrimonio no les interesa porque el patrimonio es identidad... Una se desarma, pero se vuelve a armar, hay una pelea continua. Hay que vencer al tiempo seguir trabajando y no esperar el reconocimiento. (Liliana)

> Creo que se necesitaría más espacios para los artistas plásticos de acá porque hay alguna gente que se repite, se repite, pero hay otra que no ha tenido espacio nunca. Sí, tiene que ver con la audacia, generalmente de los varones, también con el amiguismo, con el partidismo, el clientelismo. Esta experiencia de no conseguir sala

> porque los que emiten el juicio sobre la obra, dicen que es una obra
> anacrónica… (Carmen)

Para estas artistas los contratiempos para exponer en la ciudad de Neuquén son entre otros la falta de galerías privadas y espacios estatales. Por lo que se observa existe una política cultural estatal desarticulada de quienes producen bienes simbólicos.

Finalizando podemos opinar que el entrecruzamiento de la historia de las mujeres, la historia cultural y la historia reciente nos permitió centrarnos en el sujeto "mujeres que hacen arte" incursionando en un camino no tradicional del género femenino que por el contrario ha sido un espacio donde predominaron los hombres.

Pero a lo largo de la investigación nos preguntamos por qué el arte tiene género cuando es la expresión universal que atraviesa a todas las culturas en todos los tiempos. Al centrarnos específicamente en las expresiones artísticas femeninas arribamos a la conclusión que las mujeres crean desde sus propias experiencias, desde sus lugares de subordinación y que por lo mismo incorporan una impronta específica. No queremos incurrir en el debate si hay arte femenino y arte masculino totalmente diferenciado, sólo resaltamos que las subjetividades propias marcan las expresiones artísticas y que sólo una mirada sutil, un entrenamiento en los estudios de género nos permite visibilizarla.

Las prácticas artísticas de las mujeres no es sinónimo de mirada crítica acerca de las relaciones de poder entre los sexos, sino que es un comienzo de expresión femenina independiente del canon.

La relación artista-instituciones estatales es crítica, no se percibe la valorización de una cultura regional, y menos aún de las mujeres, situación preocupante porque en definitiva es parte de la identidad colectiva.

Bibliografía

AA.VV. (2005) *VI Encuentro Internacional de Narración oral. Cuenteros y cuenta cuentos, de lo espontáneo a lo profesional,* 2, Buenos Aires, Fundación el libro.

ALTAMIRANO, C. (2002) *Términos críticos de sociología de la cultura*, Buenos Aires, Paidos.

AMOROS, C. (2006) *La gran diferencia y sus pequeñas consecuencias…para las luchas de las mujeres*. Valencia, Ediciones Cátedra-Instituto de la Mujer. Universidad de Valencia.

BARTRA, E. (2005) *Frida Kahlo, mujer, ideología y arte*, Barcelona, Icaria.

BOCK, G. (1991) "La historia de las mujeres y la historia del género" en *Historia Social*, 9, Valencia, pp. 55-77.

BONACCORSI, N y Ozonas, L. (2006) "Las expresiones culturales femeninas como búsqueda de identidad" en *La Aljaba, segunda época*. Luján, Editan Universidades de Luján, Comahue y La Pampa, Publicaciones UNLu, 10, pp 85-96.

————— y Dietrich, D. (2008) "Nueva mirada, otro lenguaje, otro lente: cuando la cámara la maneja una mujer" en ibid, Neuquén, EDUCO, 12, pp 85-95.

BORDERIAS, C. (1997) "Subjetividad y cambio social en las historias de vida de mujeres: notas sobre el método biográfico" *Arenal*. Revista de historia de las mujeres, 4.2. pp 177-195.

BOURDIEU, P (1983), *Campo de poder y campo intelectual*, Buenos Aires, Folios Ediciones.

COLAIZZI, G. (2007) "El acto cinematográfico: género y texto fílmico". Universitat de València, en la siguiente dirección telemática (URL): www.ub.es/cdona/Lectora_07/.

De BEAUVOIR, S. (2007) *El segundo sexo,* Buenos Aires, Sudamericana. (primera edición 1947).

De LAURENTIS, T. (2001) "Repensando el cine de mujeres" en M. Navarro y C. Stimpson, (comp) *Nuevas Direcciones*, Buenos Aires, FCE, pp. 203-232.

DUBY, G y Perrot, M. (1993) "Introducción" en *Historia de las Mujeres*, Madrid., Paidos. pp. 11-13.

FRASER, N. (2000) "Heterosexismo, falta de reconocimiento y capitalismo. Una respuesta a Judith Butler" en *New left review*, Madrid, Akal, 2, pp123-134

GAMBA, S. (2007) *Diccionario de estudios de Género y feminismos*, Buenos Aires, Biblos.

JALÓN, M. y Colina, F (2000) *Los tiempos del presente. Diálogos.* Valladolid, Ediciones cuatro.

KUHN, A. (1991) *Cine de Mujeres. Feminismo y cine,* Madrid, Cátedra.

MULVEY, Laura (1998) *Placer visual y cine narrativo,* Documentos de trabajo, Valencia, Fundación Instituto Shakespeare/Instituto de cine y RTV.

PARODI, R. (2004) "Cuerpo y cine. Reporte fragmentario sobre extrañas intensidades y mutaciones del orden corporal" en Gerardo Yoel (comp.) *Pensar el cine 2.* Buenos Aires, Manantial, pp. 73-100.

PEREZ BERGLIAFFA, M. (2006) "¿Cómo se hace para ser artista?" En Ñ Revista de Cultura, Clarín, Buenos Aires .p. 24.

POLLOCK, G. (2002) "Disparar sobre el canon. Acerca de cánones y guerras culturales" en *Mora*, Facultad de Filosofía y Letras. Buenos Aires, Universidad de Buenos Aires, pp. 25-44.

SAID, E. (2005) "Cultura, identidad e historia" en Schroder, G. y Breuninger, H. *Teoría de la cultura. Un mapa de la cuestión.* Buenos Aires, FCE, pp. 37-53.

SARLO, B. (2005) "Cine documental: la objetividad en cuestión" en *Punto de Vista*, Buenos Aires, 81, pp. 14-23

SERNA, J y Pons, A (2005) *La historia cultural. Autores, Obras, Lugares*, Madrid, AKAL.

SILES OJEDA, B. (2000) "Una mirada restrospectiva: treinta años de intersección entre el feminismo y el cine". Valencia, *Caleidoscopio.* Revista del AudioVisual. Universidad Cardenal Herrera-CEU. pp. 37-55.

ZÁTONYI, M. (2007) *Arte y creación. Los caminos de la estética.* Buenos Aires, Capital Intelectual, Colección claves para todos.

ZEMON DAVIS, N. (2006) *Pasión por la historia*, Publicaciones de las Universidades de Valencia y Granada.

WILLIAMS, R. (1994) *Sociología de la cultura,* Barcelona, Paidós.

Las mujeres mayores en las representaciones sociales, a través del curso de la vida. Prejuicios y discriminaciones sobre su sexualidad, el lugar asignado a la salud, y la difícil realidad enfrentando al VIH / SIDA

Liliana Gastron[*]

Prejuicios y discriminaciones

Vivimos en un mundo que envejece donde una proporción cada vez mayor de la población tiene 60 años o más. En el año 2000 según las Naciones Unidas (2007), Naciones Unidas, se calculaba que las personas de esa edad superaban los 600 millones, con lo que se había triplicado la población de ese grupo que vivía en 1950; y en 2006 ya habían superado los 700 millones. Hacia el 2025 se proyecta que alcanzarán los 1200 millones y llegarán a ser 2000 millones en 2050. En suma, en 50 años la cifra se habrá triplicado nuevamente. De acuerdo con el Fondo de Población de dicho organismo, más de

[*] Doctora en Ciencias Sociales y Humanas. Carrera de Especialización en Estudios de las Mujeres y de Género. Universidad Nacional de Luján, Argentina.

185

las dos terceras partes de las personas de edad viven en países en desarrollo y llegarán a ser el 75 % en 2025. El ritmo de crecimiento más acelerado es el del grupo de 80 años y más, en muchos países, y en general, la duración media de la vida de las mujeres supera a la de los hombres, así como su tasa de envejecimiento.

Daremos algunas cifras de NU (2007) a fin de ejemplificar este hecho. La población mundial femenina de 60 años o más es del 11,8 %, en tanto la masculina es del 9,6%; tomando 65 años o más la cifra es de 8,5% para las mujeres y de 6,5% para los hombres. A los 85 años o más la cifra es de 1,8% entre las mujeres y de 1% entre los hombres. Las diferencias entre países y regiones son también significativas. Así en el sur de Europa, las mujeres de 65 años o más son el 20,3% de la población femenina, en tanto los hombres de esa edad son el 15,2%, y a los 80 o más, las mujeres son el 5,8% y los hombres el 3,1%. En América del Sur, las mujeres de 65 años o más son el 10,4% de la población femenina y los hombres el 8,5%; a los 80 años o más, las mujeres son 1,6% y los hombres el 1%. En el África del sur del Sahara, las mujeres de 65 años o más son el 5% de la población femenina y los hombres el 4,1%; a los 80 años o más, las mujeres constituyen el 0,4% y los hombres el 0,3%.

Tomando los datos de NU (2007) la disparidad de sexo entre los países, según su desarrollo es, para los países más desarrollados, de 67,7 hombres/100 mujeres a los 65 años o más y de 46,8 hombres/100 mujeres a los 80 o más; entre los países de desarrollo menor, las cifras son de 84 hombres/100 mujeres de 65 o más, y de 66,3 hombres/100 mujeres de 80 años o más.

En dicho informe de NU (2007) se señala que *como las mujeres viven más que los hombres, las mujeres son mayoría entre las personas de edad. En la actualidad hay unos 70 millones de mujeres de 60 años o más que de hombres. Entre las personas de 80 años o más, hay cerca de 2 veces más mujeres que de hombres, y entre los centenarios hay entre 4 y 5 veces más mujeres que hombres.* También se expresa que *las personas de edad que viven solas corren más riesgos de sufrir aislamiento social y privaciones económicas, por lo que pueden requerir de apoyo especial. Debido a su mayor longevidad y a su menor propensión a volverse a casar, las mujeres de edad tienen más probabilidades que los hombres de vivir solas. Se calcula que, en todo el mundo, el 19% de las mujeres de 60 años o más viven solas, mientras que sólo el 8% de los hombres se encuentra en esta situación.*

Pero, este aumento acelerado de las personas de edad, se vio originado por una fuerte disminución de las tasas de fertilidad, lo que dejó como saldo una disminución del número de niños/as. Este fenómeno tan rápido y sostenido, como nunca había existido en toda la historia de la humanidad, dejó algunas consecuencias, que, como respuestas sociales, se fueron dando.

Vamos a referirnos a una de ellas, conocida como viejismo o edadismo, que es el conjunto de estereotipos y prejuicios contra individuos o grupos en razón de su edad. Este término fue acuñado en 1969 por Robert Butler para describir la discriminación contra las personas mayores, en alusión al sexismo y al racismo.

Se considera que el estereotipo es una concepción o una imagen reduccionista y estandardizada con un significado específico atribuido generalmente por la gente a otro grupo humano. El estereotipo puede consistir en un concepto convencional y sobresimplificado, una opinión, o una imagen basada en la idea de que existen cualidades compartidas por todos los miembros de un grupo determinado.

Los estereotipos muchas veces se constituyen a partir de una falsa asociación entre dos variables, y pueden ser positivos o negativos.

Para Farley (2000) un estereotipo remite a una imagen mental o a una creencia exagerada que supone que un atributo de un determinado sector es típico del grupo en su conjunto. El pensamiento estereotipado es inevitable en el mundo social y no es necesariamente malo. Esta forma de pensar es prejuiciosa cuando el estereotipo no se confronta con la realidad empírica, y por tanto, no puede ser modificado, dando pie a una imagen rígida.

Conviene dejar en claro las diferencias entre prejuicios y estereotipos. Los prejuicios son preconceptos generales abstractos o actitudes generales hacia algún tipo de situaciones o de personas. Los estereotipos son generalizaciones basadas en características existentes y típicas; son una reducción simplificada de la complejidad de lo real.

Farley (2000) distinguió tres categorías de prejuicios.

1. Prejuicios cognitivos, relativas a creencias que se sostienen.
2. Prejuicios afectivos, vinculados con lo que la gente plantea como lo agradable y lo desagradable.
3. Prejuicios conativos, referidos a formas de conducta, y actitudes hacia un grupo particular.

La discriminación es una acción que remite al tratamiento desigual que se le da a las personas por el hecho de pertenecer o ser miembros de un grupo específico. Para Farley (2000) la discriminación puede clasificarse según tres categorías.

1. Discriminación personal o individual, dirigida hacia un individuo específico y refiere a toda acción que tiende a un tratamiento desigual en razón de la percepción que se tiene de esa persona.
2. Discriminación legal, refiere al tratamiento desigual hacia las personas que pertenecen a determinados grupos desde las leyes.
3. Discriminación institucional da cuenta del tratamiento desigual existente en las instituciones sociales básicas, de resultas del cual un grupo tiene más ventaja relativa que otros.

La mayoría de las sociedades consideran aceptables algunas formas discriminatorias de tratamiento, aun cuando estén basadas en prejuicios no probados.

Las personas vamos internalizando valores que son transmitidos por los distintos agentes de socialización., donde aprendemos actitudes y conductas acordes con el contexto social.

Los prejuicios contra las personas de edad están presentes por doquier. A modo de ejemplo, HelpAge International (2008) ha suministrado evidencias empíricas a la convención de NU denominada CEDAW[77]en la que se hecha a luz los sufrimientos por las violaciones a los derechos humanos de las que son víctimas las mujeres de edad en Tanzania. Esta Convención fue ratificada por el Gobierno de Tanzania en 1985, y por lo tanto tiene obligación legal de implementar medidas para terminar con la discriminación contra las mujeres, sea cual fuere su edad. Las pruebas remitidas por HelpAge International, avaladas por 12 organizaciones civiles que trabajan sobre los derechos de las mujeres de edad, incluyen tres áreas de acción

- Violencia basada en el género contra las mujeres de edad
- Derechos a la propiedad y a la herencia
- Acceso a cuidados de salud a mujeres mayores cuidadoras de personas que viven con el VIH/SIDA.

En este país la experiencia de las mujeres mayores es marcadamente distinta del trato que reciben los hombres. Ellas tienen una probabilidad mucho menor a volverse a casar luego de su viudez, y como viudas ocupan una posición de menor valor en la sociedad.

A las viudas se les niega el derecho a la herencia de la casa o de la tierra, condenando a las mujeres mayores a vivir en la pobreza. Los bajos niveles de alfabetización contribuyen a un vacío de conocimiento sobre sus derechos legales.

En algunas aldeas de Tanzania, ocurren episodios de violencia basada en el género, acusadas de brujería. Estas acusaciones pueden justificar ataques, abuso psicológico e intimación, desalojo de sus hogares y destierro de sus comunidades, aislamiento, y en casos extremos, el asesinato.

De acuerdo con datos disponibles en las organizaciones civiles de Tanzania, vinculadas con HelpAge International (2008), tomando

---

[77] CEDAW proviene del inglés Convention on the Elimination of All Forms of Discrimination Against Women, traducido por Convención por la Eliminación de toda forma de Discriminación contra las Mujeres.

medidas adecuadas como información a las mujeres damnificadas y comprometiendo a los gobiernos locales, en algunas aldeas se han podido reducir hasta el 90% de las matanzas.

El viejismo en la comunidad médica se origina principalmente en el paradigma según el cual las personas mayores están al final de su vida, un concepto que no debiera, pero que usualmente equivale a que sus vidas tienen valor menor. Podríamos citar múltiples casos sobre esto, en todos los países. Vamos a volver luego sobre el particular.

Entre los prejuicios más sostenidos y difundidos hacia las personas de edad, se encuentran los referidos al ejercicio de su sexualidad. Tal vez puede sorprender a la gente pero las barreras que impiden cumplir con las relaciones sexuales son más de orden social que físico. En este sentido, de acuerdo con Hall et al. (1982), las personas de edad son estereotipadas como seres asexuados que no realizan, no pueden y no desean tener relaciones sexuales.

Según Hodson et al. (1994), nuestra sociedad no tiene expectativas que las personas de edad tengan interés en tener relaciones sexuales. De hecho, para Deacon et al. (1995), gran parte de la gente joven cree que la actividad sexual disminuye después de la mitad de la vida y que probablemente se torna inusual en la vejez.

Estas falsas expectativas están basadas parcialmente en las asociaciones entre romance y atractivo con juventud. También estas falsas expectativas pueden deberse a ciertos presupuestos de la actividad sexual en la vejez tiene algo de inmoral o de perversión. En algunos casos la cultura es biológicamente reduccionista, y en esta perspectiva se tiende a sobre valorar la asociación entre sexualidad y reproducción. Este énfasis en la reproducción como opuesta a la expresión sexual saludable puede llevar a la gente a la falsa creencia de que las mujeres no debieran estar interesadas en las relaciones sexuales después de la menopausia.

Lamentablemente, concluyen Hodson et al. (1994), debido a la creencia social por la cual las personas de edad son menos capaces sexualmente y tienen menos interés en las relaciones sexuales que las más jóvenes, las necesidades sexuales de las personas mayores tienden a ser ignoradas por los miembros de su familia, los/as trabajadores/as de la salud y por la sociedad en general.

Más penoso aún es el hecho que muchas personas de edad, según señalan Byer et al. (1999) terminan internalizando estos valores y pueden tornarse sexualmente inactivos a una edad en la cual podrían continuar disfrutando de una vida sexual activa.

Vamos a enumerar el listado presentado por la organización civil Older Adult Sexuality Reference para los cursos de la Cornell University (2000), referidos en forma especial a mitos y hechos sobre la sexualidad en la vejez.

Mito 1. **Muchas personas adultas mayores no están interesadas o no son capaces de tener relaciones sexuales satisfactorias.**

Realidad. Muchas personas adultas mayores están interesadas en las relaciones sexuales, pueden llevar a cabo vidas sexuales activas y disfrutan de ellas. Esta aseveración se fundamenta en una encuesta de más de 10000 personas, con un nivel de respuesta del 42% de Brecher et al. (1984). Según los resultados de la misma, el 61% de las mujeres y el 75% de los hombres de 70 años o más, expresaron que eran sexualmente activos/as y que tenían alto grado de satisfacción en sus relaciones, por otra parte el 50% las mujeres y el 58% de los hombres de este grupo etario respondieron que tenían relaciones sexuales al menos una vez por semana.

Mito 2. **Las personas adultas mayores no son atractivas ni sexualmente deseables.**

Realidad. La atracción de alguien depende de la persona a quien se le hace la pregunta. Las personas mayores reconocen verdaderamente que encuentran atractivo en otras personas de su edad.

Mito 3. **Las personas mayores no deben preocuparse por contraer ETS, enfermedades de transmisión sexual, como el VIH/SIDA.**

Realidad. Las personas mayores que tienen relaciones sexuales con otras personas deben preocuparse por las ETS tanto como la gente joven en idéntica situación y deben practicar sexo seguro usando preservativos. Sobre este tema haremos referencia más adelante en este capítulo.

Mito 4. **Las personas mayores gay y lesbianas tienen dificultades en su vejez porque no encuentran compañías aceptables que tengan sus mismos deseos.**

Realidad. De acuerdo con Berger et al. (1982), los hombres gay y las mujeres lesbianas tienen la misma probabilidad de encontrar compañía para satisfacer su vida sexual que las personas heterosexuales. Inclusive, se ha llegado a postular que los hombres gay y las mujeres lesbianas están mejor equipadas para sobrellevar los estereotipos negativos que relacionan la vejez con el sexo, pues están acostumbradas a desafiar los estereotipos negativos que caracterizan su homosexualidad. En un estudio de Kehoe (1989) se encontró que de cada 100 mujeres lesbianas encuestadas, 66 todavía eran sexualmente activas a los 60 años o más, y que quienes no lo eran, no lo había sido por propia decisión.

Mito 5. **Las mujeres mayores están menos interesadas en el sexo que los hombres mayores.**

Realidad. Esta desigualdad, según Byer et al. (1999) existente en la actividad sexual con otra persona entre los hombres y las mujeres mayores se debe fundamentalmente al hecho de la sobrevida femenina. Por otra parte es relativamente aceptable para un hombre salir con una mujer muchos años menor y hasta casarse con ella, lo que no existe a la inversa. Por esta razón los hombres de edad pueden seguir teniendo compañías sexuales, mientras que muchas mujeres viudas quedan solas.

Imágenes y representaciones sociales sobre la sexualidad de las mujeres en la vejez

En un estudio de la Universidad de Upsala (1996), que tenía como objetivo elucidar la imagen de la sexualidad de la gente en la vejez en la cultura popular, se analizaron las representaciones de la gente mayor en las películas más importantes. Entre 1990 y 1995 sólo 9 films de una muestra de 2000 en los cinematógrafos de Suecia se había puesto en el elenco a personas de edad entre actores y actrices. Se tomó uno de ellos para estudiar en detalle la representación de su sexualidad.

Este trabajo es considerado pionero al indagar la representación de la sexualidad en esta etapa de la vida, y más aún, desde la producción fílmica.

Durante los años 2000 y 2005 hemos desarrollado un estudio sobre las RRSS[78] sobre la vejez, que implicó el diseño de un instrumento ad hoc[79], combinando preguntas abiertas y escalas, en una muestra nacional de 1748 casos. En el diseño se incorporaron preguntas de opinión referidas a la sexualidad femenina y masculina en esta etapa de la vida. El trabajo de campo de la encuesta se desarrolló en el año 2003, previa capacitación de encuestadores/as y una muestra de las distintas localizaciones geográficas oportunamente señaladas[80].

En cuanto a las RRSSVV acerca de la sexualidad partimos de la formulación hipotética, según la cual, la vejez aparece como una etapa

---

[78] El estudio fue coordinado por la Universidad Nacional de Luján, bajo la dirección de L. Gastron y la co-dirección de H. Andrés, en red con la Universidad de Buenos Aires bajo la dirección de J. Oddone, la Universidad Nacional de Mar del Plata, bajo la dirección de A. Monchietti y la Universidad Nacional de Tucumán, bajo la dirección de E. Marazza. Para su desarrollo se contó con subsidios del CONICET, Consejo Nacional de Investigaciones Científicas y Técnicas, además del provisto por las universidades mencionadas.

[79] El cuestionario fue diseñado por J. Vujosevich (UNLU/UBA).

[80] La muestra fue representativa en cada una de las localidades encuestadas, estratificadas por edad según datos censales.

asexuada, y de género neutro, acorde con prejuicios viejistas, que pregnan supuestos de los que participan aún las propias personas de edad.

Vamos a comentar los resultados acerca de las RRSS sobre la sexualidad femenina en la vejez[81]. Las preguntas de investigación eran: ¿Son las mujeres asexuadas después de su menopausia? ¿Qué opinan las más jóvenes? ¿Cómo se imaginan en el futuro? ¿Qué opinan los hombres sobre esto?

La pregunta enunciada era: *¿Está Ud. de acuerdo con la siguiente frase: "(A medida que se envejece) las mujeres tienen interés en la sexualidad"?*

Si se toma en cuenta sólo la edad de la gente que responde, existe una cierta homogeneidad de respuestas en todas las edades, salvo en el último grupo. Los acuerdos y los desacuerdos prácticamente son iguales a la indiferencia. Llama la atención el salto entre el grupo de 65 a 74 años, y el de más de 75 años. En éste último, ha disminuido fuertemente la duda, y han aumentado tanto el acuerdo como el desacuerdo. Se podría interpretar que, en lo referido a la sexualidad de las mujeres, habría una aceptación de la "neutralidad de género o hasta la imagen de la asexualidad" de las mujeres en la vejez. Sin embargo este prejuicio, disminuye abruptamente entre la gente de edad, que puede acordar o no con la opinión, pero que ya no queda en la opinión "neutra" sobre este tema.

¿Cuál es la opinión de las mujeres de distintas edades al respecto? Las mujeres del grupo de mayor edad tienen más acuerdo (33%), que las más jóvenes (23%), pero también con la edad aumenta el desacuerdo, que pasa de un 26% entre las más jóvenes a un 37% entre las de más edad.

También es interesante observar que la duda acerca de esta situación ha desaparecido significativamente entre las de 75 años o más, de cifras cercanas al 50% entre las de las edades menores hasta el 30% entre las muy mayores. En resumen, las mujeres de 75 años o más,

---

[81] El procesamiento y comentarios de la investigación en este capítulo fue elaborado por Gastron L (UNLU)., Oddone J. (UBA-FLACSO/CONICET), Lynch G. y Lacasa D. (UNLU).

en una tercera parte opinó que las mujeres, a medida que envejecen tienen interés en la sexualidad. Y esto no es un dato menor, pues ellas se refieren a las representaciones que tienen de sí mismas.

¿Cuál es la opinión de los hombres sobre el interés de la sexualidad entre las mujeres mayores? A diferencia de las respuestas de las mujeres, los hombres se han mantenido en un 50 % en una posición de indiferencia frente a la cuestión. Los acuerdos han sido mayores que los desacuerdos en casi todos los grupos etarios, en cambio, sin notarse cambios significativos. Salvo entre el grupo de entre 65 y 74 años y el de 75 y más, en los que se marca una disminución de la aceptación y un aumento de su negación. Para los hombres más jóvenes, el acuerdo con la frase es algo superior, en tanto el desacuerdo es menor.

Vale decir que el acuerdo disminuye con la edad y el desacuerdo aumenta.

Los hallazgos de este trabajo señalan que, si bien existen presupuestos viejistas, la edad y el género son variables que intervienen de manera significativa. Y que las mujeres de 75 años o más, no son de género neutro, y en una proporción bastante importante ha señalado que en la vejez se mantiene el interés por la sexualidad.

El lugar de la salud en el curso de la vida de las mujeres

En estos momentos estamos desarrollando una investigación sobre el curso de la vida, con el propósito de contribuir a la construcción teórica de este paradigma, bajo el título de "Cambios y eventos en el curso de la vida. Estudio Internacional: México, Suiza y Argentina[82]".

La investigación original tiene tres partes

1. Cambios percibidos en el curso de la vida durante el último año

---

[82] Se trata de la investigación en desarrollo por el equipo argentino dirigido por. L. Gastron (UNLU) y M. J. Oddone (FLACSO/CONICET-UBA), coordinado internacionalmente por el equipo suizo dirigido por Ch. Lalive d'Épinay y S. Cavalli (U. de Ginebra). En la actualidad se han incorporado H. Suárez (UNAM) de México y más recientemente Ch. Bergeron (U. de Laval) de Québec-Canadá.

2. Puntos de inflexión en el curso de la vida
3. Eventos históricos percibidos como cambios en el curso de la vida

En este capítulo vamos a referir sobre resultados de las partes 1 y 2.[83]

Partimos del supuesto que el curso de una vida individual está conformado por un conjunto de trayectorias que remiten a las diferentes esferas en las que se desarrolla la existencia:

- Trayectorias educativas,
- Trayectorias ocupacionales,
- Trayectorias familiares y afectivas,
- Trayectorias de ciudadanía
- Trayectorias de salud,
- Trayectorias autobiográficas,
- Trayectorias espaciales.

Las trayectorias de salud constituyen el soporte de las demás, en este sentido son las privilegiadas. Vamos a hacer referencia a los hallazgos sobre las mismas a lo largo de la vida en el mirada de género.

El propósito de la inclusión de los halllazgos es el de presentar elementos para la discusión sobre cuestiones referidas a la dimensión salud en el curso de la vida en nuestra población, ofreciendo las diferencias cuando se trata de cambios en el último año (visión de lo inmediato) y cuando se hace referencia a un punto de inflexión en la vida en su conjunto (balance de vida).

Por tratarse de una construcción teórica, el tipo de trabajo no requería representatividad de muestreo, que fue de carácter intencional. Se tomaron cinco grupos etarios: de 20 a 24 años, de 35 a 39, de 50 a 54, de 65 a 69 y de 75 a 84. Las entrevistas fueron cara a cara, y estuvieron realizadas por estudiantes de Sociología y de Trabajo Social de la Universidad de Buenos Aires y de la Universidad Nacional de

---

[83] Los comentarios así como los cuadros de la referida investigación en este capítulo han sido producidos en colaboración por Gastron L., Oddone M. J., Lynch G. y Lacasa D., de la Argentina.

Luján, a partir de un cuestionario semi estructurado. La muestra fue de ambos sexos, con un total de 572 personas.

A continuación, se presenta un fragmento de la parte 1, del cuestionario, a partir de cuyas respuestas referidas a la salud, se procesaron los datos.

En el curso del año pasado, ¿han habido cambios importantes en su vida?

- Si ☐
- No ☐

<u>Si sí</u>: ¿Cuáles han sido esos cambios?

-Cambio 1:

....

....

....(etc.)

Las preguntas de investigación eran: ¿Qué lugar ocupan los cambios relacionados con la salud en el último año con respecto a otras dimensiones de la vida? ¿Existe alguna diferencia en el lugar que ocupa la salud, entre los cambios percibidos por los distintos grupos de edad, según la diferencia de género?

Las 572 personas de la muestra han mencionado 1114 cambios en su vida, en el último año, según el cuadro que se acompaña. Por lo tanto, la mención no es equivalente a la persona, en términos numéricos, dado que se daba la posibilidad de nombrar hasta cuatro cambios.

Cuadro 1. Dimensiones de esferas implicadas en las menciones de cambios

Dimensiones	n	%
Familia Pareja	247	22
Ocupación	222	20
Salud	**145**	**13**
Educación	114	10
Economía	101	9
Muerte	85	8
Espacio	69	6
Yo	44	4
Tiempo libre	36	3
Expansión social	26	2
Otras	23	2
Ambientales	2	0
Total	**1114**	**100**

Fuente : Investigación CEVI/AR (elaboración propia de equipo)

Teniendo en cuenta todas las dimensiones que afectan el curso de vida individual, vemos que la salud ocupa el tercer lugar dentro de las menciones, en un 23% de los cambios. Está precedida por las menciones relacionadas sobre la familia/pareja y la ocupación.

La salud es una de las dimensiones más importantes mencionadas por las personas, como cambios que afectaron en su vida en el último año.

¿Existe alguna diferencia en el lugar que ocupa la salud, entre los cambios percibidos por los distintos grupos de edad?

A los fines de dar cuenta de esta diferencia se han distribuido las respuestas según los grupos de edad de los sujetos entrevistados.

Se tomaron en cuenta sólo aquellas esferas de la vida más mencionadas, incluyéndose bajo el rubro Otras, en forma residual, aquellas que no ameritaron destacarse.

Cuadro 2. Menciones de cambios distribuidos por grupos de edad

20-24 años		35-39 años		50-54 años		65-69 años		75-84 años	
Ocupación	24	Ocupación	23	Fam/pareja	25	**Salud**	21	**Salud**	28
Fam/pareja	22	Fam/pareja	21	Ocupación	23	Familia/pareja	22	Familia/pareja	23
Educación	19	Economía	13	**Salud**	14	Ocupación	16	Muerte	18
Espacial	8	Educación	11	Economía	10	Economía	12	Economía	8
Economía	5	**Salud**	11	Educación	8	Muerte	10	T. Libre	5
Otras	22	Otras	21	Otras	20	Otras	19	Otras	18

Fuente : Investigación CEVI/AR (elaboración propia de equipo)

Entre los más jóvenes la dimensión salud no ha aparecido como mención destacada. Esta esfera recién aparece entre los adultos jóvenes, en igual medida que la educación en este grupo etario.

Las respuestas de los entrevistados muestran que el ámbito de la salud está más implicado a medida que avanza la edad.

En los grupos de mayor edad, de alguna manera, hay mayores problemas de salud, y por lo tanto hay mayor preocupación por esta cuestión. Así las menciones sobre los cambios en la salud aparecen en primer término a partir de los 65 años.

¿Qué sucede cuando introducimos la diferencia de género?

En el siguiente cuadro se ofrecen los datos de las menciones de mujeres, distribuidos por grupos etarios.

Cuadro 3. Menciones de cambios distribuidos por grupos de edad, entre las mujeres

20-24 años		35-39 años		50-54 años		65-69 años		75-84 años	
Fam/pareja	26	Ocupación	21	Fam/pareja	28	Fam/pareja	25	Fam/pareja	27
Ocupación	23	Fam/pareja	16	Ocupación	21	**Salud**	**19**	Salud	**25**
Educación	18	Educación	13	**Salud**	**15**	Ocupación	14	Muerte	16
Espacial	9	**Salud**	**12**	Economía	8	Muerte	12	Economía	8
Vida de relación	6	Economía	12	Educación	7	Economía	10	T. Libre	8
Otras	18	Otras	26	Otras	21	Otras	20	Otras	16

Fuente : Investigación CEVI/AR (elaboración propia de equipo)

Entre las mujeres, la familia y la pareja son centrales a lo largo de la vida. La salud tiene importancia como una de las menciones principales, sin embargo nunca ocupa el primer lugar.

Cuadro 4. Menciones de cambios distribuidos por grupos de edad, entre los hombres

20-24 años		35-39 años		50-54 años		65-69 años		75-84 años	
Ocupación	24	Fam/pareja	27	Ocupación	27	Ocupación	22	**Salud**	**33**
Educación	21	Ocupación	26	Fam/pareja	22	**Salud**	**20**	Muerte	21
Fam/pareja	17	Economía	14	Economía	13	Fam/pareja	17	Fam/pareja	18
Economía	7	**Salud**	**9**	**Salud**	**13**	Economía	10	Economía	7
Espacial	7	Educación	8	Educación	8	Espacial	10	Ocupación	5
Otras	24	Otras	16	Otras	17	Otras	21	Otras	16

Fuente : Investigación CEVI/AR (elaboración propia de equipo)

Las menciones de los hombres son distintas. Entre ellos la familia y la pareja son relevantes en el grupo de adultos jóvenes, en contraste con las mujeres que, en ese mismo grupo las han desplazado al segundo lugar.

En este grupo, la salud ocupa el cuarto lugar, y queda allí hasta ocupar el segundo lugar a partir de los 65 años, y el primer lugar en el de los de mayor edad. Allí la muerte es mencionada en segundo lugar.

Podemos decir entonces que hay diferencias entre las respuestas de las mujeres y las de los hombres en lo que concierne a la importancia atribuida a la salud. Aunque para las mujeres la salud se vuelve más importante con el avance de la edad, el ámbito de la familia y la pareja está en primer lugar. Entre los hombres de mayor edad, el primer lugar está ocupado por la salud.

Vamos seguidamente a intentar probar en qué medida las respuestas a la *parte 2* atestiguan la existencia de representaciones colectivas del curso de la vida y hasta qué punto este modelo básico es compartido en ambos géneros, puesta la mirada en la cuestión de la salud.

Presentamos una parte del cuestionario de la parte 2, base sobre cuyos resultados haremos los comentarios siguientes.

Considere **su vida en general**, ¿cuáles han sido los principales **puntos de inflexión**, esos momentos que hayan significado un cambio importante en su vida ?

(Mencione cuatro como máximo)

Descripción: ....
....
....
....
....

¿En qué ha sido un punto de inflexión ? ....
....
....
....

Las preguntas de investigación se referían a: ¿Los puntos de inflexión que trazan los modelos difieren entre mujeres y hombres? ¿Las edades son significativamente diferentes en las dimensiones de la vida referidas como puntos de inflexión, según mujeres y hombres?

Cuadro 5. Primera mención de puntos de inflexión distribuidos por grupos de edad, entre las mujeres

20-24 años		35-39años		50-54 años		65-69 años		75-84 años	
Fam/pareja	30	Fam/pareja	52	Fam/pareja	54	Fam/pareja	58	Fam/pareja	46
Educación	21	Muertes	12	Muertes	13	Muertes	18	Muertes	19
Muerte/Duelos	12	Educación	11	Ocupación	7	Educación	4	Mov. espacial	10
Salud	9	Ocupación	7	Educación	6	Mov. espacial	4	Ocupación	9
Mov. espacial	7	Salud	5	Salud	5	Varios	4	Economía	4

Fuente : Investigación CEVI/AR (elaboración propia de equipo)

Cuadro 6. Primera mención de puntos de inflexión distribuidos por grupos de edad, entre los hombres

20-24 años		35-39 años		50-54 años	
Fam/pareja	32	Fam/pareja	44	Fam/pareja	52
Educación	17	Mov. espacial	13	Muertes	15
Muerte	14	Educación	10	Ocupación	9
Ocupación	8	Ocupación	10	Educación	8
Actividades	6	Muerte	8	Mov. espacial	6

65-69 años		75-84 años	
Fam/pareja	45	Fam/pareja	49
Muertes	17	Muertes	15
Ocupación	11	Ocupación	10
Mov. espacial	6	Mov. espacial	5
Economía/Self	5	Educación/Salud	5

Fuente : Investigación CEVI/AR (elaboración propia de equipo)

Cuando se trata de las primeras menciones y considerando la vida en su conjunto, la familia y la pareja aparece sin dudas en un primer lugar a lo largo del curso de la vida, aún con distinta intensidad. La dimensíon salud en las mujeres está presente en los tres grupos etarios. En los hombres en cambio sólo aparece en la vejez como un punto de inflexión a considerar.

Aún nos falta seguir con mayor detalle, pero podemos señalar que la salud tiene lugares muy distintos en la vida de las personas cuando se la considera en el corto plazo, como cambio en el último año, que cuando se la toma como un punto de inflexión en el balance de una vida. Y que el género es diferencia significativa al respecto.

El VIH/SIDA y su relación con la salud de las mujeres mayores

Desde hace ya un tiempo se viene observando que el VIH/SIDA se ha ido feminizando. Esta epidemia que nació en la comunidad homosexual masculina, y luego entre la gente que consume drogas vía jeringas compartidas, se fue haciendo cada vez más heterosexual. Lo que rara vez se toma en cuenta es la cuestión de la edad.

En el Registro de California, según Tabnak et al. (2000) se señala que del total de los 1010 casos entre 1998 y 1999, el 13% correspondía a mujeres. Desarrollando distintos análisis estadístico los autores concluyen acerca de la importancia de tomar adecuadas estrategias para responder a las necesidades especiales de las mujeres de mediana edad y mayores en orden a asegurar prevención, detección precoz y acceso a tratamiento y cuidados.

Las mujeres mayores son aún una población escondida e invisible. De acuerdo con Hanzeliková Pogrányivá (2006) el VIH/SIDA afecta a las personas de edad en calidad de enfermas, cuando cuidan enfermos de Sida y cuando cuidan nietos huérfanos de VIH/SIDA. Y en esto son las mujeres las que llevan la peor parte.

No es nuestra intención en esta parte del capítulo más que llamar la atención sobre la vinculación entre esta patología y la relación género-edad que estuvimos desarrollando.

Acerca de la situación de pacientes esta autora señala las causas por las cuales esta patología recrudeció en el grupo considerado, a pesar la aparición de los anti-retrovirales que ha dado un buen efecto de control de la epidemia.

- La población mayor, y centralmente, las mujeres, están poco informadas sobre la enfermedad.
- No existe información específica de prevención para las características que presenta este grupo de población.
- Muchas mujeres mayores vuelven a quedar solas luego de su viudez. Mientras estaban en pareja no prestaban atención a los mensajes de prevención.
- La falsa idea de que el VIH es sólo de los/as jóvenes, o de la edad reproductiva.
- La falta de información sobre cómo protegerse al mantener relaciones sexuales, confundiendo el uso del condón como una práctica anticonceptiva y no como preventiva.
- Los/as trabajadores/as de la salud no reconocen las necesidades sexuales de las personas mayores, en especial de las mujeres, y por lo tanto, no desarrollan estrategias eficaces para este grupo.
- Los/as profesionales de la salud no preguntan a las personas mayores, y mucho menos a las mujeres que a los hombres sobre su vida sexual, ni sobre consumo de drogas, lo que dificulta el diagnóstico precoz de la patología, y retarda toda posibilidad de iniciar las medidas correctas para combatirla.

En resumen, el viejismo puesto de manifiesto en las personas encargadas de brindar protección y promoción de la salud ha prendido en las conductas profesionales y no se ha tomado en cuenta la realidad de la vida sexual de la gente en la vejez. Los organismos internacionales toman los datos de la epidemia y el control, restringiéndose a la edad reproductiva, con lo cual han quedado invisibilizadas miles de personas afectadas.

Otra relación de las mujeres mayores con esta enfermedad está dada por su rol de cuidadora de enfermos, generalmente hijos e hijas en estado terminal, y luego como responsable de la crianza de nietos y nietas en situación de orfandad.

El servicio de cuidado puede ser tanto gratificante como agobiante. Pero para algunas mujeres mayores, el servicio de cuidado también puede ser una carga y muy estresante. De acuerdo a la Asociación Nacional de Cuidadores de Familia, el 82 por ciento de los cuidadores de la familia son mujeres, con una edad promedio de 57 años.

De acuerdo a la Asociación de Jubilados de los Estados Unidos (AARP):

- Drogas y problemas de alcohol en el hogar
- Enfermedad mental en el hogar
- Padre(s) encarcelado(s)
- Muerte de un padre
- Pobreza en el hogar
- Divorcio de los padres
- Abuso y abandono de niños en el hogar
- Embarazo adolescente
- Padre(s) viviendo con VIH/SIDA
- Violencia doméstica en el hogar
- Despliegue militar de un padre o los padres

Las abuelas responsables de cuidar o criar a nietos sufren más de estrés y depresión que las abuelas sin esas obligaciones. Éstas son mujeres mayores que pueden tener sus propias necesidades de salud. Así que cuidar a un nieto que puede tener problemas de salud, es doblemente estresante.

Según CODICIL: HIV/AIDS, de UNISIDA, las mujeres de edad, en gran número se ven afectadas por la infección de otros significativos, especialmente si se trata de sus hijos adultos.

El impacto incluye el cuidado y los costos que la actividad supone, el sostén financiero y material, la crianza de los nietos sobrevivientes, el estrés emocional, y la pérdida del sostén emocional en la vejez que el hijo o la hija podrían haberle proporcionado.

Concluiremos esta parte aportando dos datos de HelpAge International (2005), en Tailandia las dos terceras partes de los infectados por el VIH y las enfermedades relacionadas eran cuidados por sus padres que tenían entre 60 y 70 años. En un estudio de Zimbabwe, el 74% de los cuidadores mayores eran mujeres.

En 2004, HelpAge International colaboró con UNICEF para analizar la situación de las personas mayores que cuidan niños y niñas huérfanos en África. Como resultado de esta colaboración, se diseñó una Guía de Monitoreo y Evaluación de UNICEF para dar respuesta a niños y niñas huérfanas y vulnerables por el VIH y el SIDA. La guía finaliza recomendando que se recolecte información sobre la edad y el género de la persona jefa de hogar y del principal cuidador del huérfano, y el parentesco que tienen.

Parece imprescindible a la hora actual encarar en todos los países investigaciones cualitativas y cuantitativas para conocer en forma rigurosa los alcances de la relación edad-género-VIH, pues sólo de esta manera se podrá enfrentar a la epidemia en todas sus aristas, sin olvidar los rostros invisibles que acabamos de mencionar.

Bibliografía

BERGER, R., & KELLY, J. (1992). *The older gay many*. In B. Berzon (Ed.), *PositivelyGay*. Berkeley, CA: Celestial Arts.

BRECHER, E. (1984). *Love, Sex, and Aging*. Boston: Little, Brown/Consumer Reports.

BUTLER, R., & LEWIS, M. (1993). *Love and sex after 60*. New York: Ballantine.

BYER, C., SHAINBERG, L., & GALLIANO, G. (1999). *Dimensions of Human Sexuality*. Boston: McGraw-Hill College.

DEACON, S., MINICHIELLO, V., & PLUMMER, D. (1995). *Sexuality and older people: Revisiting the assumptions*. In Educational Gerontology 21 (5):497-513.

DEPARTMENT OF SOCIOLOGY, (1996), *Report* of Uppsala University, Uppsala, Sweden

FARLEY, JOHN E., (2000), *Majority - Minority Relations (4th Ed.)*, Upper Saddle River, New Jersey: Prentice Hall

HIV, AIDS, and Older People - Age Page - Health Information. http://www.nih. gov/nia/health/agepages/aids.htm (December 6, 2000).

HALL, A., SELBY, J., & VANCLAY, F.M. (1982). *Sexual Ageism*. Australian Journal on Aging, 1, 29-34.

Help Age International, (2008), *Gender and Ageing*, Briefs

HANZELIKOVÁ POGRÁNYIVÁ Alicia, (2006), *El SIDA y las personas mayores* en Gerokomos, 17, 2, Madrid.

HODSON, D., & SKEEN, P. (1994). *Sexuality and aging: The hammerlock of myths*. Journal of Applied Gerontology 13 (3):219-235.

KEHOE, M. (1989). *Lesbians over 60 speak for themselves*. In Journal of Homosexuality 16 (3-4).

ROSNOW, RALPH L.; (1972), *Poultry and Prejudice*. Psychologist Today, p. 53.

Older Adult Sexuality Reference, (2000), en *SeniorSex.org*, ver Cornell University, Courses, http://instruct1.cit.cornell.edu/courses/nbb421/ student2000/dp51/ageism_and_sex.html

TABNAK F., & SUN R. (2000), *Need for HIV/AIDS Early Identification and Preventive Measures Among Middle-Aged and Elderly Women*, Research Letter.

UNAIDS, (2002), *AIDS and Older People*.

Indígenas, esclavas y cautivas. Historias al margen en la Patagonia del siglo XIX[84]

Laura Marcela Méndez[*]

Introducción

Existe una amplia producción historiográfica acerca de las historias de las mujeres que habitaron la actual Patagonia argentina en el derrotero del siglo XIX. Caracterizadas por su adscripción multiétnica y referenciadas por territorialidades diferenciadas, constituyeron un colectivo heterogéneo y dinámico del que muy poco se ha dicho en su conjunto, ya que la inmensa mayoría de las producciones da cuenta de estudios de casos particulares desde la perspectiva de la historia indígena o desde la mirada hispano-criolla vinculada a la lógica de los procesos de construcción de los Estados nacionales argentino y chileno.

El objetivo de este trabajo es abordar las historias de las mujeres patagónicas en el siglo XIX, desde *la pertenencia étnica*, la *adscripción*

[*] Doctora en Historia. Centro Regional Universitario Bariloche, Universidad Nacional del Comahue, Argentina.

[84] Este trabajo se encuadra dentro de la investigación en curso sobre Historia de Mujeres Indígenas de la Patagonia realizada con el doctor Fabián Arias, especialista en Historia Indígena de la Universidad Nacional del Comahue, Neuquén, Argentina.

social y su *condición de mujeres*, en la intención de encontrar —a partir de los estudios de casos— clivajes, continuidades, sentidos y relaciones en ese horizonte espacio-temporal.

Dar cuenta de este propósito implica admitir una serie de dificultades metodológicas muy difíciles de soslayar. En primer lugar, las vinculadas a las fuentes disponibles, que consisten —casi en su totalidad— en relatos de viajes de expedicionarios, científicos y religiosos; o en documentos oficiales elaborados por funcionarios. Esto implica la necesidad de relativizar las afirmaciones, de ponerlas en relación y de no olvidar que fueron escritas a fin de justificar su accionar en las alejadas tierras del sur, justificación vinculada a la necesidad de legitimar el castigo a la vez que el monopolio del poder y la coerción en aras del afán "civilizador". En ese sentido, los textos son comprendidos no como verdades culturales e históricas sino como representaciones parciales-subjetivas, fragmentarias y exclusivas (Bouvier, 2002).

En segundo lugar, que la información sobre las mujeres del siglo XIX en la Patagonia provenga de fuentes escritas exclusivamente por varones blancos, en su gran mayoría vinculados al mundo de la ciencia, la religión o la guerra, consiste también en una buena clave de interpretación para el manifiesto desinterés y menosprecio hacia un "otro" en el más contundente de los sentidos: un "otro" mujer, "indígena" y por lo general, "pobre."

Sin embargo, un abordaje de las fuentes citadas desde la crítica feminista, puede permitir advertir aspectos hasta ahora "al margen" de las versiones más tradicionales. La relectura de fuentes y textos tradicionales desde esta perspectiva devela la invisibilidad y demuestra que las mujeres, siempre presentes en los relatos han sido muchas veces negadas, no tanto por quienes escribieron sobre ellas sino por los lectores que desde una óptica jerárquica e intencionada les restaron relevancia.

La propuesta consiste en identificar en las crónicas de viajeros, científicos, militares y políticos, estereotipos femeninos, discursos que refuerzan la idea de la inmovilidad de los cuerpos de las mujeres y reafirman su vocación para la maternidad, alusiones a técnicas de mantenimiento y naturalización de diferencias de sesgo cultural. Esto nos permite pensar a las mujeres en su diversidad en la unidad, a pesar de las diferencias en relación a la sociedad, el espacio y el tiempo del que formaron parte, no escaparon del mandato patriarcal, pero tampoco fueron dóciles receptoras de la imposición masculina.

En una primera parte, haremos un breve recorrido por la producción sobre la historia de las mujeres patagónicas de los últimos veinticinco años, para luego detenernos en la vida de las mujeres al interior de las sociedades indígenas y el cautiverio femenino en el siglo XIX. Por último, un conjunto de comentarios tienen como pretensión invitar a la reflexión, desde una perspectiva de género, acerca de la reconstrucción discursiva del pasado y la pervivencia en el presente de marcas androcéntricas en quienes escriben la historia patagónica.

Algunas notas sobre la Historia de las Mujeres

La diferencia de sexo ha afectado la política y la escritura de la historia y así el concepto mismo de lo que es historia. Frente a esta realidad, las reacciones han sido múltiples: construir una historia común, al amparo de la unidad de la disciplina, gestar una línea de estudios concebida como 'la historia de las mujeres' sin otra referencia que las propias mujeres y, finalmente, pensar una historia de las mujeres desde un punto de vista relacional (Palermo, 2000: 226).

El punto de partida de este trabajo es la adscripción a una historia de las mujeres desde la perspectiva de género, concebida como aquella que privilegia el análisis del proceso de construcción de las diferencias sexuales desde el mundo de la cultura, vinculando la relación social entre los dos sexos con la relación social en un sentido más general, la autoridad social y la mediación de las instituciones económicas.

A nuestro juicio, es erróneo asimilar a la historia de la familia, de la cotidianeidad, de la sexualidad con historia de las mujeres; esta línea argumental de la disciplina en realidad debe recuperar la presencia femenina en todos los aspectos de la vida social, económica y cultural para gestar un marco explicativo de índole más completa. Tampoco puede asimilarse una sumatoria de estudios de casos a una historia de las mujeres, sino que esta última implica una opción metodológica que combina el análisis de los determinantes estructurales con un enfoque microsocial.

Existe una exclusión sistemática de las mujeres en los registros oficiales del pasado y las fuentes que resultan tradicionalmente útiles para la historia masculina, muchas veces son poco significativas para el universo femenino. Sin embargo, en incontables casos no es el corpus informativo lo que falta sino que prevalece la idea de que tal información, que nos describe la relación entre varones y mujeres, no tiene nada que ver con los intereses de la Historia. En ese sentido, la perspectiva de género le exige a la disciplina Historia el uso de fuentes tradicionales pero analizadas desde ángulos diferentes a los que generalmente se emplean y la revalorización de las fuentes privadas (cartas, por ejemplo), al uso de fuentes literarias (relatos de viajeras) y de testimonios orales (biografías e historias de vida), como indicativos del contexto de la relación entre mujeres y varones que venimos destacando, pero además como fuentes documentales que nos permitan una construcción historiográfica que borre el supuesto que las actividades desarrolladas por mujeres hayan sido marginales y sin importancia histórica (Guardia, 2002).

En síntesis, abordar la historia desde una perspectiva de género implica redefinir cuestiones teóricas y metodológicas, apartándose del simple registro sobre el protagonismo de las mujeres a favor de una *preocupación por el género como categoría de análisis*. También implica revisar la periodización tradicional en la que acontecimientos concebidos como "desarrollos progresistas", han sido de estancamiento o retroceso para las mujeres. La intención, como sostiene Jean Gadol (1992), es examinar los movimientos y las épocas de grandes cambios sociales en términos de liberación o represión del potencial de la mujer, ya que, en términos de Ramos Escandón (1992:15) "la historiografía de la mujer postula analizar cualquier período con la pregunta ¿Cómo cambió la situación de la mujer frente a los hombres en la sociedad global?"

En Latinoamérica, lo indígena en general, y las mujeres indígenas en particular[85], no han sido centro de interés durante la mayor parte de la historia de la investigación y producción historiográfica argentina, impregnada por teorías evolucionistas y por la lógica disciplinante de la construcción del Estado nacional.

La conmemoración del quinto centenario del primer viaje de Colón incentivó la reflexión, producción y difusión de trabajos sobre mujeres indígenas. Las investigaciones sobre género-clase adquirieron a partir de entonces una mayor complejidad en cuanto tensionan la perspectiva de "historia de los blancos" como determinante metodológico con un universo multicultural y multiétnico complejo. (Hernández, 2005).

A pesar de las numerosas líneas de investigación en curso, aún son escasos los trabajos que pretenden pensar a las mujeres patagónicas en un espacio social determinando y un horizonte temporal amplio. Creemos esta perspectiva abre un interesante campo pues permite evitar el parcelamiento del estudio de las mujeres y comprenderlas en sus relaciones inter e intragenéricas.

A nuestro juicio, la 'mujer' entendida como sujeto histórico tiene que ser complejizada. Los factores socio-económicos, demográficos,

---

[85] Son trabajos fundamentales en esta temática el de la antropóloga Anne Chapman (1986), quien introdujo el concepto de género para estudiar a la sociedad Selk'nam, de Tierra del Fuego; el de la historiadora Susan Scolow (1989), quien analizó desde la perspectiva de género las características demográficas de la sociedad fronteriza bonaerense de fines del siglo XVIII; el antropólogo Miguel Ángel Palermo (1994), quien trabaja específicamente sobre el rol de la mujeres indígenas en las economías indígenas pampeano-patagónicas; y el de Sonia Montecino (1996), referido a la relación entre los roles femeninos y la vida del gaucho. Sobre cuestiones más contemporáneas —vinculadas a los procesos migratorios y el mercado laboral— son trabajos pioneros los de Graciela Hernández (2000), entre otros.

espaciales, edad, adscripción social y pertenencia étnica resultaron en una amplia gama de matices y realidades en las que hombres y mujeres tejieron la trama secular. En las tolderías de la Norpatagonia, por ejemplo, convivieron en el siglo XIX cautivas criollas e hispanas, mujeres indias de diferente rango social y pertenencia étnica e, incluso, esclavas negras liberadas y refugiadas en la inmensidad del territorio patagónico.

Mujeres patagónicas en la historia indígena

Las mujeres patagónicas del siglo XIX conformaron un heterogéneo colectivo étnico y cultural, en el que la cordillera de los Andes sirvió como eje articulador, punto de encuentro e intercambio —y muchas veces de conflicto— entre las diversas parcialidades indias. Grupos *selk'nam* en el extremo Austral, *tehuelches* en la zona Sur, Centro y Atlántica, *mapuches* en la región de la Patagonia Norte, *manzaneros* y *pehuenches* en faldones y valles cordilleranos nordpatagónicos, formaron identidades territoriales con amplios contactos entre sí y con grupos españoles y criollos.

Respecto a las referencias sobre las mujeres de ese complejo cultural, en general, están vinculadas al ámbito doméstico y la trilogía sexualidad, matrimonio y familia, o a la excepcionalidad de su presencia. Específicamente en relación con las sociedades de la Patagonia, dos ejes son los más estudiados: la mujer como bien intercambiable a partir del matrimonio y el cautiverio, y la mujer como parte de los ciclos de reproducción biológica y de producción material dentro de la familia y la comunidad.

Las mujeres también tuvieron una muy importante participación política (en especial a nivel intracomunal), una alta capacidad como intermediarias comerciales, la función de productoras de bienes económicos, la capacidad de erigirse en mediadoras culturales y una protagónica intervención en las relaciones simbólicas y religiosas.[86]

---

[86] Trabajos pioneros como el de Raúl Mandrini (1984) y Leonardo León Solís (1989/1990) y más tardíamente José Luís Palermo (1994), han argumentado con solidez la importancia de las mujeres en el funcionamiento del mundo indígena.

Ámbito doméstico y división sexual del trabajo

Existe una tesis tradicional acerca de la división sexual del trabajo en las sociedades indígenas del siglo XIX que circunscribe a las mujeres al ámbito doméstico y a un circunstancial rol de recolectoras.

Las mujeres por su naturaleza, son las que conciben y dan luz, por una construcción cultural son también las que se encargan del cuidado de los cuerpos, la conservación de los alimentos, el sostenimiento y desecho de los artefactos no sólo dentro del grupo doméstico de que forman parte, sino en diferentes unidades domésticas en la que existen individuos que no pueden valerse por sí solos como ancianos, niños pequeños, enfermos.

En las sociedades indígenas el cuidado de los recién nacidos requería especial atención: cunas hechas con varas de mimbre arqueadas, pintadas con colores y cascabeles o chapas de plata concebidas con fines de asegurar una buena formación del bebé tanto como la facilidad del transporte a pie o a caballo. El embarazo para estos pueblos era concebido como una bendición y los nacimientos, largamente celebrados, ya que garantizaban larga descendencia. Las esposas atendían a todos sus hijos por igual. Las mujeres garantizaban no sólo la alimentación, el abrigo, los bienes, sino también la imagen del equilibrio personal que aseguraba la aceptación social: eran quienes peinaban, pintaban los cuerpos, depilaban a los hombres y los cuidaban tras las borracheras.

Eran las responsables de la alimentación de sus hijos, en la que se entremezclaban valores simbólicos con fines prácticos: consumir el cuajo de estómago de avestruz para que fueran buenos boleadores, beber el líquido de ojos de guanacos para mejorar la vista y cuando fueran mayores, no se les daría a los niños lengua de ningún animal porque eso les impediría hablar bien en los parlamentos.

Sin embargo, frente al mandato de la maternidad y la prole numerosa, hubo acciones de resistencia. Por ejemplo, el expedicionario chileno Guillermo Cox (1864) acusaba a Pascuala, la mujer principal de Paillacan, de practicarse abortos ya que nunca había tenido hijos a pesar de tener varios amantes cuando viajaba a Carmen de Patagones en busca de raciones.

Las mujeres también participaban de las tareas de recolección para alimentar al endogrupo. Estas tareas entendidas como actividad económica fueron en general minimizadas por la historiografía hasta época reciente. Existen evidencias documentadas etnográficamente que destacan la centralidad de estas prácticas económicas en el contexto de la subsistencia, ya que garantizaban alimentos en forma constante a todo el grupo etario, suplían la falta de éxito en la cacería y equilibraban una dieta que, de otra forma, se hubiese sustentado exclusivamente en la carne.

Respecto a la cacería —actividad masculina por excelencia— es necesario, como señala Celia Priegue (1995), distinguir entre la obtención de carne de animales grandes (guanaco y avestruz, en la Patagonia), actividad que correspondía a los hombres, de la preparación y acopio, que era responsabilidad de las mujeres. La elaboración de charqui —carne salada—, el secado de carne al sol y la conservación de grasa para épocas de escasez eran tareas femeninas.

Prácticas económicas, casamientos y alianzas

La mujer en las comunidades indígenas era, en sí misma, un bien económico ya que quien poseyera muchas mujeres era un hombre rico, en cuanto podía venderlas, recibir dotes en ocasión de bodas y emplearlas en el trabajo femenino.

Tanto las mujeres indígenas como las esclavas y cautivas quedaban bajo la órbita de la "mujer principal", generalmente la más antigua del toldo.[87] Estas mostraban, en algunos detalles, su jerarquía frente

---

[87] El viajero inglés George Musters se asombra de la "fealdad" de las mujeres indígenas. Así describe a la última mujer del cacique Paillacán: *"si todas sus esposas habían tenido la figura y la índole de su última ventura, no era extraño que las hubiera despachado, porque no ha habido nunca vieja bruja más fea, más sucia, más emperrada, que haya cargado a la tierra con su peso, y probablemente a causa de esta calidad, o cantidad, ella nunca salía de su pieza"* (Musters, 1974: 100).

al grupo: por ejemplo, beber mayor cantidad de aguardiente, vestir ricamente, administrar las raciones de comida y disponer de las majadas de ovejas.

La edad para casarse eran los 13 años para las mujeres y los 15 para los varones[88], aunque acuerdos entre familias podían admitir casamientos precoces.[89] El acercamiento comenzaba con regalos al padre de la muchacha, hasta que el cacique o algún amigo solicitaban su mano. Ahí venía la oferta formal en caballos o prendas de plata en reparación por los gastos que el padre había tenido en la crianza.

Maridos y mujeres tehuelches se vinculaban, por lo general, con compañerismo. Sin embargo, celos, infidelidad y alcohol podían provocar tragedias. Muchas mujeres abandonaban a sus maridos para huir con un amante; pero la costumbre general era que todo se solucionase con algún tipo de compensación, como un tonel de aguardiente. La concepción de la mujer como un bien intercambiable fue causa del adulterio en no pocos casos, además, haber sido casada por la fuerza tenía como única solución la fuga o el suicidio como última opción.

---

[88] Este tema es complicado de generalizar para todas las sociedades indígenas que habitaron las pampas y la Patagonia en el siglo XIX; con respecto a las mujeres, es posible sostener atendiendo a otros casos etnográficos que a partir de la ceremonia realizada con motivo de la primera menstruación (conocida como *huecun ruca*), la joven pasaba al status de las mujeres 'casaderas', situación que podía producirse o no rápidamente en función de otros aspectos sociales (por ejemplo la disponibilidad de candidatos, si era hija de un cacique). En el caso de los varones, la cuestión es más compleja en tanto sus familiares deben disponer de un excedente material para pagar la dote, o el mismo individuo participar de malones o poner al servicio de un líder su 'condición de guerrero' que le permitiera reunir los bienes necesarios. Esto último tiene toda una derivación interesante para el caso de las mujeres cautivadas en los malones, por las que no se pagaba dote, constituyéndose en una fuente de disponibilidad permanente para los hombres indígenas de bajos recursos.

[89] Hay registros de compromisos ya a los 9 años, por ejemplo, el de Lorenza Coliqueo con el hijo del ranquel Yanquetruz. Se hacía un pacto conocido como el "toque": bastaba con que el pretendiente en presencia de testigos tocara a la niña para que se sellara el compromiso.

La "venganza" era una de las pasiones más instaladas, envenenar la comida algo usual, debido a la costumbre de convidar alimentos y bebida a los visitantes.

Actividades comerciales y convites

Las mujeres eran responsables de la confección de los bienes comerciables y en muchos casos, llevaban adelante la comercialización en las ferias. Capas de cuero de diversos animales, conocidas como quillangos, mantos y otros elementos confeccionados con cueros y plumas de avestruz por los tehuelches; todo tipo de manufacturas tejidas y fundamentalmente los famosos 'ponchos pampas' por los pehuenches y los manzaneros, son algunos de los bienes exclusivamente confeccionados por las mujeres, los cuales entraban en el intercambio fronterizo.

Una labor muy importante fue la del tejido que implicaba participar de un complejo circuito espacial de producción: esquilar y limpiar la lana, hilar y ovillar, crear el bosquejo de ponchos y mantas y finalmente, tejerlos en un rudimentario telar[90].

En muchos casos, la mujer también participaba de las negociaciones en los intercambios, mostrándose —según los relatos— más inflexible que los hombres a la hora de negociar y por lo general, si la contraparte era autoridad colonial o criolla, añadiendo a la lista de pedidos artículos vinculados a su atuendo e imagen corporal.

En las comunidades indígenas de las pampas y la Patagonia los 'convites', fiestas con abundante comida y bebida realizadas con fines sociales, religiosos y/o políticos, requerían de las mujeres para su realización en una vía doble: aportaban mano de obra

---

[90] Se puede recorrer una larga sucesión de fuentes históricas que describen estas prácticas económicas en el transcurso del sigo XIX; sugerimos, para el caso Tehuelche (Musters, 1964), para el caso Pehuenche (De la Cruz, 1969), para el caso Ranquel (Avendaño, 2000).

para la fabricación de *chicha*[91] y participaban de bailes y borracheras inherentes al festejo (Villar y Jiménez, 2007).

Princesas y cacicas

Existen en las fuentes históricas desde el siglo XIX un conjunto de datos no muy extensos referidos a mujeres destacadas que recibían el apelativo de 'princesas', en general hijas de caciques muy reconocidos, con un liderazgo que en algunos casos cuenta con ribetes de una jefatura.[92]

Muchas mujeres recibieron el nombre de cacicas al enviudar o cuando quedaban solteras porque nadie podía pagar su dote. Entre ellas, se destaca María la Grande, quien ejerció la jefatura entre una parcialidad de los tehuelches meridionales en la primera mitad del siglo XIX, en cercanías del estrecho de Magallanes y en la costa sur patagónica. Su rol como administradora y productora de excedentes y bienes de alto valor cultural se basó en la herencia primogénita y en las virtudes y cualidades para ejercer su papel.

---

[91] La fabricación de chicha, una bebida producida por fermentación indispensable para los convites, recaía específicamente en las manos femeninas. En su confección entraban diversos frutos silvestres: entre los Pehuenche serán los piñones, entre los Tehuelches el calafate (entre otros), entre los Manzaneros las manzanas; entre los Mapuche la bebida recibía el nombre de *mudai* usándose trigo, cebada y *mushka* cuando se usaba maíz. En estos últimos ejemplos, todas las actividades previas son femeninas: tostado, molienda, almacenaje y un largo proceso de maceración.

[92] La descripción de Musters sobre una de las hijas del cacique Foyel, pone en evidencia su lugar preferencial dentro de la comunidad. *"hizo los honores la hija de Foyel, linda muchacha de diez y ocho años con largos cabellos negros y sedosos, que una doncella, una chica tehuelche cautiva, tenía que peinar diariamente como obligación especial. Esa señorita no se humillaba nunca haciendo algún trabajo doméstico, aunque de vez en cuando aplicaba sus delicados dedos a la aguja; su dote de cerca de ochenta yeguas, y la influencia de su padre, hacían de ella, como es natural, un partido muy deseable; pero hasta el momento de mi partida, la niña había ejercido el privilegio de una heredera rechazando todos los ofrecimientos"*(Musters, 1964: 302).

La mayoría de los capitanes loberos que cruzaban el estrecho intercambiaban con María bienes a cambio de ganado. Luís Vernet, quien fuera gobernador de la islas Malvinas, arribó a la península de Valdés en 1823. Allí recibió la visita de María junto a decenas de indios quien le impidió carnear ganado cimarrón sin su autorización, ya que su pueblo tenía derechos tanto sobre el territorio como sobre el ganado arraigado a él. Vernet la apodó entonces "María la Grande", en honor a la emperatriz prusiana.

Según la leyenda, como registra Liliana Videla (2005) a la muerte de María —ocurrida en fecha incierta entre 1841 y 1847— grandes hogueras fúnebres fueron encendidas a lo largo de la costa en las que ardieron sus pertenencias: una Patagonia oriental iluminada por el fuego fue el homenaje que confirma su estatus de reina.

Esclavas y cautivas

El tráfico de personas constituyó uno de los aspectos centrales en el proceso de conformación de *zonas tribales* en el espacio pampeano-patagónico, concebidas éstas como *"áreas donde se verificaron sensibles procesos de transformaciones y modificaciones a raíz del contacto permanente de sociedades nativas sin estado con sociedades estatales introductoras de nuevos bienes, tecnologías y enfermedades"*[93].

Los cronistas al referirse a las mujeres blancas, prisioneras al interior de la sociedad indígena, las denominan *cautivas*, implicando con ello placer y respeto. Si las afectadas son indígenas o negras, el concepto cambia por el de *esclava,* como una forma de justificar la situación de opresión y trabajo forzado que experimentan por resistirse al dominio hispano-criollo.

Si bien la venta de personas fue prohibida para la sociedad colonial por la Corona Española en 1679, esta actividad continuó aunque con algunos recaudos por parte de los compradores, ya que según la

---

[93] El concepto de 'zona tribal' elaborado por Ferguson y Whitehead, ha sido analizado por Villar y Jiménez (2001: 35-38) en sus posibles extensiones para las Pampas y la Araucanía.

legislación bastaba que el/la cautivo/a denunciase la situación a las autoridades blancas para que se le dejase en libertad. Esto fue sin duda, uno de los motivos para que el número de cautivas mujeres superara al de los hombres, habida cuenta de la imposibilidad femenina para hablar y ser oídas en ese arbitrario cultural.

Un caso paradigmático ocurrió en el poblado Carmen de Patagones, última línea de frontera del sur argentino fundada por la Corona española en 1779 sobre la costa atlántica en la actual provincia de Río Negro. En 1827, una negra esclava de nombre Juana adquirió su libertad al denunciar su condición de víctima del sometimiento sexual de su amo. Juana había sido entregada a Juan Larrazábal, un encumbrado vecino, como regalo de bodas de su suegro y desde entonces fue sometida por su patrón, quien abusaba sistemáticamente de ella bajo promesa de darle su libertad. Tuvo una hija y doce años después, Juana se apersonó a las autoridades judiciales y denunció la situación. El entonces gobernador de Buenos Aires y titular de la Confederación, Bernardino Rivadavia, dispuso su liberación sentando un precedente jurídico. Si bien su dictamen no alude al sometimiento femenino, sino que la esclava queda libre "…*porque ello interesa a la tranquilidad de la familia del acusado y a la decencia pública*" (Livigni: 2003, 7) da cuenta del empoderamiento de una mujer negra que se animó a denunciar el abuso.

A medida que avanzó el siglo XIX y las relaciones interétnicas se tensaron y aumentó la cantidad de cautivas, debido a que éstas implicaban menos peligro de fuga y tráfico de información que la de cautivos que podrían alertar acerca de la composición de las parcialidades y organizar un ataque a las comunidades.

El trabajo de Susan Scolow (1987) da cuenta que más de 600 cautivos fueron rescatados en 1832-1833, durante la Campaña de Rosas, primera expedición militar que desde Buenos Aires avanzó sobre territorio indígena con el fin de lograr su control. Según sus estudios, más del sesenta por ciento de los liberados en el valle medio del río Negro eran mujeres.

El 'robo' conllevaba un cambio en la situación de la mujer en el endo-grupo, pero en ocasiones la captura se producía en conflictos interétnicos, lo que provocaba fuertes tensiones entre diferentes comunidades.

Las cautivas actuaron como nodrizas y doncellas y cumplieron un importante papel como biorreproductoras, en sociedades afectadas por las guerras y enfermedades (Altube, 1999). En el caso de que gozasen de la confianza del grupo, podían actuar como lenguarazas en el contacto con los 'blancos' y si sabían leer y escribir podían convertirse en las lectoras y redactoras de documentos y correspondencia (Salomón Tarquini, 2006).

Varias razones confluyeron en esta posibilidad del rol de lenguarazas, en especial la edad en el momento de la captura y el rol de las cautivas al interior de la comunidad. Las púberes eran las más codiciadas ya que aseguraban la posibilidad de reproducción y la capacidad de trabajo. Esto hacía que las mujeres que llegaban a las tolderías ya tenían al menos diez o doce años de vida entre los blancos lo que aseguraba el arraigo y no olvido de la lengua materna. Así mismo, debido a que por lo general las cautivas dentro de las comunidades eran numerosas podían comunicarse entre ellas en español, práctica que aseguraba la pervivencia y transmisión del idioma.

Muchas mujeres indígenas fueron cautivas en las ciudades o en las tolderías enemigas, como recurso para conseguir un bien escaso —más que nada en el transcurso del siglo XIX—, como parte de un botín, como acción de venganza o para reservarlas para futuros canjes. Para los varones indígenas en edad matrimonial, las cautivas representaron una alternativa atractiva para conseguir una mujer sin emitir erogación alguna.

Si bien la cautiva blanca implicaba ayuda en las pesadas tareas cotidianas asumidas por las mujeres en el ámbito doméstico indígena no existió solidaridad de género: las mayores humillaciones fueron realizadas por las mismas mujeres que se sentían celosas de estas intrusas valoradas por sus hombres debido al misterio que encerraban: eran distintas y por ello apreciables. En contrapartida, el principal enemigo de la mujer indígena esclava fue la mujer hispano-criolla; esta última asumió roles —en general ante la ausencia de su esposo— que, según el pensamiento masculino de la época, no le eran propios como albacea, tutora de sus hijos e incluso cocineras, parteras y comerciantes.

La captura de esclavas era practicada por los 'blancos' a través de correrías y malocas militarizadas. Estas eran expediciones ligeras y sorpresivas en las cuales se capturaban mujeres, niñas y niños, se destruían bienes, sementeras y se arriaban los ganados. Los beneficiarios directos eran los cabos y soldados del ejército que se repartían despojos y prisioneros.

Es interesante destacar como en estas incursiones 'blancas' al mundo indígena, muchas cristianas que vivieron en las tolderías se negaron a volver a la 'civilización', posiblemente más que por el anclaje de la maternidad que por deseo propio. Algunas que lograron su libertad se convirtieron en informantes de los blancos debido a los interrogatorios de las guardias militares.[94]

Prácticas simbólicas y religiosas

Religión, magia y medicina constituyeron un sistema de representaciones simbólicas central en las sociedades indígenas en el cual las mujeres tuvieron un rol protagónico. Como sostiene María Silvia Di Liscia, "ante la enfermedad, la mala suerte o la muerte, es decir, ante la ruptura del equilibrio individual o social, la relación ente la comunidad y la divinidad puede reestablecerse a partir [de la acción] del machi" (Di Liscia, 1999: 60).

Los machis —hombres y mujeres— ejercieron autoridad a punto de definir liderazgos, determinar la paz o la guerra, investir o destituir caciques. Las machis mujeres eran temidas y respetadas por la comu-

---

[94] Tras la campaña militar, el cacique Pincén fue recluido en Buenos Aries junto a sus tres mujeres y ocho hijos. De allí partieron a la isla Martín García, donde la viruela y el hambre fue un flagelo constante a tal punto que en abril de 1879, el Arzobispado anunció que se permitiría a mujeres y niños abandonar la isla, donde sólo quedaron presos, militares e indios marineros (Sosa 2001: 234).

nidad, recibían mayor cantidad de bienes que el resto en los repartos hechos por los caciques, en la intención de congraciarse con ellas y, por su intermedio, con la divinidad. Las rogativas eran organizadas por las machis y no por el cacique, quien podía solicitarlas pero no disponer sobre ellas.

Este rol protagónico en ceremonias religiosas, prácticas curativas y confección de remedios tuvo su contrapartida: imputaciones de brujería vinculadas a la muerte de caciques o a una desgracia pública tuvieron en las mujeres-machi su blanco, el castigo fue la muerte. (Di Liscia, ibid)

Las mujeres de edad avanzada eran quienes recibían o despedían a los viajeros con cantos quienes dirigían las ceremonias de imposición del nombre e iniciación (por ejemplo con motivo de la primera menstruación) y manipulaban a los muertos ubicándolos en su morada final (Cox, 1864; Musters, 1964; Viedma, 1972; Moreno, 1979).

Consideraciones finales

En las sociedades indígenas patagónicas la construcción de una historia desde una perspectiva de género tiene, como mencionáramos, una dificultad imposible de soslayar: las fuentes que hablan de mujeres fueron escritas por un "otro", en toda la contundencia del término; un otro blanco, ajeno a las sociedades indígenas y varón. Esta trilogía impide advertir cómo las mujeres se pensaron así mismas en ese mundo de relaciones que la historiografía está descubriendo mucho más complejas a medida que los estudios avanzan.

Las mujeres indígenas experimentaron un doble cautiverio. El primero, el propio de la sociedad patriarcal en la cual se desenvolvieron; el segundo, el del dominador que las subyugó en un sistema cultural que le era ajeno e incomprensible. Sin embargo, las comunidades indígenas del siglo XIX, no se trataron —a partir de los documentos los que hemos tenido acceso— de sociedades con alta subordinación femenina, ya que la mujer asumió roles claves en la reproducción social y biológica de las comunidades y lideró la tarea de la manipulación del plano simbólico. Sumado a esto, pudo tener bienes propios y negociar con ellos, como en el caso del ganado lanar.

Además de estos roles, las mujeres indígenas pudieron ejercer liderazgo político, como lo evidencia el cacicato de María La Grande en la costa atlántica.

La presencia de cautivas hispanocriollas al interior del mundo indígena permite concebir la condición de conformación de *zonas tribales*. Las cautivas fueron bienes de canje, nodrizas, escribientes, mano de obra doméstica y manufacturera. Actuaron además como intérpretes y permitieron a los niños y niñas nacidos en cautiverio conocer y conservar las pautas culturales de origen.

La falta de acción enérgica por parte de las sociedades fronterizas blancas por la toma de cautivas no llama demasiado la atención. Si bien aparecieron denunciadas estas acciones sistemáticas, se subordinaron al perjuicio económico que significó para el mundo rural el robo de ganado. El cautiverio inter e intra societal se mantuvo por tres siglos: seguramente el hecho de que fueran mujeres la mayor parte y, en general, mujeres pobres y de espacios fronterizos, colaboró a moderar el tenor de los reclamos.

Finalizada la *razzia* militar y consumado el etnocidio, las mujeres indígenas sobrevivientes fueron dispersadas en el territorio nacional, separadas de su familia y en el caso que permanecieran en la zona, alejadas de los centros urbanos o empleadas como mano de obra servil.

Consideramos que concebir a la historia de las mujeres desde un punto de vista relacional y en la larga duración nos permite advertir acerca de las simplificaciones o usos peyorativos que durante muchos años se les adjudicó a las mujeres. Ni las cautivas fueron licenciosas y corruptas ni las indígenas esclavas, ni las mujeres en un todo circunscriptas al ámbito doméstico. Si bien destinatarias de un sistema desigual impuesto, no fueron víctimas dóciles de los mandatos sociales y de género, sino que muchas de ellas se resistieron a la esclavitud, el sometimiento sexual, la infidelidad y el mandato de la maternidad.

Creemos necesario *sexuar* el pasado e identificar en él qué cosas hicieron las mujeres y cuáles los hombres, evitando preconceptos de desvalorización de la agencia femenina, tan comunes al adjudicar a las mujeres "tareas" en vez de "trabajos" y al negar el aprendizaje y el capital social, cultural y simbólico que éstos implican. Pensar a las mujeres como sujetos de la historia y objetos de narración e investigación permite, en la diversidad de casos, aportar a la explicación de una historia complejizada y concebida a escala global desde el enfoque de género.

Bibliografía

ALTUBE, M. I. (1999) "Mujeres en tierra adentro. Las cautivas en las sociedades indígenas de la región pampeana y norpatagónica (siglos XVIII y XIX)", en Villar, D., Di Lisia, M., Caviglia, J. (editores) *Historia y género. Seis estudios sobre la condición femenina*, Buenos Aires, Biblos, pp. 89-120.

AVENDAÑO, S. (2000) *Usos y costumbres de los indios de la Pampa*, Bs. As., El Elefante Blanco.

BOUVIER, V. (2002) "Alcances y límites de la historiografía: la mujer y la conquista de América", en Andreo, J. y Guardia, S. *Historia de las Mujeres en América Latina*, Murcia, Universidad de Murcia, 2002.

CHAPMAN, A. (1986) *Los Selk'man. La vida de los Onas*, Buenos Aires, Emecé

DE LA CRUZ, L. (1969) "Tratado Importante para el perfecto conocimiento de los indios Peguenches, según el orden de su vida"; en: de ANGELIS, *Colección de Obras y Documentos*, Bs. As., Plus Ultra, t. II, pp. 437-491.

DI LISCIA, M. (1999) "Medicina, religión y género en la relación entre indígenas y blancos región pampeana y norpatagónica, siglos XVIII y XIX)", en Villar, D., Di Lisia, M., Caviglia, J. (editores) *Historia y género. Seis estudios sobre la condición femenina*, Buenos Aires, Biblos, pp. 58-70.

HERNÁNDEZ, G. (2000) "Historia de vida de una mujer mapuche radicada en Bahía Blanca", en *Mujeres en Escena*, Instituto Interdisciplinario de Estudios de la Mujer, Facultad de Ciencias Humanas, Universidad Nacional de la Pampa, pp. 345-354.

LEON SOLIS, Leonardo (1989-1990) "Comercio, trabajo y contacto fronterizo en Chile, Cuyo y Buenos Aires, 1750-1800", en *RUNA*, Bs. As., 1989-1990, n° 19, pp. 177-221.

LIVIGNI, O. (2003) "Juana. La negra que eligió su libertad. Una historia maragata. 1823", en *La Galera,* Año VIII, Número XXXIX, Viedma, Río Negro, pp.5-7.

MANDRINI, R. (1984) "La base económica de los cacicatos araucanos del actual territorio argentino (siglo XIX*)*", en *Historia Testimonial Argentina,* N° 22, Bs. As., CEAL.

MONTECINO, S. (1996*) Madres y gauchos,* Santiago, Editorial Sudamericana.

MORENO, E. (1979) *Reminiscencias de Francisco P. Moreno,* Buenos Aires, Eudeba.

MUSTERS, G.(1964) *Vida entre los Patagones. Un año de excursiones por tierras no frecuentadas desde el Estrecho de Magallanes hasta el Río Negro. Estudio preliminar y notas de Raúl Rey Balmaceda.* Buenos Aires, Solar/Hachette.

PALACIOS, M. comp. (1997) *Historia de las mujeres o historia no androcéntrica,* Salta, Secretaría Académica Universidad Nacional.

PALERMO, A. (2000) "Reseña de la mesa redonda: "Mujeres y hombres ¿una historia común? II Congreso Internacional Historia a Debate. Santiago de Compostela, España. 14 al 18 de junio de 1999, En *La Aljaba. Revista de Estudios de la Mujer,* Santa Rosa, Argentina, vol. V, pp. 226-238.

PALERMO, M. (1994) "El revés de la trama. Apuntes sobre el papel económico de la mujer en las sociedades indígenas tradicionales del sur argentino." En *Memoria Americana. Cuadernos de Etnohistoria.* Buenos Aires, N° 3, pp. 63-83.

PERROT, M. (1994) *Une histoire de femme estelle posible?* Paris, Ed. Rivazes.

PRIEGUE, C.(1995) "Testimonios de Vida de una Mujer Tehuelche Contemporánea", Bahía Blanca, Universidad Nacional del Sur. Presentada en las III Jornadas de Aportes de la Universidad a los Estudios de la Mujer, Universidad Nacional de la Pampa, agosto. Inédito.

OCKIER, M. (2005) "¿Una Historia de mujeres o una Historia de género? A propósito de una investigación sobre las fortineras." *Actas de las X° Jornadas Interescuelas Departamentos de Historia,* Rosario, 20-23 de septiembre.

RAMOS ESCANDON, C. (1992) *Género e Historia,* México, Antologías Universitarias.

SOCOLOW, S. (1987) "Los cautivos españoles en las sociedades indígenas: el contacto cultural a través de la frontera argentina", en *Anuario IEHS,* Tandil, Universidad Nacional del Centro de la Provincia de Buenos Aries, N° 2, pp. 99-131.

SOSA, N. (2001) *Mujeres Indígenas. De la Pampa y la Patagonia,* Buenos Aires, Emecé.

VIDELA, L. (2007) "María, la cacique de los tehuelches", en *Todo es Historia,* Buenos Aires, N° 477, pp. 28-35.

VILLAR, D. y JIMÉNEZ, F. (2001) "'Para servirse de ellos'. Cautiverio, ventas a la usanza del pays y rescate de indios en las Pampas y Araucanía. (Siglos XVII-XIX) ", en *Relaciones de la Sociedad Argentina de Antropología XXVI*, Bs. As.

VILLAR, D y JIMÉNEZ, J (2007) "Convites. Comida, bebida, poder y política en las Sociedades Indígenas de las Pampas y la Araucanía", en *Anuario IEHS,* N° 22, Tandil, pp. 241-272.

Notas de género sobre la experiencia insurgente femenina en América Latina

*Brisa Varela**

> Yo les decía a mis compañeros: el día que yo tenga un marido
> como las mujeres que ustedes tienen, ese día yo podré estar feliz
> en la guerra. Es que ellos tenían unas compañeras que cuidaban
> de sus hijos, que cuidaban de ellos, que los amaban, que les espe-
> raban siempre, que eran refugio.
> Mientras nosotras estabamos siempre solas porque no había
> ningún hombre que soportara la idea de tener una mujer metida
> en la guerra[95].

Contexto histórico, subjetividad y género

El compromiso militante frente a la realidad social y política, asumido con especificidad por las mujeres en Latinoamérica a lo largo del
siglo XX, es una temática frecuentemente silenciada y desconocida.

Hay consenso en que la recuperación de las memorias requiere de
tiempos de construcción subjetivos y, en ocasiones transgeneracionales.

En la última década, se están produciendo textos de investigación histórica o de género literario, que se inscriben en un

---

* Doctora en Ciencias Sociales. Miembro de la Carrera Especialización en Estudios de las Mujeres y Género. Universidad Nacional de Luján, Argentina.
[95] Entrevista de Sánchez Blacke a M.E Vásquez (2000:63)

colectivo no formalizado, e indagan en una época a partir de la reconstrucción de historias de vida.

Predominan los textos de género periodístico o novelado, en algunos casos escritos por los/las mismas militantes o por jóvenes autoras a quienes les llegó la experiencia a partir de ser "hijas de" y narran esas experiencias vividas por mujeres desde diversos registros.[96] Tanto desde la subjetividad de intereses como de la manera de abordar las cuestiones, llaman la atención por sus posibilidades y diferencias en relación con las narraciones masculinas sobre estas cuestiones.

En este trabajo relevo recientes producciones que me han resultado especialmente interesantes, ellas remiten a experiencias femeninas inscriptas en lo que denominamos "situaciones límite" ciertamente controversiales, como la participación y posterior crítica y alejamiento de la militancia armada durante las décadas de los sesenta y setenta.

Entiendo que transformar la realidad social latinoamericana —del pasado y el presente— en objeto de conocimiento implica la operación intelectual de abandonar las descripciones planas e introducir problematizaciones.

Esta pretensión debería conducir no sólo a describir ambientes de época y decisiones de actores sociales que ejercieron liderazgos, sino construir preguntas y explicaciones (provisorias) que incluyan las subjetividades de diversidad de actores sociales situados.

No se puede dejar de advertir que incluir la *dimensión de género*, si bien enriquece el análisis, no es suficiente para explicar la complejidad de las cuestiones implicadas y necesariamente deberá intersectarse con las dimensiones de la *etnicidad,* la *clase* y la *generación*.

Sin embargo la inclusión de la categoría de género como eje organizador, permite transcurrir por itinerarios de mayor densidad, remover las certezas y aportar palabras y nuevas preguntas para la inteligibilidad de los procesos sociales de la historia reciente latinoamericana.

---

[96] Especialmente interesante es el relato novelado de Laura Alcoba *La casa de los conejos*, Buenos Aires, Edhasa, 2008.

En función de estas consideraciones se propone interpretar diversas acciones de las militantes, situadas en su contexto histórico, y tomando como soporte las conceptualizaciones trazadas por Joan Scott (1996; 2004) quien define al concepto *género* considerando dos partes centrales y subpartes interrelacionadas en la que ninguno de los elementos opera sin los demás.

El núcleo de la definición asume que el género es un elemento constitutivo de las relaciones sociales basadas en las diferencias que distinguen los sexos y el género como una forma primaria de relaciones significantes de poder. Todo cambio en la organización de las relaciones sociales se corresponden con cambios en las representaciones del poder.

Como elemento constitutivo de las relaciones sociales basadas en las diferencias percibidas entre los sexos, el género comprende cuatro elementos interrelacionados: 1) Símbolos culturalmente disponibles que evocan representaciones en contextos específicos (mitos, etc.). 2) Contenidos normativos que manifiestan las interpretaciones de los significados de los símbolos. Esos conceptos se expresan en doctrinas religiosas, educativas, científicas, legales y políticas, que afirman categórica y unívocamente el significado de varón y mujer, masculino y femenino y en función de ello se generan políticas de apoyo o represión, esta normativa hegemónica es presentada como de consenso social y no como resultado de confrontación.[97] 3) Sistemas: en tanto el género se construye a través del sistema de parentesco, pero no sólo

---

[97] Scott Joan W. "El género: una categoría útil para el análisis histórico" http://www.inau.gub.uy/biblioteca/sexualidad/UNIDAD%20 II/scott.pdf (acceso 29-10-08). La investigación histórica, plantea Scott, debería romper la noción de fijeza, descubrir la naturaleza del debate o represión que conduce a la aparición de una permanencia intemporal en la representación binaria del género. Este tipo de análisis debe incluir nociones políticas y referencias a las instituciones y organizaciones sociales, tercer aspecto de las relaciones de género. (p. 24)

de él, también el mercado de trabajo, la educación y la política. Y 4) La identidad subjetiva como construcción esencializada.

En relación con este último aspecto dirá Scott que los historiadores deben aceptar el desafío de investigar las formas en que se construyen esencialmente las identidades genéricas y relacionar sus hallazgos con una serie de actividades, organizaciones sociales y representaciones culturales, históricamente específicas.

En lo que hace a las relaciones de poder Scott define que: "Podría decirse que el género es el campo primario dentro del cual o por medio del cual se articula el poder (…) Establecidos como conjunto objetivo de referencias, los conceptos de género estructuran la percepción y la organización, concreta y simbólica, de toda la vida social, hasta el punto en que esas referencias establecen distribuciones de poder control diferencial sobre los recursos materiales y simbólicos, o acceso a los mismos".[98]

Considerar estas nociones, para ordenar el análisis de acciones contrahegemónicas, realizadas por colectivos de mujeres latinoamericanas, es un trabajo que enriquece intelectualmente. En especial nos detendremos en pensarlas en articulación con contextos que algunos autores conceptualizan como de trauma social.

Trauma social, memorias y narración

Internarse en los análisis de las memorias en situaciones absolutamente diferenciadas de la "normalidad" —entendida ésta como una existencia en la que la sobrevivencia no se encuentra en riesgo— requiere de coordenadas conceptuales que permitan situarse en el lugar desde el que se observará la casuística.

---

[98] Scott Joan W. El género: una categoría útil para el análisis histórico (p. 27) http://www.inau.gub.uy/biblioteca/sexualidad/UNIDAD%20II/scott.pdf. (acceso 29-10-08).

Las acciones[99] entre las cuales se encuentra la constitución y transmisión de la memoria social en situaciones de gran violencia, como las guerras, revoluciones o genocidios ha sido propiciada para el caso europeo por Jaques Le Goff (1991) y Pierre Nora (1984) que, en torno a la memoria social y los lugares de la memoria, aportaron el punto de partida.

Otros trabajos especialmente interesantes son los de Joel Candau (2002), Francois Dosse (2004) y Alessandro Portelli (1996) que permitieron pensar teóricamente en las instancias en que se constituyen e institucionalizan las narrativas históricas oficiales sobre situaciones de guerra convirtiéndolas en "políticas de la memoria" destinadas a naturalizar una determinada visión del pasado.

Estos autores han demostrado la importancia de que el científico social confronte con la memoria única y la ponga en tensión con otros múltiples registros. Para el caso de la inclusión de la experiencia femenina en contextos de guerra, pueden citarse, entre los clásicos, los trabajos de Helene Eck (1993), Daniele Bussy Genevois (1999), Giselle Bock (1993) y Mary Nash (1995; 2002).

Por otro lado los textos de Dominick La Capra (2005), Janine Puget (2000) y Zvetan Todorov (1993) han permitido avanzar en perspectivas que indagan específicamente en los procesos genocidas y en su constitución en traumas sociales, a partir de la fijación del recuerdo en ellos y de la imposibilidad de su elaboración.

La búsqueda de herramientas conceptuales que permitieran trabajar sobre los mecanismos de la memoria en situaciones límite, en las que un grupo humano es objeto de políticas de exterminio planificado, hizo que algunas líneas historiográficas apelaran a la categoría de *trauma social* (procedente del psicoanálisis) para referirse a aquello concebido como *lo "invivible, "inenarrable", "indecible"* e *"irrepresentable"* y a la dificultad de poder encontrar una audiencia capaz de constituirse en "escuchante" de este tipo de experiencias.

---

[99] Entendidas antropológicamente como las conductas y su carga simbólica subyacente.

Los orígenes del concepto remiten a 1939 cuando Freud introduce la noción de *trauma* en su obra *Moisés y el monoteísmo*. Freud dice "Llamamos *traumas* a las impresiones precozmente vivenciadas y olvidadas más tarde, que, según dijimos, tienen tanta importancia en la etiología de las neurosis; ello no significa empero que nos pronunciemos acerca de la etiología de las neurosis (...) A menudo debemos conformarnos con decir que sólo existe una reacción anormal y extraordinaria frente a sucesos y emergencias que, afectando a todos los individuos restantes, suelen ser elaborados y resueltos por éstos de una manera distinta, que es dable considerar normal (...) son *fijaciones al trauma* (...) Es preciso que haya sufrido antes el destino de la represión, el estado de conservación en lo inconsciente, para que al retornar pueda producir tan potentes efectos (...)"(Freud, 1973: 3283).

Desde la perspectiva de Freud *recordar* es la posibilidad de organizar una secuencia narrativa, dando sentido lógico a lo que anteriormente podría aparecer como una serie de eventos aislados. "La tarea del psicoterapeuta, es lograr que el paciente pueda disolver su amnesia contando la historia de ese evento traumático. En definitiva, que pueda decir: *yo recuerdo*" (Mudrovcic 2002:117).

La recuperación de la memoria permitiría a la persona y al grupo, distanciarse del evento y relatar las experiencias vividas (en forma directa o retransmitidas generacionalmente) en una narración coherente.

Mudrovcic (2002) enfatiza que el sentido de "recordar" es la "acción" de contar una historia, pero no sólo eso sino de darle un sentido asociándolo con otros eventos de su vida. Quien posea una fijación en el trauma no puede poseer una memoria del mismo, en tanto el sujeto es incapaz de transformar el suceso en el relato al que llamamos "memoria".

En esta línea el hablar de *memoria traumática* sería puramente convencional, ya que la "memoria" se obturaría al constituirse el trauma, estos aspectos obturados no podrían justamente ser objeto de "recuerdo", o bien este adquirirá la característica de ser compulsivo, descontrolado e ininteligible.[100]

En la literatura psiquiátrica y psicológica actualmente se acepta definir el trauma como "Un evento que amenaza la integridad de una persona; la deja indefensa ante una amenaza que produce una sensación de peligro y genera una ansiedad intolerable; sobrepasa las capacidades de enfrentarse al mismo e involucra alguna violación de las creencias necesarias para sobrevivir e indica que el mundo es un lugar incontrolable e impredecible" (Hoffmeister 2003:124).

Sin embargo las nociones psicoanalíticas del concepto de trauma, no trabajan desde la dinámica social de la memoria colectiva, sino sobre la memoria individual de las personas y su transposición no es una tarea sencilla ni exenta de complejidades que cuestionan el uso concreto del concepto.

En este punto es iluminador el análisis que Janine Puget (2000) realiza, refiriéndose al carácter de lo intersubjetivo y de la vincularidad en situaciones de trauma social.

Este planteo proviene de una reformulación teórica compleja según la cual se otorga un status teórico a la subjetividad vincular, sea ésta social o familiar, y se la diferencia de la singular. Esta perspectiva hace factible encarar al psiquismo, o sea a los actos que lo constituyen, no sólo desde el sujeto.

La vertiente intersubjetiva considera que "Dar un status específico a los traumatismos sociales lleva a ubicarlos en la vincularidad e introducir un término que permite dar cuenta de lo que implica *estar* en una estructura vincular (...) En el caso de un traumatismo social el conjunto pierde una determinada potencialidad vinculante y sólo la recupera cuando a partir de dicho evento puede inventar nuevas

---

[100] Al respecto hay múltiples referencias sobre personas sometidas a situaciones que posteriormente traumáticas o bien mantienen silencio absoluto o solamente pueden producir un relato compulsivo que se reitera monótonamente y sobre el que el sujeto no tiene control de modo que resulte adecuadamente organizado.

maneras de pensar y nombrar lo sucedido y hacer algo a partir de dicho evento" (Puget,2000:450).

Otro concepto interesante a introducir, en relación con las posibilidades de hacer inteligible y traducir en un lenguaje controlado las experiencias traumáticas, se relaciona con la transmisión generacional y la resignificación realizada por las siguientes generaciones.

Como generación entendemos el enfoque que, proveniente de la sociología de la cultura, interpreta a las mismas como la expresión de usos dominantes en una comunidad de una participación en común de experiencias, ideas y mentalidades, de ciertas visiones del mundo y de la sociedad (Attias Donfut, 1988;144).

No se puede hablar de una situación de generación idéntica más que en la medida en que los que entren simultáneamente en la vida, participen potencialmente en acontecimientos y experiencias que crean lazos.

Pierre Nora (1984) ha propuesto asimismo aplicar en los estudios históricos la noción de generación vinculada a la transmisión de los saberes y experiencias no como actos individuales sino como producciones de la memoria colectiva.

Otra reflexión pertinente a nuestro caso de estudio, tiene que ver con las características particulares en las que se produce la transmisión generacional (Grinberg y Grinberg,1996:22) de los aspectos traumáticos vividos como militancias, desplazamientos, genocidios, desmilitarización, exilios (internos y externos) y reinserciones sociales.

Género e insurgencia en América Latina: historia en construcción

Desde fines de los años noventa y principios del dos mil algunas mujeres, ex militantes que participaran directamente en la lucha armada en las décadas de los setenta y ochenta, ensayan autobiografías que se intersectan con estudios universitarios asociados al campo de género.

En ellas, a diferencia de otros relatos, se enfatiza la experiencia femenina que es expuesta en el sentido de "ponerla afuera", de hacerla visible. Ex militantes desarrollan autobiografías y se reconocen como colectivo en instancias de jornadas, congresos y talleres de escritura. Se hace explícito, en carácter reivindicativo y/o crítico, su papel de insurgentes armadas en distintas organizaciones declaradas ilegales, algunas de las cuales, con diversas modificaciones en su estructura, continúan accionando.[101]

Estos aportes sacan a las mujeres del lugar excluyente de madres o esposas sufrientes, para colocarlas en el plano de la acción directa reivindicada, en ese entonces, como legítima frente al poder normativo político instituido.

Al mismo tiempo, se destacan indagaciones en el ámbito de la investigación, interesadas en las subjetividades de la inserción en la militancia en las organizaciones armadas.

La vida de las mujeres, en situación de guerra insurreccional, pensada desde los términos de género propuestos por Scott (1996), implica pensarlas en el marco constitutivo de las relaciones sociales basadas en las diferencias que distinguen los sexos y en las relaciones significantes de poder.

El relevamiento de la producción tanto de las protagonistas de la militancia como de diversas investigaciones en el ámbito académico, permiten reconocer en ellas dos grandes rasgos, que requieren aún de una intensa tarea de apertura crítica, complejización de las preguntas, descripciones de mayor densidad y ajustes en la teorización .

Los recorridos de los que dan cuenta los estudios remiten a la constitución de colectivos en torno al reclamo asociado con la defensa de varones en situación de riesgo de vida (detenidos o desaparecidos compañeros, hermanos, padres, hijos, etc.) o en función de ser víctimas persistentes de la acción de militares o paramilitares (como desplazamientos forzados, persecuciones, violaciones, etc.). Estos

---

[101] Por ejemplo las FARC en Colombia o EZLN en México.

delitos, sobre todo en áreas rurales alejadas de la presencia de los medios de comunicación,[102] impulsan diversas formas de organización. En ambas situaciones la característica predominantemente pacifista de los agrupamientos de mujeres, facilita el apoyo, presencia e impulso de organizaciones de derechos humanos de carácter internacional.

La identidad de género que se construye en estas diversas instancias se evidencia cruzada con la de clase social.

Son mujeres pobres las que viven la necesidad de desarrollar estrategias de sobrevivencia, de disputa por los recursos (tierras, mercaderías, planes sociales) o bien, en ocasión de conflictos armados, las que resultan víctimas directas (violaciones, desplazamientos, agresiones armadas) o indirectas (por ser esposas, hijas de, etc.).

Estos contextos generan reflexiones y estrategias de organización en algunos casos vinculadas con movimientos mixtos (en los que participan varones y mujeres) y en otros consolidando su autonomía como mujeres "empoderadas".

La antropóloga María Fernanda Sañudo[103] considera que, en las particularidades de América Latina, las mujeres deben ser capaces de decidir, aportar, construir y deliberar no sólo frente a las problemáticas tradicionales, sino también frente a la vulnerabilidad que genera la guerra.

En contexto de guerra, la opción de resistencia pacífica está focalizada en su trabajo organizativo en pro de las mujeres, sus familias y su comunidad y en denunciar los efectos de la guerra cuestionando los proyectos políticos de estados, de los sectores hegemónicos y de los actores armados .

---

[102] En los ámbitos urbanos de América Latina también se han desarrollado movimientos sociales pacíficos con gran participación de mujeres de los sectores excluidos con reclamos específicos relacionados con las necesidades básicas (en especial alimentación y vivienda) como el caso de las *mujeres piqueteras* en Argentina.

[103] *Sañudo* María Fernanda ORGANIZACIÓN, *GÉNERO Y DESPLAZAMIENTO FORZADO EN COLOMBIA*. En : *bibliotecavirtual.clacso.org.ar / ar / libros / becas /* *(acceso octubre 2008)*

En el caso argentino la constitución de colectivos femeninos que buscaron a sus hijos detenidos políticos y/o detenidos desaparecidos bajo la consigna de "aparición con vida" movilizó, a mediados de los años setenta, a mujeres de mediana edad y mayoritariamente de clase media. En el año 1976 se iniciaban las primeras reuniones y el 30 abril de 1977, catorce mujeres, encabezadas por Azucena Villaflor, comenzaban la que sería la primera *ronda de la Plaza de Mayo* en la Ciudad de Buenos Aires.

Desde el poder político la construcción discursiva sobre esas mujeres encuadró el reclamo dentro de lo "anormal" y "peligroso", en el espacio de la alienación, eran "las locas de Plaza de Mayo".

Con la clara intencionalidad de desprestigiar la acción de estas mujeres que interpelaban por la "aparición con vida" de aquello/s "inexistentes", que "no son ni están"[104].

La descalificación a las *madres* se extiende al lugar instituido para ellas desde el poder: *"¿por qué no se preocuparon antes de sus hijos?"* la pregunta/acusación redoblaba la apuesta: no tienes derecho a tu reclamo ya que no ejerciste correctamente el lugar que se te asigna como mujer: parir y criar dentro de las normas, ser madre "cuidadora" del orden familiar

La capacidad de lucha de *las madres* apoyadas internacionalmente por la acción de otros colectivos asociados a la defensa de los derechos humanos y con competencias y posibilidades específicas relacionadas con su capital social y familiar, les permitió fortalecer las acciones y sacarlas del muro del silencio en el que una y otra vez intentaban encerrarlas.

La dictadura accionó en forma directa descargando el terrorismo de estado más crudo sobre ellas con el secuestro de un grupo de ma-

---

[104] El entonces Gral. Videla (destituido por sus crímenes en la etapa democrática), presidente de la Junta de Comandantes dirá en conferencia de prensa en diciembre de 1979 que *"Los desaparecidos son eso no tienen entidad, no están ni vivos, ni muertos son desaparecidos".* La pregunta, en ese entonces, valiente sobre los "desaparecidos" fue realizada al dictador por el periodista argentino José Ignacio López.

dres fundadoras y familiares de desaparecidos en la Iglesia de la Santa Cruz (en la Ciudad de Buenos Aires) y la detención y "desaparición" de Azucena Villaflor en la puerta de su casa, el día[105] que salía por primera vez una solicitada pidiendo información[106] a la junta militar sobre los *detenidos-desaparecidos*.

La apertura de la etapa de democracia política (1983) y la persistencia de la acción de estos colectivos de mujeres: *Madres de Plaza de Mayo, Madres Línea Fundadora* y *Abuelas de Plaza de Mayo*, implicará una resignificación de las representaciones desde los medios de comunicación y desde el poder político, pero manteniendo el lugar asignado a la mujer en esta caso como "madre ejemplar", y fortaleciendo especialmente los aspectos que se relacionan con el sufrimiento y la abnegación cristiana.[107] Así se (re)construye una imagen oficial y se pasa de la representación de la madre "indeseada" a la de madre "ejemplar".

El reconocimiento oficial del colectivo de *Madres y Abuelas*, que se hace desde el poder político en el presente, se instala como modélico e intenta clausurar una época de memorias en disputa, para constituir la memoria oficial nacional, de la que nos hablara Candau (2002).

Sin embargo a los/las historiadores/as todavía les quedan muchas aristas por trabajar, para reconstruir con mayor complejidad y riqueza, la historia de estas organizaciones, sus propias transformaciones internas, pertenencias de clase, adscripción política y de género, que les posibilitaron convertirse en emblema de la lucha contra la dictadura cívico militar y de instalar en el campo

---

[105] 10 de Diciembre de 1977

[106] En la Argentina llegó a haber alrededor de cuatrocientos campos de detención y exterminio ubicados en todo el territorio (CONADEP-CELS- Comisión de la Memoria)

[107] Incluso en algún acto se explicita la asociación colocando un pañuelo blanco sobre la cabeza a la Virgen María; también se hace referencia a que el pañuelo blanco que atan por delante en su cabeza es el símbolo de un pañal infantil.

simbólico y de la normativa la figura de *genocidio* sobre los actos criminales ejercidos por los militares argentinos.

Asimismo se hace especialmente interesante reflexionar sobre el recorrido diferenciado que este colectivo de mujeres realizan en el presente latinoamericano.

Género e insurgencia

En los últimos diez años se están recuperando, desde la escritura de las propias mujeres, las experiencias femeninas en el contexto del universo masculino de la lucha armada.

Las acciones insurgentes se desarrollaron en Latinoamérica especialmente en el último cuarto del siglo y en ellas participaron activamente mujeres que se insertaron en las organizaciones armadas integrando sus núcleos de apoyo o como milicianas.

En paralelo se desarrollan estudios sobre la inserción femenina, desde mediados de siglo XX, en la militancia armada, por razones y con características diferenciales, según épocas y espacios geográficos, que ameritan un arduo, reflexivo y crítico trabajo tanto de las experiencias en sí, como de sus posteriores lecturas generacionales.[108]

Me interesó recuperar entrevistas realizadas por otras mujeres (periodistas, antropólogas, historiadoras, etc.) a quienes militaron en las guerras revolucionarias de los años setenta,[109] cruzar sus conclusiones; y repensar esos materiales desde mis propias preguntas cuyo crisol involucra lo traumático, el género y las múltiples perspectivas que evocan los recuerdos y producen memorias subterráneas.[110]

---

[108] Me interesa en este punto la consideración de la transmisión de género al interior familiar en lo que hace a la simbólica de una construcción de género cuyas dimensiones deberían revisarse para considerar su potencialidad alternativa o tradicional.

[109] Por razones de extensión se decidió dejar de lado las memorias masculinas de exmilitantes sobre las relaciones de género, de todos modos muy escasas.

[110] En este trabajo se han analizado las entrevistas realizadas a militantes por Marta Diana; Elvira Sánchez Blacke, Paola Martínez; Soraya Hoyos y Silvia Soriano Hernández.

María Eugenia Vásquez, es una de las pocas mujeres que ha decidido hacer públicas sus vivencias en diez y ocho años de militancia armada en Colombia en la que formó parte de los cuadros dirigentes del M 19. Su decisión tiene doble interés tanto por romper con silencios impuestos como por hacerlo desde una perspectiva de género, ya que ser "mujer testimoniante" no implica necesariamente hacerlo desde una perspectiva de género.

Ella hace explícita esta decisión y confronta su mirada con la de sus compañeros varones de militancia cuando decide romper con la clandestinidad en 1989 y reinsertarse en la vida civil a través de los acuerdos de paz que ofrecía el gobierno. Acuerdos que un año después llevan a la desmilitarización de varios grupos guerrilleros.

(Nos) dice: "*Escribir fue como dibujarme en una sola hoja, como hilvanar la vida (…). Fue también una manera de romper la clandestinidad en la cual mantenía la mitad de mi historia, revelar una memoria que estaba codificada en clave de silencios y asumirme como soy. Escribir fue un ejercicio nacido desde el fondo de mi entraña. Yo necesitaba reorganizarme para poder vivir*". [111]

Patricia Madariaga (2006) [112] para el caso de la participación de las mujeres en el M 19, afirma que muchos jóvenes encontrarían en los movimientos político-militares de los setenta un espacio para mostrar su valía, explorar sus límites e inscribir sus destinos particulares en un proyecto colectivo y que ese grupo se diferenció de otras organizaciones armadas en lo que hace a la predominante estructura patriarcal.

En el M 19 la mirada dogmática se revertía en lo lúdico[113] y en la decisión de romper con las exigencias sacrificiales como eje de vida. Madariaga dota a este grupo de características particulares:

---

[111] Entrevista a M. E Vasquez de Soraya Hoyos en *Ecos de la guerra en palabras de mujer* en revista *Número www.revistanumero.com / 29ecos.htm - 43k (acceso noviembre 2008)*

[112] Apuntes sobre comunidad, identidad y género en el M-19
http://www.cinep.org.co/revistas/controversia/controversia187/art05_eme.pdf. (acceso septiembre 2008)

[113] Especial peso se da al liderazgo de Jaime Bateman

"siempre fue más informal, menos rígido y enfatizó la importancia de las comunicaciones" (2006:4).

Vásquez confirma esta apreciación "La diferencia con otras organizaciones consistiría en la "desacralización de la actividad revolucionaria" por parte del liderazgo "La acercaron a los anhelos juveniles de la época, la hicieron compatible con el amor, con la rumba, con el teatro, con la risa y con el estudio. No nos exigieron sacrificios, nos ofrecieron alternativas de vida" (Vásquez, 2000:127).

Pese a estas características que enuncia y que se habrían extendido a una relación mas horizontal entre hombres y mujeres, parece desconcertada cuando se refiere al rechazo que sus memorias tienen actualmente en los compañeros varones, ya desmilitarizados, al referirse a esa etapa: "Lo más interesante es que ninguno de los dirigentes se ha pronunciado sobre el libro. Les he pedido su opinión, los he increpado, les he dicho: Bueno, ¿por qué no me cuentan cómo les ha parecido?" No han dicho ni mu. Y no sé a qué obedece ese silencio".[114]

Otros trabajos como los de Silvia Soriano Hernández (2006) se interesan por rescatar la manera en que vivieron la guerra algunas mujeres —en el escenario de Guatemala y en el estado mexicano de Chiapas— incluyen una inteligente mirada geográfica al considerar que en todo lo que sucede cotidianamente, se observa un cariz diferente cuando se extiende y apropia de la región. Esta autora enfatiza que la guerra, si bien desde sus representaciones, se tomó como "cosa de hombres", en la realidad histórica "desde que hay conflictos bélicos las mujeres también las han vivido y de muy diversas formas" (2006:26).

Parte del reconocer que la guerra es capaz de modificar cruentamente la cotidianeidad y plantea como interrogantes: ¿Por qué las mujeres se incorporan a la guerra?; ¿esta inserción fue capaz de trastocar

---

[114] María Eugenia Vásquez (2000), *Escrito para no morir. Bitácora de una militancia*, Premios Nacional de Cultura 1998. Testimonio, Bogotá, Ministerio de Cultura, septiembre del 2000

las relaciones de género?; ¿En qué medida los cambios se conservaron cuando se piensa que el conflicto bélico quedó atrás? (2006:21).

Sus entrevistas remiten a la decisión femenina de participar en este tipo de movimientos (que se extienden hasta los acuerdos de paz en 1996) en muchos casos como decisión consciente similar a la masculina: convencidas de la opción de tomar las armas como su misión en el mundo para transformar una realidad de la única manera que entendían era posible y que implicaba el levantamiento armado.

Entre las mujeres milicianas se pueden encontrar dos perfiles marcados uno en el que se evidencia la pertenencia a jóvenes estudiantes, intelectuales o profesionales de clase media urbana, que eligieron renunciar a los "privilegios", que por biografía hubieran podido disfrutar, y se integraron voluntariamente a escenarios de miseria, riesgos y violencia extrema.

Otras mujeres —en especial las campesinas indígenas de áreas rurales— "Vieron como la guerra llegaba a ellas, y éstas fueron muchas más. Algunas huyeron pero la huida no significa sólo correr. Se incorporaron a la guerra porque ésta llegó y no pudieron mantenerse al margen y por tanto este escenario nuevo, les empujó a nuevas formas organizativas que les ayudaran a sobrevivir" (2006:241), lo que queda claro es que no fue una opción y que la situación en la que vivían era de altísima vulnerabilidad.

Los relatos históricos referidos a acciones de violencia han sido históricamente asociados a valores masculinos, que incluso adquieren fuerza mítica, algunas excepciones como el de la *doncella de Orleans* implicaron complicadas elaboraciones posteriores y asociaciones justificatorias de la excepcionalidad.

No ha sido diferente hasta el momento el relato de la diversidad de la experiencia femenina en los movimientos sociales e insurgencias en América Latina, si todavía existe una malla de silencio —aún desde las izquierdas— sobre múltiples aspectos de las experiencias de la lucha armada en general, la misma es aún mas densa cuando el análisis critico se refiere a la reflexión de la cuestión del género.

Si nos situamos nuevamente en la teorización que Joan Scott propone: prestar especial atención a los símbolos culturalmente disponibles, no se puede prescindir de la imagen idealizada del *guerrillero heroico* que deja a la familia y se incorpora a una lucha por una causa mas importante: "El hombre que vive en la montaña, a la intemperie, que sacrificando comodidades se entrega por una causa. Que deja hijos pero que nadie lo cuestiona por ello si la revolución es más importante. Los atributos deseables de un guerrillero son masculinos" (2006: 27). La práctica parece confirmar la teoría "En el juego de roles tradicionales yo tenía que ser madre, cocinar, militar, estudiar y conseguir dinero para la casa. No podía hacer todo. Y tenía apenas 21 años"[115].

Para el caso de las mujeres en armas las representaciones son difusas. Estas mujeres transgreden doblemente el lugar que les es asignado desde la normativa y desde lo simbólico. Violan las normas establecidas del orden político legal y violan la imposición primordialista de la vida productiva y reproductiva —biológica y simbólica— dentro del claustro doméstico.

En algunas ex militantes aparece —en distintos testimonios— el tema de la culpa asociada con la ruptura de este mandato y la contradicción de tener hijos y a la vez no poder hacerse cargo de la sobrevivencia de los mismos.[116]

Expresamente sobre este tema María Eugenia Vásquez plantea que "La incompatibilidad entre militancia y maternidad es un tema que se repite en muchas de las narraciones de mujeres dentro de la guerrilla. Pareciera ser que es la elección más difícil que enfrenta una mujer dentro del proceso revolucionario".[117]

---

[115] Entrevista de Sánchez Blacke a M.E Vásquez (2000:61)

[116] Entrevista a M.E Vasquez de Soraya Hoyos en E*cos de la guerra en palabras de mujer* en Revista Numero *www.revistanumero.com / 29ecos.htm - 43k (acceso noviembre 2008). También mas adelante se podrá observar en el caso argentino.*

[117] En entrevista realizada por Sánchez Blacke (2000:.12)

En cuanto a la desmovilización y a las características de la reinserción en la vida civil José Domingo Carrillo Padilla (2008)[118] insiste en el retorno a esquemas de dominación patriarcal que se habían debilitado mientras eran insurgentes.

Esto sucede especialmente en el caso de las campesinas, la situación nos hace pensar en el regreso de los hombres a la economía de producción de mercado luego de la segunda guerra mundial y el desplazamiento de las mujeres que habían participado de la industria de guerra. "Cuando las mujeres ingresaron a la guerrilla supusieron alcanzar una cuota de libertad y de relativa igualdad frente a los hombres, pero debe recordarse que en tiempos de guerra se invierten, por las mismas condiciones bélicas, los roles y las formas de relación social, puesto que como se advirtió en las entrevistas realizadas e el transcurso de esta investigación, al finalizar el conflicto y reagruparse en familia, los roles tradicionales, de subordinación de género volvieron a activarse. Posiblemente no de manera categórica, pero sí en un lastre que inhibe sobre la participación plena de condiciones de las mujeres en los asuntos políticos." (Carrillo Padilla, 2008:165)

En un contrapunto Soriano Hernández (2006) plantea una más compleja gama de situaciones tras la desmilitarización. Ellas dependerán de la clase social de pertenencia y a la cual se retorna (con sus respectivas disposiciones de capital social y cultural), los estudios previos, y las experiencias organizativas.

En lo que hace a las experiencias organizativas, éstas las han dotado de herramientas para (re)componer la acción en tiempos de paz, la clave estaría en romper el aislamiento y su primer paso es poder contar, poner en palabras, en secuencias narrativas, las experiencias biográficas anteriores, durante y a posteriori de la situación de trauma social que debieron vivir por decisión o imposición de las circunstancias.

---

[118] Carrillo Padilla, José (2008) *La rebelión frente al espejo. Desigualdad social, diversidad étnica y subordinación de género en la guerrilla de Guatemala* (1960-1996), Universidad Nacional Autónoma de México, México.

En cuanto a la Argentina, a mediados de la década de los noventa (a veinticinco años de recuperada la democracia política) se ha generado en los estudios sociales, un "campo de la memoria" en el que emergen diversas voces de memorias plurales sobre la experiencia armada de los setenta. "Por lo menos cuatro memorias luchan en la actualidad por apropiarse del sentido de la memoria: la memoria de los dos demonios, la memoria testimonial, la memoria de la revolución frustrada, la memoria criticista dividida a su vez en dos: la de los contemporáneos y la de los sucesores." (Daniel Mundo, 2008)[119]

En este campo de disputa abierto, se hacen audibles las voces femeninas. Si bien los extraordinarios —y aún no superados— trabajos de Pilar Calveiro (1998)[120] abrieron paso ya en los noventa, sus textos trabajan en el encuadre de la época, las perspectivas y decisiones de las cúpulas de las organizaciones armadas argentinas y centralmente en la sistematización e inteligibilidad de la experiencia concentracionaria.

Los intentos de trabajar conceptualmente, desde una perspectiva de género, la experiencia de las organizaciones armadas en Argentina cuentan hoy con algunos aportes interesantes como los de Marta Diana (1996) y Paola Martínez (2008).

En el trabajo de Paola Martínez (2008) se concreta un intenso recorrido que incluye entrevistas a veintidós mujeres ex integrantes del PRT-ERP desarrollando aspectos relacionados con la cotidianeidad y la socialización dentro de la organización, apuntando específicamente a revelar las tensiones entre el universo masculino y el femenino en el espacio de la vida diaria.

La autora plantea que el análisis de la historia de vida de las testimoniantes revela el peso del contexto familiar en su sensibilidad

---

[119] Mundo, Daniel (2008) "La generación perdida", en *Lucha Armada en la Argentina,* año 4, num. 10, Buenos Aires

[120] Calveiro, Pilar (2004) (1er ed 1998), *Poder y desaparición : los campos de concentración en Argentina.* Buenos Aires, Colihue, 2004

social, muchas mencionan a mujeres de su familia como inspiradoras: madres o abuelas con actuación política.

Entre las entrevistadas se evidencia, en la incorporación a las filas armadas, un claro predomino de mujeres procedentes de la clase media intelectual. Más allá de la casuística trabajada, las respuestas de las entrevistadas evidencian que eran pocas las mujeres obreras o campesinas incluidas en sus filas y entre los factores de índole familiar realzan el fuerte machismo en la clase obrera que no favorecía la entrada de sus esposas en la militancia activa, reservándoles el lugar reproductivo en la unidad doméstica: "El hecho que dentro de los círculos obreros existiera una mentalidad patriarcal ocasionó que dentro de las filas del PRT-ERP hubiera una escasa cantidad de mujeres de procedencia obrera en relación con las militantes de clase media. Esto fue percibido por la organización desde la cual se trató de superar esta problemática con iniciativas como un Frente de Mujeres en 1974" (Martínez, 2008:180).

En este punto sería erróneo no considerar, su inserción y reclutamiento fundamentalmente en el ámbito urbano y su fracaso en generar una participación de masas en el espacio rural, por otra parte debería revisarse con calma, si esta característica de pertenencia predominantemente a la clase media, no es extensiva al conjunto más allá del género.

En este, al igual que para los otros casos latinoamericanos que mencionáramos, las responsabilidades en el ámbito doméstico familiar recaían sobre las mujeres: "Los hijos nos acompañaban en todo... íbamos a las marchas, con los chicos al hombro, con los chicos en brazos, nosotras íbamos a las cárceles".[121]

"No, no ... yo tenía mi primer hijo totalmente incorporado, andaba con él a todas partes y cuando ya en la segunda vuelta (tuve a los dos) también, es más, los compañeros me regalaban esas sillitas de tela que se colgaban, creo que tenían una colección, para asegurarse que fuera."[122]

---

[121] Entrevista a "Julia" realizada por Martínez, P. 2008:123)

[122] Entrevista a "Ana" realizada por Martínez, P. 2008:123.

La imagen modélica de la mujer combatiente vietnamita, con el bebé en un brazo y el fusil en el otro, era una iconografía propagandizada en ese entonces por los varones del ERP e internalizada por las mujeres insurgentes.

"Yo nunca quise ser como la Susanita de Mafalda. Pero los cambios no son fáciles y van quedando pedazos de una en cada intento. El caso de los chicos es un buen ejemplo. Algunos han dicho que se usaban como cobertura. Al menos en los casos que yo conocí no era esa la intención (...) He visto compañeras discutiendo un tema y amamantando el bebé. Eso no está bien lo sé. Pero así estaban organizadas las cosas. Supongo que eso nacía del perfil de héroes que se esperaba que fuéramos y también de la época que nos tocó."[123]

A menudo, desde el campo histórico, o desde las propias ex militantes, se enfatiza en ese contexto histórico que habría actuado como obstaculizador de la mirada de género y se acusa, a quienes plantean una mirada feminista de anacronismo. Frente a esos argumentos debería recordarse que en los años sesenta y setenta la revolución sexual era un hecho, el control de la maternidad una posibilidad real y una opción asumida por diversas intelectuales en la época.

También puede recordarse la posición, respecto a este tema, cuarenta años antes, de milicianas anarquistas españolas durante las luchas sociales y la Guerra Civil (Nash:1995). En 1932 María Lacerda denunciaba la opresión de género por el sistema patriarcal, que normaba en forma similar la vida de las mujeres se tratase de revolucionarios o reaccionarios en el plano social y claramente afirmaba que "La mujer no es otra cosa que una máquina destinada a fabricar carne de cañón o de barricada. Para ellos no existe el problema femenino (...) la mujer está al servicio de la procreación irreflexiva e inconciente. Es tan sólo la matriz fecunda e inagotable destinada a producir los soldados burgueses, o bien los soldados rojos de la revolución social"[124].

---

[123] Entrevista a "Alejandra" realizada por Marta Diana, 1996:33

[124] María Lacerda De Moura "La Ley de Malthus", *Estudios,* junio 1932, p.7

Consideraciones finales

Estas notas sólo han intentado instalar preguntas y constituirse en una provocación a nuevas discusiones sobre experiencias límite en la insurgencia en América Latina, desde una mirada crítica y colocando el eje en la perspectiva de género.

A modo provisorio podría afirmarse que pueden distinguirse en esas prácticas rasgos que remiten conceptualmente a las representaciones y al orden simbólico asociado con los mandatos de género enraizados en el orden hegemónico, pero que también se hacen presentes en el sublevado.

Del relevamiento realizado hay coincidencia en cuanto a que la mentalidad revolucionaria, volcada contra las injusticias de clase, no se propagó automáticamente a la búsqueda simultánea de remover la desigualdad en función de los mandatos de género. Esta problemática, aún cuando ocasionalmente fue percibida, se entendía como una contradicción secundaria que se resolvería al concretarse la "revolución socialista", al igual que había sucedido en otros casos históricos y basándose en una perspectiva marxista clásica.

Las mujeres, que han decidido tomar la palabra sobre este aspecto, lo harán posteriormente y muchas veces la reflexión surge más de las repreguntas de la entrevistadora que de la propia autoindagación.

Por último no deja de sorprender que pareciera constituirse en las militantes un mayor obstáculo moral o psicológico el de rechazar los mandatos instituidos por el orden hegemónico patriarcal cuyos principios son naturalizados (monogamia, matrimonio, parentesco y maternidad) que los mandatos referidos a la participación femenina en la guerra, la clandestinidad, la decisión de matar[125] y la posibilidad cierta de la tortura y la muerte.

[125] Sobre las discusiones éticas en torno al uso legítimo o ilegítimo de la violencia insurgente en Argentina es de interés la Carta Abierta que el filósofo y ex militante Oscar del Barco publicó en *La intemperie*, así como las diversas respuestas y polémica que suscitaron sus términos, él sostiene que: "El que se prepara para matar y el que mata y los que apoyan a los que matan, son responsables de sus

Bibliografía

ACUÑA, M.E. (2001) "La cordillera como lugar de memoria" *en cuarto congreso chileno de antropología*, 19n al 23 de noviembre, campus j. Gomez Millas de la Universidad de Chile

ARFUCH, L. (2002) *El espacio biográfico. Dilemas de la subjetividad contemporánea,* Buenos Aires, FCE.

ATTIAS DONFUT, C. (1988)"La generación, concepto de la historia", en *Sociologie des generations,* París, Puf.

BERTRAUX, D. (1994) "Les tranmissions en situation extreme", en: *Générations et filiation, Communications,,* N.5, París.

BEZERRA DE MENESES, U. (1992) "A historia, cativa da memoria ? Para um mapeamento da memória no campo das Ciências Sociais". En: Rev. Inst. Est. Bras., SP, 34:9-24.

BOCK, G. (1993). "Políticas sexuales nacionalsocialistas e historia de las mujeres" en *Historia de las mujeres,* T.9, Barcelona, Taurus

BUSSY GENEVOIS, D. (1999)"Mujeres de España: de la República al Franquismo" en *Historia de las mujeres,* T.9, Barcelona, Taurus

CALVEIRO, Pilar (2004) (1er ed 1998)_Poder y desaparición *: los campos de concentración en Argentina*. Buenos Aires : Colihue, 2004

CANDAU, J. (2002) [1996] *Antropología de la memoria,* Buenos Aires, Nueva Visión.

---

actos. Y ninguna causa, ningún ideal, justifica el acto horrendo. En lugar de la potencia habría que sostener la fragilidad, la vacilación. Al terrible y vergonzoso deseo egolátrico de tener éxito, de triunfar, de ser reconocido, ¿Por qué no oponer la reivindicación del fracaso? ¿Quiénes son los "bienaventurados"? Los buenos, los mansos, los enfermos, los sufrientes. ¿Acaso Ezra Pound no estuvo 12 años en un manicomio, acaso Bonino no se suicidó en un manicomio, acaso Vallejo no se murió de hambre, y van Velde no tuvo que ser socorrido por Beckett, y Juan L. Ortiz no fue pobre como un pajarito, acaso Mandelstam no fue asesinado por Stalin, acaso Celan no se arrojó al Sena? ¿No son todos ellos, los débiles, como dijo Tarkovski, quienes sostienen el mundo? Y no se trata de palabras. Creo, me parece, que no hay otra posibilidad … Son millones…" en: http://pinchilonfonseca.wordpress.com/2007/02/02/oscar-del-barco/ (acceso noviembre 2008)

CARRILLO PADILLA, Jose (2008) *La rebelión frente al espejo. Desigualdad social, diversidad étnica y subordinación de género en la guerrilla de Guatemala* (1960-1996), Universidad Nacional Autónoma de México, México.

CRIADO, E. (2004) "Generaciones/clases de edad"; en Román Reyes (Dir): *Diccionario Crítico de Ciencias Sociales*, Pub. Electrónica, Universidad Complutense, Madrid http://www.ucm.es/info/eurotheo/diccionario (acceso dicembre 2005)

DE CERTEAU, M. (1987) *Histoire et psychanalyse entre science et fiction*, Paris, Gallimard. Hay edición en español (1998) Historia y psicoanálisis, México, Universidad Iberoamericana; Instituto Tecnológico y de estudios superiores de Occidente

DIANA, M, (2006) (1er ed 1996)*Mujeres guerrilleras. Sus testimonios en la militancia de los setenta,* Buenos Aires, Planeta.

DIAZ CRUZ, R . (2000) "La trama del silencio y la experiencia ritual", en *Alteridades,* 10 (20), Dto de Antropología de la Universidad Autónoma Metropolitana-Itztapalapa.

DOSSE, F. (2004) *La historia conceptos y escrituras,* Buenos Aires, Nueva Visión.

ECK, H. (1993),"Mujeres del desastre: ¿Ciudadanas por el desastre? Las francesas bajo el régimen de Vichy (1940-1944) en *Historia de las mujeres,* T.9, Barcelona, Taurus.

FREUD, S. (1973) [1939] *Moisés y la religión monoteísta,* Madrid, Biblioteca Nueva T.III,

GARCÍA RAMÓN, M. (1995)"Geografía de género" en Tiempo y Espacio en la vida de las mujeres, *Rev. Mujeres* N 15,3 Trimestre, Instituto de la mujer Universidad Internacional Menéndez y Pelayo, Madrid.

GRINBERG, L.Y GRINBEG, R. (1996) *Migración y exilio,* Estudio psiconoalítico, Buenos Aires, Biblioteca Nueva.

HOFFMEISTER TORRES ,W. (2003) "Trauma, memoria y el peritaje forense." *Medicina legal Costa Rica,* sep, vol 20, N 2, p.121-130. ISSN, 1409-0015.

HOYOS, S Entrevista a M.E Vasquez en E*cos de la guerra en palabras de mujer* en Revista Numero www.revistanumero.com/29*ecos*.htm - 43k (acceso noviembre 2008) http://www.inau.gub.uy/biblioteca/sexualidad/UNIDAD%20II/scott.pdf. (acceso 29-10-08)

JANIN, M. (2004) *Magshimon N 21,* Departamento de Hagshamá- Organización Sionista Mundial.

LA CAPRA, D. (2000) W*riting history, writing trauma,* Baltimore and London, The Johns Hopkins University Press. Hay edición en castellano (2005) Escribir la historia, escribir el trauma, Buenos Aires, Nueva Visión.

LE GOFF, J. (1991) *El orden de la memoria. El tiempo como imaginario,* Barcelona, Ediciones Paidos.

LACERDA DE MOURA, María (1932) "La Ley de Malthus", en *Estudios,* junio

LEVI, P. (2005) [1989] *Los hundidos y los salvados,* Barcelona, El Aleph.

MANEIRO, M. (2005) *Cómo el árbol talado. Memorias del Genocidio en La Plata, Berisso y Ensenada,* La Plata, Colección Iagonios, Ediciones Al Margen.

MARTINEZ, P (2008) *La política revolucionaria d e los años 70 ¿y las mujeres para cuándo?,* Luján, Universidad nacional d e Luján Tesis de grado Dir. Alejandra Vasallo (inédito)

MATEOS ABDÓN, M. (1998) *Historia, Memoria, Tiempo Presente,* UNED, Madrid.

MONTESPERELLI, P. (2004) *Sociología de la memoria,* Buenos Aires, Nueva Visión.

MUNDO, Daniel (2008) "La generación perdida", en *Lucha Armada en la Argentina,* año 4 N 10, Buenos Aires

MUDROVCIC M. (2004) *Alcances del concepto de trauma como categoría socio-histórica de análisis (* Seminario*),* Universidad Nacional de Quilmes, Secretaría de Posgrado, Quilmes, marzo.

——————— (2003) "Alcances y límites de perspectivas psicoanalíticas en historia" *en DIANOIA,* Vol XCVIII, N 50, Mayo, México.

NASH, M. (coord.)(2002) *Multiculturalismo y género;* en *Arenal* Vol 9, N 1, enero-junio, Universidad de Granada, Ministerio de Trabajo y Asuntos Sociales, Instituto de la Mujer, Granada.

——————— (1995) "La reforma social en el anarquismo español", en *El anarquismo español y sus tradiciones culturales,* Madrid, Iberoamericana.

NORA, P. (l984) "Entre memoire el histoire", en *Les lieux de mémoire, T.I, La Republique,* Bibliotheque ilustrée des histoires, París.

PORTELLI (1996) "O masacre de Civitella Val di Chiana (Toscana 29 de junho de 1944): mito e política, luto e senso comun", en: Marierta de Moraes Ferreira Y Janaína Amado (coord*.) Usos y abusos da historia oral.* Río de Janeiro, Ed. Fundacao Getulio Vargas, p. 103-130

PORTELLI, A. (2004) *La Orden ya fue ejecutada. Roma, las fosas Ardeatinas, la memoria,* Buenos Aires, FCE.

PASQUALI, L (2008) H*istoria social e historia oral*, Rosario, Homo Sapiens

PUGET, J.(2000) "Traumatismo social: memoria social y sentimiento de pertenencia. Memoria social- memoria singular", *en Psicoanálisis ApdeBA, Vol XXII-*N°2, Buenos Aires.

SALTALAMACCHIA, H. (1992) *Historias deVida*, Ediciones CUUP, Caguas, Puerto Rico.

SANCHEZ BLACKE, .E. (2000) Patria se escribe con sangre, Bogotá, Anthropos

SAÑUDO María Fernanda ORGANIZACIÓN, GÉNERO Y DESPLAZA-MIENTO FORZADO EN COLOMBIA. bibliotecavirtual.clacso.org.ar/ar/libros/becas/ (acceso octubre 2008)

SARLO, B. (2005) *Tiempo pasado. Cultura de la memoria y giro subjetivo . una discusión*, Buenos Aires, S. XXI

SCOTT Joan W. El género: una categoría útil para el análisis histórico http://www.inau.gub.uy/biblioteca/sexualidad/UNIDAD%20II/scott.pdf. (acceso 29-10-08)

TODOROV, Z. (1993) *Frente al límite* ,México, ed. S.XXI.

TURNER, V.(1988) *El proceso ritual. Estructura y antiestructura*, Madrid, Taurus.

VARELA (1999) "Dimensiones de género en el genocidio del pueblo armenio", en:.*La Aljaba*, N.4, UNLU-UNComahue-UNLP.

—————— (2004) "El rol de escuelas de colectividad en la construcción de representaciones en torno a la identidad" en I Jornadas de Experiencias de la Diversidad, Universidad Nacional de Rosario, CD.

—————— (2005) "Sobre genocidios, memoria y narrabilidad : la *AGHED* armenia" *en I Congreso Latinoamericano e Antropología* , Universidad Nacional de Rosario, CD.

VÁSQUEZ, M.E. (2000), *Escrito para no morir. Bitácora de una militancia,* Premios Nacional de Cultura 1998. Testimonio, Bogotá, Ministerio de Cultura.

Las mujeres y la literatura en Argentina en el siglo XX

María Alejandra Minelli[*]

> Como toda escritura, la mía se ha ido elaborando al margen,
> o más precisamente en los márgenes de otras escrituras como
> notas, citas o comentarios apócrifos. Si entre esas escrituras no
> figuran notablememente las mujeres, queda para mí la tarea de
> descubrirlas post facto, de establecer lazos ignorados, de ligarme
> a una línea de voces que no por salteadas o marginales no existen.
>
> Sylvia Molloy

¿Qué libros constituyen la literatura argentina? La pregunta ha recibido variadas respuestas de los historiadores y críticos de la literatura toda vez que se debatió en torno a la existencia y características del canon literario nacional. El interrogante vuelve a cada docente de manera acotada e inminente cada vez que organiza un programa de estudios y debe optar por incluir un texto u otro y por definir los criterios de conformación de ese corpus de lecturas.

Considerando que los cánones son estructuras que se autoconfirman y reproducen a través de las prácticas de la lectura (Pratt, 2000), para contrastar lo asimilado en el aprendizaje del orden del discurso y para desaprender y rescatar de olvidos, es que hoy escribo estas notas centradas en la obra de tres escritoras argentinas emblemáticas y en algunas de las principales lecturas críticas sobre ellas. Me refiero a tres

---

[*] Doctora en Literatura Latinoamericana Contemporánea. Carrera Especialización Estudios de las Mujeres y de Género, Universidad Nacional del Comahue, Argentina.

puntas del iceberg de la literatura argentina escrita por mujeres: Victoria Ocampo (1890-1979), Alfonsina Storni (1892-1938) y Alejandra Pizarnik (1938-1972). A esta constelación de escritoras me referiré a través de lecturas críticas que irradian desde una producción literaria iluminando zonas oscuras y resplandeciendo, ellas mismas, en ese gesto de iluminar los procesos de lectura, selección y canonización en los estudios literarios, procesos tradicionalmente afectados por operaciones androcéntricas que vienen desplazando los textos producidos por mujeres hacia los márgenes del canon literario.

Victoria Ocampo: la dama de *Sur*

> Durante siglos, habiéndose dado cuenta cabal de que la razón del más fuerte es siempre la mejor (por más que no debiera serlo), la mujer se ha resignado a repetir, por lo común, migajas del monólogo masculino disimulando a veces entre ellas algo de su cosecha. Pero a pesar de sus cualidades de perro fiel que busca refugio a los pies del amo que la castiga, ha acabado por encontrar cansadora e inútil la faena.
>
> Victoria Ocampo

Pese al tono pesimista de este epígrafe, tomado del ensayo de Victoria Ocampo, "La mujer y su expresión" (1936), su autora supo actualizar una serie de operaciones en contra del sistema de prejuicios sexuales y morales. Victoria Ocampo, joven fundadora de la revista *Sur* en 1931, fue no sólo una pionera como productora y difusora de cultura, sino que también fue dueña ella misma de una prosa notable que sólo con los años se ha ido revalorizando más allá de las brumas de su cosmopolita y distinguida figura de hija del patriciado argentino.

Tempranamente, Emir Rodríguez Monegal reconoció que no se leía a Victoria Ocampo con el respeto con que se solía leer a sus colaboradores argentinos del grupo de la revista *Sur* (Borges, Bioy, Silvina Ocampo, Bianco, etc.) y que "enciclopédicamente ignorantes de qué había realmente escrito esta mujer de viva curiosidad e inagotable inquietud cultural, de ella sólo conocíamos la *petite histoire*" (Rodríguez Monegal, 1979). Sin embargo, en el año de la muerte de Victoria, Emir Rodríguez Monegal reconoce que ella no era sólo una "señora de sociedad" sino que fue una de las primeras prosistas de su tiempo, continuadora de "la tradición de Sarmiento y de Martí, de Reyes y Gabriela Mistral: la tradición de una escritura coloquial, de auténtico sabor americano" (Rodríguez Monegal, 1979). Respecto a ese coloquialismo natural y expresivo, María Celia Vázquez, en su examen sobre el intercambio epistolar que Victoria Ocampo sostuvo con Arturo Jauretche, detectó que Arturo Jauretche reiteradamente "encomia el estilo de Victoria, al que encuentra "macanudo" y lo reivindica por ser "un idioma conversado, a la que te criaste" y lo elogia como la marca "argentina" que descolla entre los elementos foráneos predominantes en su obra [...]; tolera, e incluso estima, la incorporación de expresiones en francés e inglés como un rasgo de estilo y no como expresión del desarraigo cultural" (Vázquez, 2004)

Otra mirada revalorizadora de la obra de Victoria Ocampo es la que formula Beatriz Sarlo en el marco de su análisis del modo y alcance de la modernidad en Argentina desde los años veinte. Atendiendo a los diferentes orígenes sociales que dan base a diferentes trayectorias literarias y colocaciones en el campo intelectual, Sarlo examina las figuras de Victoria Ocampo y de Alfonsina Storni e indaga cómo —en un espacio público adverso a la presencia femenina— ellas trabajan no sólo con las desventajas sino también con la potenciación de sus diferencias con respecto a los varones.

Así, Sarlo observa que Victoria Ocampo, en medio de la abundancia de un hogar casi fastuoso, sufre la falta de libertad sexual, afectiva e intelectual. Se trata de esa "jaula dorada" reservada socialmente a las mujeres de la alta burguesía, a partir de la cual la escritora dio curso a todas sus operaciones en contra de un sistema de prejuicios sexuales y morales. Desbordando esos límites, Victoria Ocampo contraviene lo socialmente pautado más o menos tácitamente ya desde su primer texto:

De Francesca a Beatrice (1924) es un ensayo que transgrede el punto de cruce entre género sexual y género literario: lejos de instalarse sólo en sus sentimientos –materia típicamente femenina– Victoria trabaja "con ideas, a partir del cuerpo del otro y, en este caso, el de Dante, hombre y fundador de la literatura europea" (Sarlo, 1988: 90).

Victoria Ocampo invierte en la literatura el capital simbólico (refinamiento, viajes, lenguas extranjeras) que su familia le había dado sólo para ser gastado en el consumo ostentoso y distinguido; lo subvierte convirtiéndolo en un instrumento de producción cultural. Así es como la fortuna de Victoria Ocampo hace posible *Sur* y la serie de visitantes internacionales vinculados a ese proyecto que llegan a Argentina. "La pobreza cultural que padeció en su medio de origen, dio el impulso a su insaciable consumo de cultura y marcó el perfil de la misma revista" (Sarlo,1988: 89). Desde esta voluntad transgresora, de mujer de su casa y su familia a mujer de empresa, y de empresa cultural, –en lo que tiene ésta de transformadora, de movilizadora de cambios– y a través de viajes y de traducciones que buscaron acortar el espacio que se extiende de un lado al otro del Atlántico, Victoria Ocampo contribuyó decisivamente a la difusión de la cultura europea en Argentina.[126]

Alfonsina Storni, la maestra poetisa

> Palabras degolladas,
> caídas de mis labios
> sin nacer;
> estranguladas vírgenes
> sin sol posible;
> pesadas de deseos,
> henchidas.
> Alfonsina Storni

Alfonsina Storni era una maestra de provincias que decide trasladarse a Buenos Aires alrededor de 1912, cuando tiene 20 años. Es soltera, está

---

[126] Beatriz Sarlo, examinando los modos de difusión de cultura, se detiene especialmente en este aspecto de su obra (1998).

sola y con un hijo. Trabaja como empleada en un comercio y con esfuerzo y dificultades económicas comienza a publicar. Paulatinamente, sus poemas alcanzan una gran popularidad y ella comienza a trabajar en diarios y revistas y a obtener una posición en el campo literario porteño.

Delfina Muschietti —una de las principales especialistas en la obra de Alfonsina Storni— compiló los trabajos que la poeta publicó en el diario *La Nación,* en *Caras y Caretas*, *La nota* y *Fray Mocho* y así rescató del olvido la parte menos conocida de Alfonsina, la de su producción como periodista que discute y batalla en la arena pública en contra del discurso del rebaño adormecido por el sistema patriarcal que vuelve a la mujer un custodiado cuerpo-objeto productor de hijos y servicios: "Desde viejas edades/ ¿Quién se puede quejar?/ Nos crían muy rosadas/ para el buen gavilán", define uno de sus poemas. Muschietti señala que es posible leer en el proyecto discursivo de Alfonsina la historia de una voz y sus luchas por autoafirmarse, para convertirse en sujeto productor de un discurso libre de ciertas sujeciones: es la voz de una mujer que se proyecta en el espacio público (Muschietti, 1989: 137).

Muchos de sus poemas anteriores a la década de 1930 son un resumen de una poética tardo-romántica, aprendida en lecturas escasas propias de una formación azarosa y marcada por las limitaciones. Como bien ha señalado Muschietti, Alfonsina parte de un material ideológico-formal anquilosado y heterogéneo: una mezcla de géneros y registros que combinan elementos de la norma popular (tango, oralidad cotidiana refranes, dichos, folletín, discurso periodístico-publicitario) y de otros que provienen de la norma culta en su estadio epigonal: el romanticismo y el modernismo de Amado Nervo y Rubén Darío (Muschietti, 1989: 137). Alfonsina Storni conoce la poesía de repercusión más amplia (Almafuerte, Amado Nervo) y no la selecta propuesta vanguardista; precisamente por eso —explica Beatriz Sarlo— tiene un éxito de público considerable pues su poesía es ideal para las recitadoras: fácil de memorizar, clara y comprensible (Sarlo, 1988: 78). Sarlo subraya la gran fuerza ideológica de esta poesía que, al trabajar con una retórica fácil y conocida para el gran público, hace posible que una moral diferente de la convencional sea leída por un público mucho más amplio que el de las innovaciones vanguardistas. Así, una moral que refuta la hipocresía y el doble discurso como forma de relación entre hombres y mujeres, se suma a una poesía que no sólo es sentimental, sino también novedosamente erótica. Una poesía que, en contra de las tendencias morales, reivindica para la mujer un lugar independiente y solitario, conquista otro rol identificando a la mujer con atributos y conductas tradicionalmente reservadas a lo masculino, traza una figura de mujer cerebral y sensual que complejiza los arquetipos de la mujer-sabia, la mujer-ángel y la mujer-demonio.

Luego de 1930 –en *Mundo de siete pozos* y *Mascarilla y trébol*–, se observa en los textos de Alfonsina Storni progresos de un aprendizaje literario que ha ampliado sus dominios estéticos. La palabra parece acompañar esa fuga ideológica: la boca se deforma y aparecen las palabras degolladas, surge el chillido, la voz desarticulada: talento o temperamento varonil, "serpiente insaciada" dicen las voces críticas. Los defectos que le señalan reiteradamente remiten –especifica Muschietti– a dos aspectos. Por un lado, a "las predicaciones que reciben aquellas que se salen de la doxa ('el rebaño' en palabras de Alfonsina)", que marcan el peligro que acecha a las transgresoras de mandatos: son acusadas de ser sensuales, crueles, volubles, traicioneras, coquetas y locas (en su doble acepción de prostituta y enferma mental). Por otro, esas imprecaciones remiten a las predicaciones que adquieren las mujeres "como consecuencia de permanecer fieles al mandato": la 'habladora', la celosa, la obsesiva, la histérica o neurasténica, etc. (Muschietti, 1989: 143).

Buena parte de lo dicho queda planteado en la despectiva calificación "chillonería de comadrita que suele inferirnos la Storni" de que la acusó Borges, y en la constelación de connotaciones que convoca "fuera de tono y lugar, chillona, insolente, prepotente, pendenciera, de mal gusto, de clase baja, inmigrante, mezcla de mujer y varón". Delfina Muschietti se detiene en este aspecto y recuerda que cuando la despreciada firma de *'la Storni'* "concurre con la de Borges en una misma revista literaria, resulta que el texto de ella se adecua mucho más claramente al programa de vanguardia que el poema que firma Borges" (Muschietti, 2000). Recuperado el hecho de que la sofisticada revista *Aurea* reúna en un mismo número poemas de Alfonsina Storni y Jorge Luis Borges, y confrontados esos textos, tambalea el mapa de la poesía de los años veinte que hemos incorporado desde la historia canónica de la literatura argentina. Se quiebran también nuestros protocolos y expectativas: el texto de Alfonsina ostenta rasgos vanguardistas mientras que el texto de Borges, escritor inserto en las declaraciones de vanguardia de la revista *Martín Fierro*, "niega resueltamente este programa desde un sentimentalismo kitsch, que siempre había sido atribuido a la chillona y *demodée* Alfonsina" (Muschietti, 2000).

Alejandra Pizarnik, la pequeña visionaria

Es sabido que la letra, con risa, entra.

Alejandra Pizarnik

En otro trabajo me he referido al modo en que en ese sistema de vinculación/homenaje tramado por Néstor Perlongher y César Aira se desatiende un tanto la producción de una escritora como Alejandra Pizarnik (1936-1972), autora de una propuesta estética claramente vinculable con la neobarroca, con una obra que para la década de los ochenta ya está plenamente constituida y reconocida y que, en consecuencia, podría haber encarnado la borgiana categoría de "precursora" de los neobarrosos (Minelli, 2006).

Si bien no existen manifiestos que identifiquen a la formación neobarrosa como tal, el sistema de vinculación/homenaje que establecen Néstor Perlongher y César Aira —a través de sus respectivas y repetidas referencias a Manuel Puig, Osvaldo Lamborghini, Copi, etc.— y las figuras de escritor que arman todos ellos, permiten visualizar la emergencia de una minoría que intensifica las variantes y altera las constantes de las modalidades estéticas de mayor difusión en los años ochenta; una constelación minoritaria que desregula el discurso mayoritario mediante el desborde de los formatos estéticos convencionales y que por ello –siguiendo la perspectiva apuntada por Nelly Richard– podrían considerarse "*escrituras feminizadas*", en el sentido apuntado por esta crítica: "Más que de escritura femenina, convendría entonces hablar –cualquiera sea el género sexual del sujeto biográfico que firma el texto– de una *feminización de la escritura*: feminización que se produce cada vez que una poética o que una erótica del signo rebalsan el marco de retención/contención de la significación masculina con sus excedentes rebeldes (cuerpo, libido, goce heterogeneidad, multiplicidad, etc.) para desregular la tesis del discurso mayoritario" (Richard, 1993: 35). En el linaje literario que construyen para esa "zona menor" neobarroca se la menciona como referente a Alejandra Pizarnik. Sin embargo se desatiende el carácter del vínculo entre la estética neobarroca/sa y su producción literaria.

Una excepción parcial a ese relegamiento es el volumen que –empeñado en remover su figura del carácter de "bibelot decorativo en la estantería de la literatura" (Aira, 1998: 9)–, César Aira le dedica a Alejandra Pizarnik tratando de exorcizar su obra de la leyenda cursi creada en torno a ella y su obra. Para ello desarrolla la hipótesis de que Alejandra Pizarnik vivió, leyó y escribió en la estela del surrealismo (Aira, 1998: 11). Sin embargo, nada dice de algún vínculo con el neobarroco e incluso califica como un experimento fracasado uno de los textos más vinculables con la estética neobarroca, *Hilda la políagrafa* (Aira, 1998: 83) y señala que Pizarnik es una poeta en la que "culminó una tradición y con la que se cerró, herméticamente y para siempre un mundo"[127].

Desde el campo de la crítica, Delfina Muschietti y María Negroni son quienes más sostenida e integralmente han indagado en torno al carácter neobarroco del corpus al que me refiero. María Negroni, en su análisis de lo que ella llama una "zona de sombra" en la producción de Pizarnik, una zona de textos hostiles, retaceados por su autora y

---

[127] Idea subrayada en la contratapa del libro en que César Aira recoge las charlas que pronunció en el Centro Cultural Ricardo Rojas (Buenos Aires, 1996).

poco atendidos por la crítica, se refiere a *La condesa sangrienta*, *Los poseídos entre lilas* y *La bucanera de Pernambuco o Hilda la polígrafa*[128]. María Negroni ha subrayado la "pulsión neobarroca" de *BPHP* y vincula este texto —"manifiesto de *ars* impoética"— con las estéticas de Osvaldo Lamborghini y Copi por su interés en los signos más que en las emociones, porque prioriza lo grotesco por sobre lo bello, por su celebración del "fracaso en el proyecto irrealizable de la significación" y por la tendencia a la parodia[129] y al arte del destronamiento. Por eso —señala— sorprende que no se lo mencione entre los representantes latinoamericanos del neobarroco ni se lo reivindique como antecedente de ese movimiento (Negroni, 2001: 170).

En otra detallada consideración del vínculo de Pizarnik con el neobarroco, Delfina Muschietti analiza la articulación entre algunos procedimientos de Oliverio Girondo y Marosa di Giorgio, destaca la "estela barroca pulverizada y expandida a partir de dos poderosas máquinas de lenguaje: las escrituras de Julio Herrera y Reissig y la de Oliverio Girondo" (Muschietti, 2001: 105) y —en una nota a pie de página— amplía la nómina de escritores neobarrocos elaborada por Néstor Perlongher[130] incluyendo la última obra de Alejandra Pizarnik y la de Susana Thénon.

Como ya desde el mismo título se sugiere, *BPHP* es un texto de saqueo que presupone uno o más textos anteriores "saqueados", pues

---

[128] A partir de ahora consignada como *BPHP*.

[129] También Alicia Genovese (1998) y Tamara Kamenszain (1996) han considerado la función de la parodia y el humor en la estética de estos textos, así como Adriana Astutti (2004) y Miguel Dalmaroni (2004) han explorado la articulación de su estética con las de Osvaldo Lamborghini y Juan Gelman respectivamente: "Gelman, los Lamborghini y Pizarnik se encuentran, creo, en lo que tienen no sólo de violencia procedimental por el corte sino, a través de ese mismo ejercicio, en su ignorancia de los valores del gusto y de sus mandatos de continencia" (Dalmaroni, 2004: 89).

[130] En "Caribe trasplatino", prólogo a *Caribe transplatino. Poesía neobarroca cubana y rioplatense*, selección de poemas realizada por Perlongher y publicada por la Editorial Iluminiarias de San Pablo en 1991 (Perlongher, 1997: 93).

—si atendemos a lo que señala el diccionario de la RAE— un bucanero es un pirata entregado al saqueo y una polígrafa es aquella persona que practica el arte de escribir por diferentes modos secretos o extraordinarios, de suerte que lo escrito no sea inteligible sino para quien pueda descifrarlo. Sólo esto ya nos ubica en la órbita del neobarroco: la posibilidad de leer el texto como desfiguración de una obra anterior, que hay que leer en filigrana, es una de las marcas propias del neobarroco según lo conceptualizó Severo Sarduy en su famoso artículo de 1972.[131]

La voz prístina, cincelada, de otros textos de Pizarnik, da lugar al estallido que se arremolina en intertextos variados. A los textos ya señalados por la crítica que ha concentrado su atención en esta "zona de sombra"[132] de la producción de Pizarnik, agrego otro texto argentino que podría leerse en filigrana: me refiero al *Museo de la novela de la Eterna* (1967) de Macedonio Fernández, novela que —como *BPHP*— exhibe una conformación marcada por copiosas reflexiones metaficcionales que aúnan comentarios sobre la literatura, la tarea del escritor y la confluencia de las entidades de autor, lector y personajes. Por ejemplo, en "Aclaración que hago porque me la pidió V" se presentan tres personajes claves a través de quienes se tamiza buena parte de la dimensión autorreflexiva de este texto: el polígrafo, calígrafo y erotólogo Flor de Edipo Chú (o Dr. Flor de Edicho Pú) y la Coja Ensimismada (suerte de alter ego autoral) dueña del loro Pericles. La relación entre dueña y loro no está exenta de altercados —entre ellos se reiteran las interpelaciones violentas y los maltratos—, relacionados con la actividad literaria, como lo manifiesta con vehemencia el animal: "La verdad, papusa: no servís para mostrar la perlita, ni para oír a Pergolese, ni siquiera para parafrasearme a mí, que soy un

---

[131] En su artículo "El Barroco y el Neobarroco", Severo Sarduy intenta restringir el concepto de Barroco, reduciéndolo a un esquema operatorio preciso que codifique la pertinencia de su aplicación.

[132] Miguel Dalmaroni subraya el teatro del absurdo (las obras de Ionesco) y los textos de Lewis Carroll.

pobre Periquito que perora para Pizarnik y para nadie más. Porque yo no peroro para vos ni para Perséfone" (Pizarnik, 1982: 143). Esta sección de *BPHP* está dedicado a Safo y a Baffo. Silvia Molloy parte de aquí para iniciar su análisis de "La condesa sangrienta" y para observar que Pizarnik elige el gesto de la farsa para honrar y estropear el monumento sáfico (Molloy, 1997: 250).

Coincidiendo con la voluntad antirrealista del neobarroco, abundan los procedimientos "desrrealizantes" orientados a exhibir los componentes de la ficción y a clausurar la posibilidad de una verosimilitud realista: entre ellos, se destacan la fragmentación del discurso y la sostenida presencia de una voz narrativa –que se propone como "de la escritora"– que dialoga con el lector y los personajes y pone así en crisis la división entre ámbito ficcional y ámbito real. Con este recurso también se recuerda al lector que está ante un artefacto ficcional diseñado por un autor. Entre las frases con que ese autor ficcional comenta la hechura del texto –un escritor que advierte que se aburre–, es posible identificar el diseño de un nuevo tipo de lector que viene a agregarse al lector "salteado" de Macedonio y al lector cómplice de Cortázar: en *BPHP* se busca el lector distraído: "Por tanto les digo, lectores hinchas, que si me siguen leyendo tan atentamente dejo de escribir. En fin, al menos disimulen" (Pizarnik, 1982: 197).

También Delfina Muschietti amplía la nómina de los escritores neobarrocos elaborada por Néstor Perlongher para incluir la última obra de Alejandra Pizarnik y la de Susana Thénon (Muschietti, 2001: 105), e incluso resalta la productividad de esa zona neobarroca de parodia, ironía y humor profanador de la producción de Pizarnik en la poesía de las mujeres del siglo XX, "una genealogía que hace arco desde Alfonsina con pie en Alejandra Pizarnik hasta la explosión de la escritura de las mujeres en los '80" (Muschietti, 2000).

La abundancia de ambigüedades y profanaciones, la confusión, la interacción de distintos estratos y texturas lingüísticas que conectan *BPHP* con una red textual, son rasgos –según Severo Sarduy– propios del barroco y que se vinculan son la apoteosis del artificio y la parodia.[133] *BPHP* es un texto de múltiples ultrajes, es un texto de guerra en el campo de la literatura. Analizando otros textos, Alicia Genovese afirmó que para Alejandra Pizarnik el lenguaje es una zona de conflicto, de intemperie con las palabras, nunca es un territorio constituido, sino arenas movedizas (Genovese, 1998: 68) y el yo que escribe Pizarnik adopta nominaciones que repiten una cualidad, la errancia: es la náufraga, la viajera, la peregrina, la extranjera. (Genovese, 1998: 66). Continuando con esta perspectiva, y pensando en estos textos finales de Pizarnik, la imagen de la nómada en el desierto parecería adecuarse más que la de la niña suicida, ya que el nómada añade desierto al desierto, expande lo ilimitado (Deleuze y Guattari, 1994: 386). Su nomadía prolifera desde la errancia por el deshabitado palacio del lenguaje, pues lo decible equivale a mentir: "Ayudame a escribir palabras / en esta noche, en este mundo" (Pizarnik, 1982: 69); hasta la puesta en erección/erupción del "volcán velorio" de la lengua: depurada concentración y expansión profanadora parecen ser los extremos que tensan la nomadía de la escritura de Pizarnik.

Alejandra Pizarnik —como en los casos de los otros escritores neobarrosos— inscribe también su nombre de autora en los textos literarios y lo acompaña con el de otra escritora devaluada, la coja ensimismada, maltratada por el loro Pericles (Pizarnik, 1982: 143). Por medio de esta estrategia, representa en el ámbito poético-ficcional la constitución de su subjetividad en tanto escritora y sus ideas acerca de la literatura: la nómada, la "sucinta", en desigual lucha por rescatar la palabra del desgaste, a través de la depuración o a través del estallido de la lengua. La construcción de esta imagen se reviste de significaciones relevantes: la nómada coja, la escritora agónica, podrían ser la cifra de sus posiciones en el campo literario y de su relación con su propio proyecto creador: de alguna manera, ubicada en un espacio aparte, puesta fuera de las disputas literarias de sus contemporáneos

---

[133] En el citado artículo, Severo Sarduy señala que el Barroco latinoamericano reciente participa del concepto de parodia formulado por Backtine en 1929.

y frecuentemente leída como excentricidad con lábiles vínculos con la producción literaria de la época, parecería que la hipertrofia de esta figura ha sido el ariete con que se neutralizaron sus desbordes de las pautas de retención/contención de la racionalidad de la cultura masculina. Parecería que la figura de la niña suicida sostenida por Pizarnik y multiplicada por buena parte de los discursos críticos sobre sus obras proyectó un cono de sombras sobre sus textos y sobre sus posiciones en el campo literario; quizás por la persistencia de su delineado, terminó por fagocitar algunos matices de su escritura y los lazos que la unen a la jerarquizada familia del barroco latinoamericano.

Habla con ellas

> Mujer: tú la virtuosa, y tú la cínica,
> Y tú la indiferente o la perversa;
> Mirémonos sin miedo y a los ojos:
> Nos conocemos bien. Vamos a cuentas.

> Alfonsina Storni

Para quienes trabajamos en la formación de docentes, examinar, repasar y retomar orgánicamente las lecturas críticas que en las últimas décadas vienen iluminando sostenidamente los aportes de estas escritoras clave de la literatura argentina, es una importantísima labor debido a la pronunciada incidencia del androcentrismo en los procesos de canonización y en los de formación de imaginarios. Como se ha dicho: "un canon androcéntrico genera estrategias de interpretación androcéntricas, que a su vez favorecen la canonización de textos androcéntricos y la marginación de los ginocéntricos. Para romper con este círculo, las críticas feministas deben luchar en dos frentes: por un lado, revisar el canon para incluir en él un número significativo de obras escritas por mujeres, y por el otro desarrollar estrategias de lectura que resulten coherentes con los intereses, experiencias y recursos formales que constituyen esos textos (Schweickart, 2001: 132).

Victoria Ocampo, Alfonsina Storni y Alejandra Pizarnik constituyen referentes sobresalientes en la cultura argentina. Sin ambición de ser exhaustiva, he redactado esta suerte de bibliografía comentada para poner en relieve una serie de lecturas que han ayudado especialmente a visualizar las obras de estas escritoras sobresalientes en la literatura y la cultura argentina. Revisando estos textos, buscando revertir aquellas estrategias androcéntricas que desplazaron los textos de las mujeres a los márgenes del canon literario, he orillado, quizás, los dominios de la "ginocrítica". He querido actualizar estas voces de mujeres, templarlas —en el sentido de ponerlas en tensión o presión moderada— para sostener en el tiempo la intensa producción de significaciones que generaron en la literatura y en la cultura argentina.

Silvia Molloy, en un relato de su historia de experiencias de lecturas y escritura, recuerda que durante años leyó "más hombres que mujeres, no por decisión propia sino porque el canon patriarcal resultaba de más fácil acceso. Todo lo favorecía: los programas universitarios, la opinión pública y un medio familiar poco dispuesto a la apertura" (Molloy, 1985: 788). Hoy, para contribuir a revalorizar de manera integral las aportaciones de las mujeres a la literatura argentina, es que he escrito estas páginas.

Bibliografía citada

AIRA, César (1998): *Alejandra Pizarnik*. Rosario: Beatriz Viterbo Editora.

ASTUTTI, Adriana (2004): "El sueño soberano: Osvaldo Lamborghini y Alejandra Pizarnik", en *Lazos de familia* (Ana Amado y Nora Domínguez comp.). Buenos Aires Paidós pp. 297-315.

DALMARONI, Miguel (2004): "Poéticas", en *La palabra justa. Literatura, crítica y memoria en la Argentina (1960-2002)*. Santiago de Chile: Ril Editores y Melusina editorial, pp. 49-89.

DELEUZE, Gilles y GUATTARI, Félix (1994): *Mil mesetas. Capitalismo y ezquizofrenia*. Valencia: Pre-textos.

GENOVESE, Alicia (1998): *La doble voz . Poetas argentinas contemporáneas*. Buenos Aires: Biblos.

KAMENSZAIN, Tamara (1996): *La edad de la poesía*. Rosario: Beatriz Viterbo Editora.

(2007): "Testimoniar sin lengua", en *La boca del testimonio. Lo que dice la poesía*. Buenos Aires: Norma, pp. 63-115.

MINELLI, María Alejandra (2005): *Con el aura del margen. Cultura argentina 1983-1999*. Editorial Alción, Cordoba.

MOLLOY Sylvia (2002): "Sentido de ausencias", en *Revista Iberoamericana* Vol. LXVIII, Nro. 200-201, pp. 785-789.

(1997): "From Safo to Baffo: Diverting the Sexual in Alejandra Pizarnik". *Sex and Sexuality in Latin America* (Daniel Balderstorn y Donna J. Guy ed.). Nueva York: New York University Press, pp. 250-258.

MORENO, María (1998): "Sesenta años del adiós de Alfonsina", en **Página 12** (25-10-98) http://www.pagina12.com.ar/1998/98-10/98-10-25/pag31.htm

MUSCHIETTI, Delfina (1989): "Feminismo y literatura", en *Historia social de la literatura argentina* (David Viñas dirig.), Vol. VII *Irigoyen entre Borges y Arlt (1916-1930)* (Graciela Montaldo dirig.). Buenos Aires: Edit. Contrapunto, pp. 129-160.

——————— (2001): "Oliverio, el Peter Pan de la literatura argentina", en *Inti. Revista de Literatura Hispánica* N° 52-53, pp. 99-116.

——————— (2000): "Alfonsina y Borges en el aura de *Aurea*" en *Actas de las VI Jornadas de historia de las mujeres y I Congreso iberoamericano de estudios de las mujeres y de género: "Voces en conflicto, espacios de disputa"*, Buenos Aires (CD).

——————— (2000): "Alfonsina revisitada" (Entrevista de María Moreno), en Suplemento *LAS12* del Diario *Pagina/12* http://www.pagina12.com.ar/2000/suple/las12/00-08-18/nota3.htm

NEGRONI, María (2001). "Alejandra Pizarnik: melancolía y cadáver textual", en *Inti. Revista de Literatura Hispánica* N° 52-53, pp. 169-178.

PERLONGHER, Néstor (1997): *Prosa plebeya*. Buenos Aires: Ediciones Colihue.

PIZARNIK, Alejandra (1982): *Textos de sombra y últimos poemas*. Buenos Aires: Editorial Sudamericana.

PRATT, Mary Louise (1998): "'Don't interrupt me': The Gender Essay as Conversation and Countercanon", en *Revista Brasileira de Literatura Comparada* N° 4, p. 85-101.

RICHARD, Nelly (1993): *Masculino / Femenino Prácticas de la diferencia y cultura democrática*. Santiago de Chile: Francisco Zegers Editor.

RODRÍGUEZ MONEGAL, Emir (1979): "Como todos, fui alguna vez injusto con Victoria Ocampo". *Vuelta,* N° 30, mayo 1979, p. 44-47. http://mll.cas.buffalo.edu/rodriguez-monegal/bibliografia/prensa/artpren/vuelta/vuelta_30.htm

SARDUY, Severo (1972): "El barroco y el neobarroco", en *América en su Latina literatura* (coord. César Fernández Moreno), México: Siglo XXI, pp. 167-184.

SARLO, Beatriz (1988): *Una modernidad periférica: Buenos Aires 1920 y 1930*. Buenos Aires: Nueva Visión.

(1998): *Sarlo, La máquina cultural. Maestras, traductores y vanguardistas*. Buenos Aires: Ariel.

SCHWEICKART, Patrocinio P. (2001): "Leyéndo(nos) nosotras mismas: hacia una teoría feminista de la lectura", en *Otramente: lectura y escritura feministas* (Marina Fe coord.). México: FCE, pp. 112-151.

VÁZQUEZ, María Celia (2004): "Las cartas entre Victoria Ocampo y Arturo Jauretche, casi un duelo literario", *Actas del Congreso internacional CELEHIS de literatura*, Universidad Nacional de Mar del Plata (CD).

Elecciones profesionales, profesiones y género

Alicia Itatí Palermo[*]

Introducción

En este artículo consideraremos, desde una perspectiva de género, los aspectos que intervienen en las elecciones y orientaciones profesionales y desarrollaremos brevemente las teorías que abordan las elecciones profesionales, a las que haremos aportes a partir de nuestras investigaciones.

Aspectos que intervienen en las elecciones y orientaciones profesionales:

Ni en la antigüedad ni en la Edad Media el trabajo, especialmente el manual, era valorado. Platón distinguía entre "el conocer, el hacer y el obrar". El conocer era la actividad valorada, mientras el hacer, especialmente el trabajo manual, que se destinaba a las mujeres y a los esclavos, no pertenecía a la esencia del hombre.

Fue a partir del Renacimiento que el trabajo comenzó a ser valorado como una actividad esencial del ser humano. "Lutero va a cambiar revolucionariamente el concepto de trabajo. La palabra *beruf* significa para él, a la vez, profesión y vocación" (Sullerot, 1970). ¿Es entonces, la vocación, lo que lleva a las personas a elegir una profesión? ¿la

[*] Doctora en Educación. Coordinadora del Area de Estudios Interdisciplinarios de Educación y Género, Comité Académico de la Carrera de Estudios de las Mujeres y Género, Universidad Nacional de Luján, Argentina.

orientación profesional es producto de la elección libre y consciente de varones y mujeres?

Naville (1975: 11) remite a Pascal (célebre matemático del s. XVIII), quien refiere a tres factores que hacen a las orientaciones profesionales: el azar, la costumbre y la influencia del medio, sosteniendo que "lo que para Pascal se opone a la elección por azar o por costumbre es la vocación individual, que implica la sumisión a una especie de necesidad interior y no a una necesidad exterior (social)" (Naville, 1975).

La necesidad exterior estaría encarnada por la costumbre, "la costumbre es a un tiempo, la tradición y la inmutabilidad de las jerarquías; en cierto sentido, es el hábito y la disciplina. La influencia de la costumbre se ejerce a través de dos canales: la familia y el gremio. Una y otro, identificados a veces, doblegan y limitan la elección del individuo. Y la doblegan en función de unas exigencias que, de manera evidente, pertenecen a otro sector de la actividad humana: las exigencias de la economía y la sociedad en cuanto tales. Ahora bien, es Pascal quien nos dice: es esencialmente la costumbre la que decide. Que es como decir que no es el azar" (Naville, 1975: 14, 15).

Las teorías modernas de la orientación profesional, por lo contrario, ponen el acento en las aptitudes individuales, sosteniendo que las personas pueden elegir libre y concientemente, sin condicionamientos exteriores, la profesión que más se acerca a sus inclinaciones y aptitudes, a su vocación. Pero ¿qué es la vocación?

Naville (1975: 123) afirma que la palabra vocación:

> En francés, es de origen eclesiástico y casi simultáneamente, judicial. Es la llamada de Dios y la llamada del tribunal… Nos encontramos pues, frente a una palabra cargada de significación divina y humana, de sentido metafísico. En ella se afirma una filosofía de la trascendencia… El hombre no forja su destino: ciertas voces se lo revelan, y él debe obedecer. Sólo de este modo podría aceptar, someterse y encontrar su salvación. Si nos fijáramos en las fórmulas que acabo de utilizar vemos que se trata de vocación a secas y no de

> vocación profesional. Y es así porque en este caso el oficio es algo
> inmanente al destino. La vocación profesional es el destino de la
> persona…. vocación, profesión y profesión de fe, en este caso son
> sinónimos, cómo en los tiempos de los santos patrones del oficio y
> de las corporaciones. El joven se va a consagrar a una tarea definida:
> en primer lugar tiene que encontrar en sí mismo la decisión que se
> encontraba escondida, develarla.

La elección profesional entendida a partir de las aptitudes personales y de la vocación, implica "encontrar" y "reconocer" la profesión
para la cual uno está inclinado, asumiendo su propia identidad propia.
Sin embargo, ¿hasta qué punto la elección de una profesión (y de una
carrera universitaria) es una elección libre de condicionamientos?,
¿explicaremos las diferentes elecciones entre los individuos por sus
diferentes aptitudes o por vocación?

Bourdieu (2000) considera que la lógica, esencialmente social
de las vocaciones, al igual que la de la autoexclusión, es efecto de la
violencia simbólica, de un encuentro entre expectativas colectivas
(que se presentan como objetivas y que están inscriptas en el entorno
familiar) y disposiciones de los individuos, que hace que "las víctimas
de la dominación psicológica puedan realizar dichosamente —en su
doble sentido— las tareas subalternas o subordinadas atribuidas a sus
virtudes de sumisión, amabilidad, docilidad, entrega y abnegación…
las vocaciones siempre son por una parte la anticipación más o menos
fantástica de lo que el lugar promete, por ejemplo, para una secretaria,
mecanografiar unos textos, y de lo que permite, por ejemplo, mantener una relación maternal o de seducción con el jefe" (Bourdieu,
2000: 77).

García Guadilla (1986) afirma que "las condiciones de escogencia
de las distintas disciplinas, más que por vocación, están orientadas por
un cálculo racional de maximización de los beneficios. Cada estudiante
define estrategias orientadas a maximizar sus propias oportunidades
objetivas de beneficios". Al preguntársele los motivos por los cuales
eligió una carrera, menciona fundamentalmente motivos que se re-

lacionan con una inclinación personal: me gusta, me interesa, es mi vocación. Sin embargo, la autora señala que "una sociología del gusto nos llevaría a comprender cómo la inclinación por la carrera responde en la mayoría de los casos a la afirmación práctica de una diferencia inevitable. Es decir, el gusto representa un fenómeno psicosocial donde la incorporación de lo social se vive como intrínseco del individuo. El gusto por determinada carrera pertenece pues a lo que se ha denominado *ideología del gusto natural*, que para algunos autores funda su eficacia en que (como todas las estrategias ideológicas que se fundan en la lucha de clases cotidiana) hace *naturales* las diferencias reales. Dicho de otro modo, la ideología que subyace en el fenómeno del gusto hace que parezcan naturales los modos de adquisición de la cultura, al reconocer como legítimas las diferencias del gusto, al ocultar los orígenes reales de estas diferencias". Según esta hipótesis, la elección implicaría una internalización de discriminaciones o de diferencias existentes en la sociedad que sin embargo no son reconocidas por los propios actores como discriminatorias sino que se perciben como fenómenos "personales".

Para Rozenblatt (1999: 37), "la orientación profesional de los jóvenes, modelada por su opción de carrera, se produce simultáneamente por la formación que siguieron y por su socialización inicial".

La elección profesional no es, sin duda, algo simple. En la elección y en los proyectos profesionales se entrecruzan diversos factores: "además del entorno socioeconómico de los estudiantes, se han identificado una multitud de factores que afectan la posibilidad de ingresar a una institución de educación superior, de cambiar de una institución no universitaria a otra universitaria y de darle continuidad a los estudios hasta graduarse. Estos factores incluyen: las expectativas de los padres, el apoyo y estímulo de la familia, los compañeros y los docentes del colegio secundario; el desarrollo de claras aspiraciones ocupacionales y educacionales demostradas en los primeros años del nivel medio; las experiencias de la escuela secundaria; los recursos académicos que brinda la misma; acceder a información sobre lo que brindan las universidades; conocer la disponibilidad de ayuda financiera; prepararse para los exámenes de ingreso; conocer el tipo de institución a la que se ingresa, los patrones de inscripción, los planes de estudio; experiencias de otros en los estudios superiores y responsabilidades familiares" (Kisilevsky, 2002).

Podríamos agregar el género, el lugar de residencia, las expectativas sociales, culturales y familiares, el interés por un área profesional, las posibilidades laborales, los proyectos de vida, etc. En el próximo título consideraremos específicamente el género.

La incorporación de la perspectiva de género en las elecciones profesionales

El género es, entonces, uno de los aspectos involucrados en las elecciones profesionales.

Du Moulin (1994) considera que, para entender las elecciones diferenciales según sexo debemos analizar: las definiciones culturales de género que prevalecen en un momento dado en la sociedad, en la familia y en los propios individuos; las expectativas personales y familiares que se tienen sobre el propio futuro y el de sus hijos e hijas; y las representaciones sociales que prevalecen en la sociedad, en la familia y en el ámbito de las distintas profesiones (mercado de trabajo) acerca del desempeño de varones y mujeres.

Creemos que es importante agregar un aspecto fundamental: la comprensión de las percepciones y significaciones de las mismas mujeres.

La crisis producida en nuestro país a partir de la década del 80 y la "agenda internacional para la modernización de los sistemas educativos superiores" (Tyler, Mollis y otros, 1997) que se instaló en 1995, tuvieron consecuencias en las características de la población que accede a esos estudios. Actualmente la "universidad argentina se auto recluta, es decir, acceden mayoritariamente los hijos de profesionales, que a su vez tienen mayores probabilidades de graduarse". Lejos estamos de la universidad a la que ingresaron las primeras universitarias, que posibilitaba "a los hijos de inmigrantes superar las condiciones de pobreza iniciales" (Mollis, 2001: 17).

La universidad actual, más democrática, en proceso de cambio, con mayoría de estudiantes mujeres, poco se parece a la de aquella época. No obstante, esto no implica que haya superado las discriminaciones de género. Las preguntas actuales son: ¿qué mujeres son las que acceden a las universidades?, ¿a qué tipo de estudios ingresan?, ¿qué factores intervienen en las elecciones que ellas hacen?, ¿por qué sigue habiendo carreras en las que son absoluta minoría?, ¿qué significado tiene para ellas la elección de una carrera "masculina"?

En efecto, si bien las mujeres son mayoría y han diversificado sus opciones, las elecciones diferenciadas por sexo aún persisten. Las carreras científicas y las tecnológicas son un bastión masculino en casi todos los países. Esta diferenciación de elecciones se apoya en las divisiones socio-sexuadas del saber, en la distinción entre "saberes masculinos y saberes femeninos", en la "manera en que en cada socie-dad se instituyen las relaciones sobre los sexos y cómo estas relaciones influyen sobre el vínculo con el saber" (Mosconi 1998: 35).

La teoría del capital humano postula que "los distintos tipos de discriminación que reducen la probabilidad de transformar las cualifi-caciones laborales adquiridas por medio de la educación en ganancias adicionales desplazan hacia abajo la curva de demanda de educación". Desde este punto de vista, podría pensarse que las elecciones de las mujeres se orientarán hacia carreras que les permitan esas ganancias adicionales. Es decir, que las facilidades o dificultades que existan para ellas en el ejercicio de una determinada profesión puede producir el efecto de alentarlas, o por el contrario, desalentarlas en la elección (Rodríguez, 2000). Rozenblatt (1999) afirma que "la calificación y la competencia son instrumentos de clasificación que integran a su vez otras clasificaciones, entre ellas la jerarquía de funciones en términos de género: funciones femeninas y masculinas". En este sentido el autor postula la existencia de una construcción social de la diferencia en las competencias profesionales lo que hace que los jóvenes de distinto sexo se orienten hacia elecciones profesionales y empleos diferenciales.

Otro tipo de explicación es el de la "teoría fabricando género, que sostiene la hipótesis de que la elección de las disciplinas y de las carreras en el sistema escolar es una cuestión de identidad personal, de confianza en sí mismo también y no tiene mucho que ver con las competencias sino con el estar en equilibrio con lo que se hace. Esta teoría también construye la hipótesis de que existe una lucha permanente entre los sexos con respecto a su posición en el aspecto social. Esta lucha empieza en el espacio escolar en la medida en que el espacio escolar prefigura el espacio social. La elección de las orientaciones en la escuela va a ser un elemento determinante del posicionamiento escolar y profesional. En esta lucha, la situación actual es que las mujeres tratan de ganar territorios masculinos, como en carreras científicas y técnicas… Inversamente, los varones no se interesan por el territorio femenino, los territorios femeninos como tales son desvalorizados" (Mosconi, 1998).

Esta identidad personal y confianza en sí mismo se manifestará, por ejemplo en elegir carreras "masculinas" cuando existe determinada familiaridad o cuando las mujeres tuvieron éxito en determinadas materias en el secundario.

Martínez (citado por Maffía, 1992) afirma que si, a pesar de que las niñas tengan una visión de las carreras técnicas y agropecuarias como típicamente masculinas, se produce la elección, es porque hay una reacción por parte de ellas diferente a las exigencias iniciales, que no tienen que ver con la capacidad intelectual sino con la confianza y familiaridad que produce el contacto frecuente con herramientas técnicas.

Otras hipótesis sostienen que en la elección de la carrera, la mujer contempla variables tales como la maternidad, el cuidado de los hijos y la atención del hogar" (Barrante, Saénz, 1995).

Daune Richard (1995: 3) plantea, refiriéndose a las elecciones técnicas por parte de las mujeres, "que las trayectorias socio educativas tienen que ver con combinaciones complejas, a veces contradictorias, de varias lógicas sociales". Por un lado, en el ámbito familiar se espera mucho de sus hijas en términos de promoción socio laboral y apuestan consecuentemente a su éxito escolar. Por otro lado, desde el aspecto de la escolaridad, la estrategia de elección de una carrera técnica se inscribe más en una lógica escolar que apunta a llegar lo más lejos posible que en una lógica profesional. La combinación de expectativas en términos de promoción social (en medios sociales en los que las profesiones industriales dominan y constituyen el único camino hacia la movilidad) y de una cierta lógica escolar de éxito fracaso, orienta a las mujeres hacia los estudios técnicos superiores. Sin embargo, la elección de especialidades tan marcadas por lo masculino sólo adquiere todo su sentido si se la considera en relación con las configuraciones familiares en las que crecieron estas jóvenes. Las familias de origen están marcadas por una historia familiar que lleva a las jóvenes a ocupar por lo menos parcialmente un lugar de varón.

Rodríguez Giles, Colombo, Delgado (1994), en una investigación realizada con estudiantes de ingeniería de la Universidad Nacional de la Plata, encuentran en las configuraciones familiares de las estudiantes entrevistadas datos que parecieran avalar esta última hipótesis. El sesenta por ciento son hijas únicas o hijas mayores de familias donde el resto de los hijos son del sexo femenino y fueron socializadas con experiencias infantiles (juegos, lecturas, juguetes) que las familiarizaron con las ciencias aplicadas. Recuerdan que sus padres estimularon su interés por investigar, descubrir y gustar de las ciencias exactas. Sus juegos preferidos consistían en realizar experimentos de química, armar y desarmar aparatos mecánicos y eléctricos, resolver problemas hídricos y construir maquetas.

La investigación de Kinzer (1973, citada por Bonder, 1991) también parece avalar esta hipótesis, ya que afirma que las profesionales universitarias argentinas, en su mayoría hijas de inmigrantes europeos, han sido fuertemente estimuladas por sus padres hacia la educación superior y apoyadas emocional y financieramente por sus familias durante la educación universitaria. Estas hijas de inmigrantes han cumplido sin vacilaciones las expectativas paternas. Son por lo tanto, hijas dóciles que siguieron los mandatos paternos.

Desde otra posición, Brush (1991) afirma que las jóvenes que no optan por carreras científicas y tecnológicas podrían tener un comportamiento mucho más inteligente que aquéllos que quieren promover por parte de ellas elecciones no tradicionales sin considerar los reales obstáculos que tienen durante sus estudios y su trabajo profesional.

Estos obstáculos, que para el autor son eficaces en excluir a las mujeres de las carreras científicas y tecnológicas, son de diverso tipo. Brush destaca los siguientes: a) el estereotipo que asocia científico con varón y el interés por la ciencia con el desinterés por la sexualidad b) la actitud sexista de los estudiantes varones, y de los profesores de la universidad, y de los compañeros y jefes en el trabajo profesional, c) las dificultades para progresar en la carrera profesional y d) la concepción de ciencia como una actividad masculina.

A su vez, Riette y Maffia (2002: 3) señalan que en las distintas hipótesis e interpretaciones se destaca que "nunca, o raramente, en el análisis de los hechos, aparezca la posibilidad de que mantenerse en los márgenes de esas actividades, tan valoradas socialmente (se refieren a la escasa presencia de las mujeres en las ciencias duras, particularmente en posiciones destacadas y la presunta falta de interés de muchas de ellas por intervenir en esas áreas), sea una elección profunda que hacen muchas mujeres, que tampoco se considere la posibilidad de que consciente o inconscientemente, estén rechazando en forma casi visceral los objetivos y procedimientos de la ciencia y de la política institucionalizados. No teniendo el poder para cambiar esas estructuras, preservan otros valores no compitiendo por los primeros lugares, para lo cual tendrían que desarrollar al máximo las cualidades requeridas".

Este mecanismo funciona no sólo en la elección de la carrera sino también en el trabajo profesional. "Es interesante notar (y deberíamos medir el peso de este dato) que cuando se les pregunta a las mujeres que se desempeñan en ramas de las ciencias duras o en cargos políticos destacados, por las razones de la falta de progreso de las mujeres en general, la mayoría de las veces dicen no sentirse discriminadas en razón de su sexo. Consideran las presuntas barreras y renunciamientos, que ineluctablemente aparecen en sus biografías, como decisiones personales adoptadas para evitar conflictos (generalmente entre el ámbito del trabajo y el de la familia, o con respecto a la interacción en el grupo de trabajo), no como obstáculos externos. Funciona un techo de cristal tan eficaz que no se ponen en duda los mecanismos para ascender sino sólo sus condiciones personales y los deseos para hacerlo" (Riette y Maffia, 2002: 4).

De este modo, las autoras[134], consideran que la falta de presencia de la mujer en las ciencias duras podría ser el resultado de una elección positiva, más que una imposición exterior. Esta hipótesis está anclada en la asociación existente entre pensamiento científico y objetivo con masculinidad lo cual, según Fox Keller (1991: 100) tiene diversas consecuencias, ya que "no sólo queda coloreada nuestra caracterización de la ciencia por el sesgo del patriarcado y el sexismo, sino que simultáneamente nuestra evaluación de lo masculino y lo femenino queda afectada por el prestigio de la ciencia. Se establece un proceso circular de refuerzo mutuo por el que lo que es llamado científico recibe validación extra de la preferencia cultural por lo que es llama-

---

[134] Esta hipótesis tiene puntos de contacto con la postura de Brush (1991). Lo que las autoras consideran positivo es calificado por este autor como comportamiento inteligente. Sin embargo, la fundamentación de la hipótesis es diferente porque mientras este último refiere a la necesidad de desmantelar las "barreras estructurales que niegan recompensas en el trabajo profesional "a las mujeres que eligen carreras científicas o tecnológicas, la posición de las primeras se sustenta en las críticas feministas a la relación género y ciencia.

do masculino e, inversamente, lo que es denominado femenino, sea una rama del conocimiento, una forma de pensar o la mujer misma resulta devaluada por su exclusión de valor intelectual y social especial que se le adjudica a la ciencia y al modelo que ésta proporciona para todos los esfuerzos intelectuales. Esta circularidad no sólo opera en el nivel de la ideología sino que es favorecida por las formas en que los procesos de desarrollo, tanto los de la ciencia cuanto los de niñas y niños, internalizan las influencias".

Esta autora se plantea la pregunta: ¿en qué medida está ligada la naturaleza de la ciencia a la idea de masculinidad y qué podría significar que la ciencia fuera distinta? El problema clave no es entonces la poca representación de las mujeres en la ciencia sino el concepto mismo de ciencia.

Para las contribuciones teóricas provenientes de la Psicología Social, las elecciones diferenciales no se pueden explicar sólo porque existan barreras institucionales que impidan la libre elección de carrera a las personas. Los factores sociales condicionan las elecciones a través de diferentes mecanismos como, por ejemplo, la internalización de determinadas creencias sobre uno mismo por el hecho de ser hombre o mujer. Pero otros mecanismos de regulación social y cultural, sin duda importantísimos, son las expectativas de éxito, así como la diferente valoración social que se percibe en las profesiones, en función de que las ocupe un hombre o una mujer. Seguramente, al hacer la elección de estudios, estos factores de identidad, de expectativas y de valoración social, están presentes en la mente de una persona (Elejabeitía Tavera; López Sáez, 2003).

De esta manera, en la elección que realizan las mujeres respecto de las carreras, deberían considerarse diversos factores y no sólo los estereotipos de género vigentes en la sociedad.

Uno de los factores a considerar es que en el ámbito laboral o profesional, se satisfacen las necesidades sociales que tienen las personas. *La teoría de la satisfacción laboral* (Herzberg 1968; citado por

Kornblit 1996) distingue dos tipos de factores que inciden en ella: a) los factores extrínsecos que caracterizan al contexto laboral como seguridad en el empleo, salario, mercado laboral, etc y los factores intrínsecos al trabajo mismo y a su contenido, como la naturaleza del trabajo, las posibilidades de asumir responsabilidades, de ser promovido (Kornblit, 1996). Tal como postula Etzioni (Etzioni, 1964, citado por Kornblit, 1996) existe una capacidad social por parte de los trabajadores. A su vez, la satisfacción en el trabajo y consecuentemente la motivación, tienen su base más en recompensas psicológicas que económicas.

En este sentido, es importante el aporte que puede hacer esta teoría al análisis del trabajo profesional de las mujeres y de las elecciones profesionales. Cabe preguntarse qué aspectos del desarrollo profesional femenino están más relacionados con el nivel de satisfacción en el ejercicio de una profesión. Así se ha encontrado en una investigación realizada en Madrid (Elejabeitía Tavera, López Sáez, 2003), que las mujeres ingenieras basaban su satisfacción en el ejercicio profesional, en los aspectos de autorealización que implicaba un trabajo técnico, en el hecho de realizar un trabajo que les gustaba, en sentirse capaces de realizarlo, en las relaciones entabladas con sus compañeros y jefes y en el reconocimiento de su tarea, más que en las posibilidades de promoción o de obtener logros económicos.

Cabría analizar hasta qué punto esta satisfacción implica una estrategia de supervivencia de las propias mujeres, elaborada a partir del reconocimiento de los estereotipos sociales en relación con el ejercicio de la profesión de ingeniería (Véase Palermo, 2008).

Para la *teoría de las expectativas*, la fuerza motivacional correspondiente a una conducta dada es mayor en la medida que: a) el individuo se cree capaz de conseguir lo que se propone (relación-esfuerzo-éxito); b) el individuo cree poder obtener algunos resultados como consecuencia de su logro. (relación-éxitos-resultados); c) el individuo valora los resultados que espera conseguir (Kornblit, 1996). En esta línea, pudimos observar que la elección de carrera no tradicional por parte de las mujeres provoca incertidumbre sobre el futuro profesional reduciendo las expectativas, es decir: a) genera dudas acerca del logro de objetivos profesionales (relación esfuerzos- éxito); b) no permite anticipar la obtención de resultados como consecuencia de su logro (relación éxito- resultados) y c) no permite valorar los resultados que espera conseguir (Palermo, 2006).

Eccles y colaboradores (Eccles y colaboradores, 1983; Eccles,1989) han planteado una teoría que intenta explicar las elecciones de carrera incluyendo un enfoque de género que se inscribe en las teorías de expectativa valor, que postulan que las actitudes hacia una conducta específica se relacionan, por un lado, con las expectativas de éxito de esa conducta y por otro lado, con los valores que sustentan las personas.

Las teorías de la acción razonada y de la acción planificada (Fishbein y Ajzen, 1975 y 1988 citado por Elejabeitía Tavera y López Saez, 2003) consideran que las conductas (entre ellas, la elección profesional) son resultado de un proceso en el que las personas evalúan información sobre las posibles consecuencias de sus acciones y el valor que tiene para ellas dichas consecuencias. En este proceso pesa la norma social subjetiva o presión del entorno social próximo y el control percibido o la evaluación de la propia competencia y de los obstáculos que podrán impedir la realización de determinada conducta. De acuerdo con este enfoque, la intención de una conducta se vería limitada si la persona anticipa barreras que imposibiliten los logros. Este podría ser el caso de las mujeres que renuncian a competir por determinados empleos o por puestos de dirección, ya que anticipan que van a ser discriminadas por su condición de mujeres y que las barreras a salvar, van a ser muchas y fuertes (Elejabeitía Tavera y López Sáez, 2003)

El modelo de elección Eccles y colaboradores (1983, 1989) incluye tanto aspectos sociales como psicológicos, consecuentemente con las teorías de expectativa-valor en las que se basa. Entre los primeros, considera los estereotipos de género que prevalecen en la sociedad un momento y el lugar determinados, los cuales, entre otras cosas, prescriben cómo deben ser hombres y mujeres, qué cualidades deben tener y qué roles deben cumplir en la sociedad. Además tiene en cuenta los valores y creencias de las subculturas, donde la persona vive cotidianamente, principalmente la familia, pero también sus amigos, la escuela, el club, etc.

Si los primeros tienden a la homogeneidad, las subculturas, que permiten que las personas tengan experiencias personales específicas, tienden a la diversidad ya que allí entran a jugar aspectos tales como la clase social, la raza, etc.

Entre los aspectos psicológicos, considera las expectativas personales de eficacia, es decir, la autoevaluación respecto de la propia competencia para una determinada actividad (en este caso carrera o profesión), las pautas de conductas o elecciones, es decir, la propia internalización respecto de las normas sociales o estereotipos, tanto de la sociedad como de los grupos de referencia y el valor otorgado a determinadas actividades (en este caso profesionales).

Los dos conjuntos de aspectos confluyen en las identidades personales: auto concepto (de femineidad o de masculinidad); yoes posibles en el futuro (expectativas, proyecto de vida), valores, metas y aspiraciones (por ej. logros que espera obtener del ejercicio profesional, compatibilización, vida familiar y profesional, etc).

Otra explicación (Jakson, Gardner y Sullivan, 1992, en Elejabeitía Tavera y López Sáez, 2003), de las diferentes elecciones profesionales que realizan varones y mujeres pone el acento en que, al ser conscientes las mujeres de que en su desarrollo profesional se van a encontrar con discriminaciones y que, por lo tanto les va a ser más difícil encontrar trabajos acordes a su profesión, que van a ganar menos y que les va a costar ascender a puestos jerárquicos, sus expectativas de logro profesional son más bajas, por lo cual se autodiscriminan al realizar sus elecciones de carrera. Esto hace que en algunos casos las diferencias de elección sean producto de su propia decisión. Dicho de otro modo, las mujeres libremente "eligen" determinadas carreras o roles que implicarán para ellas un menor nivel de conflicto, lo cual implica autodiscriminación.

La *teoría de la atribución* asocia las expectativas de logro éxito o fracaso de una acción a las causas por las que las personas atribuyen o intentan explicar su propia conducta. En esta explicación intervienen dos dimensiones: la de internalidad-externalidad y la de estabilidad-inestabilidad.

En la primera dimensión, se hace referencia a que una persona puede atribuir el éxito o fracaso de una acción y por lo tanto su alto o bajo logro, a causas que hacen a algún aspecto de sí mismo o a causas afines a sí mismo. Por otro lado, la dimensión estabilidad-inestabilidad alude a la duración del efecto (duradero o circunstancial).

Elejabeitía Tavera y López Sáez (2003: 186) afirman que "las atribuciones de éxito a causas internas y estables inciden favorablemente sobre las expectativas de logro, ya que se espera que en condiciones similares, se vuelva a tener éxito. Sin embargo, las atribuciones de fracaso o causas internas y estables son las que producen mayor malestar psicológico y peores expectativas de solución en el futuro. La razón, dicha de forma sencilla, sería que la persona cree que ese fracaso se va a presentar siempre, puesto que la causa es algo relacionado con suYo y que no va a cambiar a largo plazo. Las investigaciones sobre diferencias entre sexos en atribuciones de éxito y fracaso han demostrado que el estilo atributivo de las mujeres es más negativo en relación con las expectativas de logro, ya que suelen atribuir en mayor medida que los hombres sus fracasos o causas estables e internas".

La autoras citan, entre estas investigaciones a la de Schmitt y Bran Scombe (2002, en Elejabeitía Tavera y López Sáez, 2003), en la que se muestra que "cuando las mujeres son rechazadas en un empleo y perciben que el rechazo se debe al hecho de ser mujer y no a su falta de capacidad, realizan una atribución interna y estable ya que la causa es un aspecto del Yo, es decir una causa interna y tan estable como el sexo biológico" (Elejabeitía Tavera; López Sáez, 2003: 186).

Llama la atención que las teorías que abordan las elecciones de carrera desde un enfoque de género otorguen tanto peso al momento de la elección y no tengan una concepción de la profesionalidad como proceso. Si bien en estas teorías se consideran aspectos sociales y psicológicos, entre los cuales se encuentran las experiencias previas y las expectativas futuras, la elección en sí aparece como un hecho crucial, que sucede en un tiempo específico. Las teorías actuales sobre los y las profesionales conciben a la profesionalidad como un proceso, en el que la elección de la carrera es un momento importante, pero no lo es todo (véase Palermo, 2008).

La profesionalidad como proceso

La profesionalidad puede concebirse como "un proceso, es decir, como un hecho diacrónico, complejo, contradictorio, que puede implicar aspectos tan diversos como el acceso a la información, la anticipación, la negociación familiar, el cálculo, la valoración, la duda" (Veleda, 2002: 87). En este sentido, la elección constituye un momento de un proceso que se inicia antes y que continúa más allá de dicha elección.

En el proceso de profesionalidad, en el cual la elección de la carrera es una instancia clave, tienen un lugar relevante el saber y el saber hacer (competencia y habilidades técnico profesionales) y el saber ser (competencias adquiridas a través de distintas experiencias, familiares, escolares y del medio social). La profesionalidad se va construyendo a lo largo de la vida de una persona, a través distintas instancias: los juegos infantiles, las imágenes que los niños/ as se hacen de su futuro,[135] las

---

[135] Naville (1975) habla de la existencia en el niño de una "ilusión profesional", que es la representación que éste se hace de un oficio antes de haber podido tomar contacto efectivo con él. Posteriormente, esa ilusión sufre una crisis, a través de la cual los jóvenes adquieren su conciencia y su práctica adulta de un oficio.

primeras relaciones de identificaciones con figuras representativas de su entorno familiar y social y, la trayectoria educativa, la elección de la carrera, la formación recibida, la graduación, el ejercicio profesional, la capacitación, las distintas modalidades de ejercicio profesional, etc.). En este sentido, hemos concluido de nuestras investigaciones (Véase Palermo 2006, 2008) que cuando la elección se produce en un contexto de familiaridad o cotidianeidad (en el que existe algún tipo de vinculación con la orientación de la carrera, familiar y socialmente legitimada, que se traduce en una trayectoria previa, propia o familiar), existe una "ganancia adicional" en el proceso de profesionalidad, que se vincula con el saber hacer y con el saber ser y que otorga un "valor agregado" al título universitario.

Testa, Palermo (1998); Testa, Sánchez (2005) afirman, en este sentido, que esta profesionalidad se materializa a partir de las trayectorias socioeducativas en el ámbito del sistema formal de educación y de las trayectorias socio profesionales en los ámbitos del desempeño laboral. La noción de trayectorias educativas y laborales parte de una visión del papel que juegan "las trayectorias educativas, que comenzaron en la más temprana edad, en una secuencia que va desde la formación inicial hasta la universitaria, pasando por la primaria y la secundaria" (Testa, Sánchez, 2003) en la inserción laboral de los graduados universitarios y por consiguiente en la profesionalidad. En esta trayectoria, la credencial universitaria tiene un peso determinante.

Consideraremos en el próximo título las investigaciones que muestran que los itinerarios profesionales y los estilos de profesionalización que desarrollan las mujeres difiere del de los varones.

El proceso de profesionalidad de las mujeres

Wainerman y Navarro (1979), al estudiar el comportamiento laboral de las mujeres, afirman que tanto su monto como su estructura están en relación con los valores que rigen la conducta de ambos sexos; existe, así, "una dimensión normativa de la cultura que regula las relaciones entre el rol doméstico y el rol económico de la mujer.

Esta dimensión normativa está compuesta por los valores culturales, que si bien nutren y ejercen un efecto coercitivo sobre las orientaciones valorativas, actitudinales y motivacionales de los miembros de la sociedad, son anteriores y no coinciden con dichas orientaciones". Estas consideraciones son válidas para analizar las elecciones profesionales de las mujeres.

De este modo, en el camino hacia la profesionalización, ellas se enfrentan con una serie de decisiones vinculadas con las definiciones culturales de género. Si bien el hecho de tener mayor nivel de instrucción lleva a las mujeres a participar más en el mercado de trabajo si las comparamos con aquéllas con menor nivel de instrucción, y a manifestar un comportamiento laboral semejante al de los hombres (Wainerman, 1979; 2002; 2003), no todas tienen el mismo comportamiento una vez obtenido su título universitario.

García Frinchaboy (1988), al analizar datos sobre el nivel de instrucción de las mujeres y el acceso al mercado de trabajo, afirma a su vez que esos datos no nos dicen nada acerca de sus modalidades de participación laboral. Muchas profesionales, cuando se casan y tienen hijos pequeños, alteran el modo de inserción laboral sin abandonar el ejercicio de su profesión. De este modo concilian los roles de profesional y ama de casa reduciendo el número de horas que dedican al trabajo remunerado. Este hecho tiene consecuencias en la profesionalización debido a que se resiente la posibilidad de capacitación y progreso profesional.

La evolución de la imagen tradicional de mujer, confinada a los límites de su hogar y dedicada por completo a su papel de esposa y madre, pero con una progresiva aunque limitada incorporación al mundo público, fue probablemente uno de los factores que provocaron el crecimiento sostenido de la matrícula universitaria femenina que se produjo a partir de 1941. Fernández (1994) señala a su vez a la década del 60 "como un momento de giro de las mentalidades familiares respecto al nivel de aspiraciones de instrucción de sus hijas".

Son las mujeres de clase media las que acceden mayormente a los estudios universitarios. En un primer momento, esto se inscribe "dentro de las características del desarrollo de la educación superior en los países de América Latina donde las profesiones universitarias aparecen como uno de los canales de movilidad social y legitimación de las clases medias, es decir que el ingreso de las mujeres a la universidad es producto de una modificación de clase y no de género" (Fernández, 1994). Sin embargo, en la actualidad, como señala Bonder, la universidad argentina "no está ajena a los fenómenos sociales y culturales que acompañan la crisis por la que atraviesa el país …, los efectos de la crisis económica se hacen sentir en el mercado de profesionales a través del desempleo, la ocupación precaria y frecuentemente desvinculada de la formación universitaria recibida, así como también en la prolongación del tiempo de espera para el ingreso al primer empleo".

En este contexto, la posesión de un título universitario no garantiza ninguna movilidad social sino que ha adquirido sólo el valor de una credencial. Gambero (1995), al analizar las opciones que realizan los estudiantes al finalizar los estudios secundarios, encuentra que son las estudiantes mujeres las que tienen más clara su opción por estudios terciarios, mientras que los varones parecen tener más predisposición a inclinarse por ingresar al mercado de trabajo. La autora hipotetiza que estas opciones, en ambos sexos, parecen formar parte de estrategias familiares más que responder a opciones individuales de los mismos estudiantes.

En relación con la profesionalización de las mujeres, Bonder[136] señala que es importante indagar acerca de los significados que tienen para ellas la obtención de un título universitario respecto de tres aspectos: a) las expectativas familiares; b) el discurso social de la mujer y el sistema de género en la sociedad argentina; c) las estrategias de supervivencia y de movilidad social de las mujeres de clase media.

---

[136] Los aspectos que considera Bonder se tocan en los puntos 1 y 2 con los que plantea Du Moulin.

En síntesis, el comportamiento laboral de las mujeres difiere del de los varones. La posesión de un título universitario no implica necesariamente que ejerzan su profesión. Las que lo hacen desarrollan distintos comportamientos y estilos de profesionalización. El comportamiento y estilo laboral de algunas está íntimamente relacionado con las etapas de su ciclo vital (casamiento, nacimiento y crecimiento de los hijos). En cambio, otras desarrollan su profesión independientemente de dichas etapas (Fernández, 1991).

Esta última situación es cada vez más frecuente entre las mujeres en la actualidad, ya sean profesionales o no. Wainerman (2002, 2003) afirma que el proceso de feminización de la fuerza del trabajo[137] que se produjo en nuestro país, primero lentamente a partir de 1950 y de modo más acelerado desde los 60, modificó tanto la estructura como el volumen de la fuerza de trabajo de ambos sexos, generando un cambio de carácter revolucionario ya que fueron las mujeres adultas, casadas o unidas, las que en mayor proporción incrementaron su participación en el mercado de trabajo, permaneciendo muchas de ellas en él independientemente de su situación familiar.

Por otro lado, si bien las mujeres con mayor nivel de instrucción tienen más participación en el mercado de trabajo que aquéllas con menor nivel de instrucción (Wainerman, 1979; 2002; 2003), esto no implica que tengan las mismas oportunidades ocupacionales que los varones, que son los que ocupan los puestos de mayor jerarquía y obtienen mejores remuneraciones.

Conceptos construidos a partir de los datos y reflexiones finales

Con el propósito de aportar a las teorías que abordan las elecciones profesionales con un enfoque de género, expondremos dos

---

[137] Waunerman (2002) denomina a este proceso "movimiento de la casa al trabajo".

conceptos construidos[138] a partir de mis investigaciones (Palermo, 2006, 2008): capital profesional y estrategias anticipatorias de la inserción profesional.

El concepto de capital profesional que proponemos puede ser entendido como un tipo específico de capital simbólico, que aludiría a la posesión de aquellos bienes simbólicos relacionados con el ejercicio de una profesión. El concepto de profesión "se refiere a los mecanismos que permiten a los intelectuales la obtención de sus recursos…; en su búsqueda de obtención de prestigio social, que les asegura el status de honor, adquirieron una investidura simbólica que les permitió convertirse en referentes de opinión" (Lionetti, 2005). El capital profesional es también, como el capital simbólico, fuente de poder político y social. Nuestro concepto toma asimismo aspectos de la teoría de los mercados segmentados e intenta superarla.

Para la teoría de los mercados segmentados, como ya hemos señalado, en el ejercicio de una profesión tienen importancia el saber hacer: habilidades técnico-profesionales y el saber ser, que alude a comportamientos y a actitudes, a competencias sociales, adquiridas a través de experiencias familiares, escolares y del medio social.

Nuestro concepto capital profesional incluye estas dos dimensiones y agrega las siguientes: legitimidad social y familiar, que alude a las expectativas sociales en relación con el ejercicio de una profesión. Entran a jugar aquí los estereotipos de género referidos a qué profesiones son consideradas masculinas y femeninas y las expectativas de los familiares en relación con el futuro de sus hijos/ as; valoraciones, expectativas y proyectos personales en relación con el ejercicio profesional; tradiciones familiares o trayectoria familiar profesional (las ocupaciones y/ o profesiones de los padres, madres, abuelos, etc), incluye relaciones, clientes, prestigio familiar en alguna profesión, etc; espacio o ámbito físico que puede o no facilitar la inclusión en

---

[138] Ambas investigaciones tuvieron metodología cualatitiva y se propusieron generar teoría a partir de los datos.

una determinada profesión (por ej. posesión de consultorio, campo, fábrica, estudio jurídico, etc).

Las estrategias anticipatorias de la inserción profesional (Para más detalle véase Palermo, 2006, 2008) son proyectos de trayectorias profesionales o imaginarios profesionales dirigidos a alcanzar una meta determinada, que se elaboran a partir de un análisis evaluativo en el que se imbrican los propios deseos e intereses sobre el desarrollo profesional y el nivel de conciencia que van adquiriendo acerca de las dificultades existentes para el logro de dicha meta. Forman parte de la construcción del imaginario profesional (expectativas profesionales).

Estos conceptos nos muestran que la elección de la carrera no es, de esta manera, el punto de arranque de un camino lineal que llevará a las jóvenes hacia el ejercicio de una determinada profesión, sino que es una etapa del proceso de construcción de la profesionalidad que, las más de las de las veces, está plagado de marchas y contramarchas, avances y postergaciones, expectativas y cambios de expectativas. Este proceso se desarrolla en un contexto histórico, social, político, económico, familiar, racial, de clase, de género, etc, en un movimiento dialéctico y continuo entre nuestros deseos y expectativas y sus condiciones de posibilidad.

Bibliografía

BARRANTES SAÉZ, G. (1995) "La universidad como meta profesional para la mujer", en: Saénz Rueda, C. *Invisibilidad y presencia*, Madrid, Universidad Complutense de Madrid.

BONDER, G. (1991) "Las mujeres y la educación en Argentina", en: *La mujer y la violencia invisible*, Buenos Aires, Paidós.

BOURDIEU, P. (2000) *La dominación masculina*, Barcelona, Editorial Anagrama.

BRUSH, St. (1991) "Women in Science and Engineering", en: *American scientist,* volumen 79, Estados Unidos.

DAUNE-RICHARD, A. (1995) "El ingreso de las mujeres en carreras 'masculinas' de nivel técnico- superior", en: *Revista Calificaciones & Empleo 6*.

DU MOULIN, J. (1991) "Desgenerización de la formación universitaria de profesionales. Los graduados de la UBA, 1930-1990". Seminario Interdisciplinario de Estudios de Género.

ECCLES, J. (1989) "Bringing young women to mathematics and sciencie", en: M. Crawford y M. Gentry (eds.) *Gender and thought: psychological perspectives*, Springer-Verlag, Nueva York.

ECCLES, J.; ADLER, T. F.; FUTTERMAN, F.; GOLFF, S. B.; KACZALA, C. M.; MEECE, J. L. y MIDGLEY, C. (1983) "Expectancies, values, and academic behaviors", en: Spence, J. T. *Achievement and achievement motives; psicholocal and sociological aproachers,* W. H. Freeman and Co., San Francisco.

ELEJABEITIA TAVERA, C.; LÓPEZ SAEZ, M. (2003) *Trayectorias personales y profesionales de mujeres con estudios tradicionalmente masculinos*, Instituto de la Mujer, Ministerio de Trabajo y Asuntos Sociales, España.

FERNÁNDEZ, A. (1994) Mujeres profesionales ¿Conflicto de roles? de la tutela al contrato, en *La mujer de la ilusión*, Buenos Aires, Paidós.

FOX KELLER, E (1991) *Reflexiones sobre género y ciencia,* Valencia, Artes gráficas Soler S. A.

GAMBERO, R. (1995) "La articulación entre la educación media y la superior", Mimeo.

GARCÍA FRINCHABOY, M. (1988) "Evolución de la participación universitaria femenina en Argentina (1940-1980)", Buenos Aires, Departamento de Sociología. UCA.

GARCIA GUADILLA, C. (1986) "El acceso a la enseñanza superior desde la perspectiva de los estudiantes", en: Tedesco, Juan Carlos y Blumentlhal, H. *La juventud universitaria en América Latina*, Caracas, CRESALC, ILDIS.

KISILEVSKY, M.; VELEDA, C. (2002) "Dos estudios sobre el acceso a la educación superior en la Argentina", UNESCO, Instituto Internacional de Planeamiento de la Educación sede Regional Buenos Aires, http://www.crmariocuevas.s.p.gov.br.

KORNBLIT, A (1996) "Aportes de la Psicología Social a la problemática del trabajo en la sociedad argentina contemporánea", en: Panaia, M, *Trabajo y Empleo. Un abordaje interdisciplinario,* Buenos Aires, Editorial EUDEBA, PAITE.

LIONETTI, L. (2005) "Las no ciudadanas en la plaza pública. Voces y acciones de educadoras, escritoras y militantes" en: Pérez Cantó, P; Bandieri, S. (compiladoras) *Educación, género y ciudadanía. Las mujeres argentinas 1700-1943"*, Buenos Aires, Miño y Dávila Editores.

MAFFÍA, D (1992) "La increíble y triste historia de la naturaleza femenina según la filosofía y la ciencia desalmada", *Revista Propuesta educativa, año 4, n° 7*, Buenos Aires, Miño y Dávila Editores.

MOLLIS, M. (2001) *La Universidad Argentina en tránsito. Ensayo para jóvenes y no tan jóvenes,* Buenos Aires, Editorial Fondo de Cultura Económica.

MOSCONI, N (1998) *Diferencia de sexos y relación con el saber*, Buenos Aires, Facultad de Filosofia y Letras, U.B.A. Ediciones Novedades Educativas.

NAVILLE, P (1975) *Teoría de la orientación profesional*, Madrid, Editorial Alianza.

PALERMO, Alicia Itatí (1998) "La participación de las mujeres en la universidad" *Revista La Aljaba*, Universidades Nacionales de Luján, del Comahue y de La Pampa. Argentina.

——————— (2001 a) "La educación universitaria de la mujer. Entre las reivindicaciones y las realizaciones" *Revista Alternativas,* Universidad Nacional de San Luis, Argentina.

——————— (2001 b) "Women, university and power in Argentine", en Kozuh, B; Kozlkowka, A. (editores) *The Quality of Education in the light of educational challenges and tendencies of the third millennium*, University of Lujan; Pedagogical University of Czestochowa and University of Lubjana, Poland.

——————— (2006) *Mujeres y elecciones no tradicionales. El caso de la UNLU.* Tesis de doctorado. FFy L. Universidad de Buenos Aires.

——————— (2006) "El acceso de las mujeres a la educación universitaria" En: *Revista Argentina de Sociología.* Año 4, N° 7, Argentina, Consejo de Profesionales en Sociología, Miño y Dávila, pág. 11-46.

——————— (2008) "El origen de los estudios de educación y género en las universidades argentinas" en FLECHA, C y PALERMO, A. Coord.) *Mujeres y universidad en España y América Latina.* Buenos Aires, Miño y Dávila.

——————— (2007) "Concepciones de género y elecciones de carrera en los estudiantes de ambos sexos de carreras femeninas y masculinas de la Universidad Nacional de Luján" en Ozonas, L y N. Bonaccorsi (comp.) *Mujeres en la Universidad. Situaciones de poder entre los géneros, EDUCO,* Neuquén.

RIETTI, S y MAFFIA, D. (2002) "Ciencia y Política, un vínculo necesario", en: *Perspectivas, N° 25*, Chile, Isis Internacional.

RODRÍGUEZ, M. (2000) "Economía de la población y capital humano", en: *Fundación Juan March*, Madrid, Boletín informativo n° 298.

RODRÍGUEZ GILES, E; COLOMBO MAC GUIRE, G; DELGADO, V (1990) "La mujer y la carrera de Ingeniería", Informe final, Universidad Nacional de La Plata, Centro de Estudios de la Mujer.

ROZENBLATT, P. (1999) *El cuestionamiento del trabajo. Clasificaciones, jerarquía y poder*, Buenos Aires, PIETTE CONICET.

SULLEROT, E. (1970) *Historia y Sociología del Trabajo femenino*, Madrid, Península.

TESTA, J. y PALERMO, A. (1998) *La situación ocupacional y profesional de los egresados de la Licenciatura de Ciencias de la Educación de la Universidad Nacional de Luján*, Departamento de Educación, Universidad Nacional de Luján.

——————, SANCHEZ, P (2003) "El enfoque de trayectorias educativas y laborales como una mirada complementaria en el tratamiento de la problemática universitaria", Ponencia presentada al Congreso Latinoamericano de Educación Superior en el siglo XXI, San Luis.

TYLER, L.; MOLLIS, M. (comp.) (1997) Contemporary higher education. International Issues for twenty- first century, Nueva York y Londres, Garland Publishing.

VELEDA, C. (2002) "Estrategias individuales y familias en la elección de las instituciones de educación superior", en: *Dos estudios sobre el acceso a la educación superior en la Argentina*, UNESCO, Instituto Internacional de Planeamiento de la Educación sede Regional Buenos Aires, http://www.crmariocuevas.s.p.gov.br.

WAINERMAN, C. (1979) "Educación, familia y participación económica femenina en la Argentina", en *Desarrollo Económico*, n° 72, Vol. 18, IDES, Buenos Aires.

—————— (compiladora) (2002) *Familia, trabajo y género: Un mundo de nuevas relaciones*, UNICEF, Fondo de Cultura Económica, Buenos Aires.

—————— (2005) "¿Reproducción o cambio intergeneracional en las prácticas domésticas cotidianas? Acerca de la validez de la información de "protagonistas" y "cronistas" en: *Revista Argentina de Sociología- año 3- número 5*, Buenos Aires, Miño y Dávila editores.

——————— y NAVARRO, M (1979) "El trabajo de la mujer en la Argentina: Un trabajo preliminar de las ideas dominantes en las primeras décadas del siglo XX", Buenos Aires, Cuaderno N° 7 del CENEP.